여자가

사랑한

여자들

정서경
─┼─
김윤아
─┼─
전도연
─┼─
김연경
─┼─
이경미
─┼─
심은경
─┼─
전소연
─┼─
김은희
─┼─
류성희
─┼─
정보라
─┼─
모니카
─┼─
씨엘
─┼─
강지영
─┼─
김민경
─┼─
최은영

이예지 인터뷰집

여자가 사랑한 여자들

두려움과 편견을 넘어 나만의 길을 가는 용기에 대하여

위즈덤하우스

차

서문 ....

{작가} ——————————— 정서경의 여자들은 ———
{뮤지션} ——————————————— 김윤아는 ———
{배우} ——————————— 전도연의 전성기는 ———
{선수} ——————————————— 김연경은 ———
{영화감독} ————————————— 이경미는 ———
{배우} ——————————— 심은경이 가는 곳은 ———
{뮤지션} ——————————————— 전소연은 ———
{작가} ——————————————— 김은희는 ———
{미술감독} ————————————— 류성희는 ———
{소설가} ——————————————— 정보라는 ———
{댄서} ———————————————— 모니카는 ———
{뮤지션} ——————————————— 씨엘은 ———
{아나운서} ————————————— 강지영은 ———
{희극인} ——————————————— 김민경은 ———
{소설가} ——————————— 최은영의 여자들은 ———

출처 ....

차례

...... 6

— 고개 숙이지 않는다 8
— 노래한다, 언제까지나 33
— 지금이다 52
— 과거의 자신을 넘어선다 70
— 낫을 들고 섶을 벤다 90
— 길이 된다 114
— 숨기지 않는다 142
— 더 나은 세상을 향한다 162
— 당신의 기억에 패턴을 새긴다 181
— 투쟁한다 205
— 쓰러져도 다시 일어난다 230
— 자기 자신에 대한 권위자다 249
— 백발이 되어도 토크쇼를 하고 싶다 263
— 힘이 세다 281
— 무해하지 않다 296

...... 318

서문

우리에겐 더 많은 여성의 이야기가 필요하다. 더 많은 여성 롤모델과 라이벌이, 동료와 선후배가, 적과 아군이 필요하다. 나는 언제나 각자의 자리에서 두려움과 편견을 넘어서 고군분투하고 있는 여성들의 이야기를 더 많이 듣고 싶었다. 그리하여 우리가 서로를 자극하고 응원하고 일으켜 세울 수 있도록, 더 멀리 나아갈 수 있도록.

그 바람을 모아 작가, 배우, 감독, 선수, 뮤지션, 댄서, 아나운서, 희극인까지 다양한 직업군의 여성 명사 15인을 만났다. 각자의 어둠을 통과해 빛나는 자리에 서 있는 그들은 자신의 가장 강하고 또 가장 약한 순간, 고난을 돌파해온 믿음, 한 분야의 프로페셔널로서 긍지를 가감 없이 보여주었다. 이 책은 그들과의 대화에서 한 수 배운 일과 삶의 비기, 뜨겁게 느낀 공감과 연대를 공들어 엮어낸 결과물이자, 자신의 자리에서 최선을 다하는 여성들 모두에게 보내는 찬란한 응원이다.

{ 서문 }

내 삶에서 가장 머뭇거렸던 순간에 등을 밀어주었던, 가장 어두웠던 순간에 손을 내밀어주었던, 넘어지고 나가떨어질 때마다 매번 나를 일으켜 세웠던 여성들과 그들의 말. 여자를 멋지게 그려내기로 둘째가라면 서러울 일러스트레이터 엄주님과 함께 포착한 그들의 초상에서 많은 이들이 나처럼 용기를 얻기를, 스스로를 끌어안고 한 걸음 더 나아갈 수 있기를 바란다.

나의 영웅들, 인터뷰에 응하고 책에 싣는 것을 기꺼이 허락해 준 15인의 여성에게 깊은 경애와 감사의 마음을 전한다.

정서경의 여자들은
고개 숙이지 않는다

정서경의 세계에서 여자들은 고개를 숙이는
법을 모른다. 난초처럼 꼿꼿한 정서경과 그녀의
꼿꼿한 여자들에 대한 긴 대화.

INTRO

정서경의 여자들은 욕망에 솔직하다. 그녀들은 허리를 똑바로 펴고, 고개를 숙이지 않는다. 가슴에서부터 또박또박 "내가 그렇게 나쁩니까?"라 말하던 〈헤어질 결심〉의 '서래'(탕웨이). '히데코'(김민희)의 옷을 벗겨주며 "이 많은 단추들은 다 나 좋으라고 달렸지"라고 읊조리던 〈아가씨〉의 '숙희'(김태리). "여우가 닭 잡아먹는 게 죄야?"라며 눈을 번뜩이던 〈박쥐〉의 '태주'(김옥빈). "친절해 보일까봐" 눈두덩이에 빨간색 섀도를 칠하던 〈친절한 금자씨〉의 '금자'(이영애). "싸이코가 아니라 싸이보근데요"라고 고쳐 말하는 〈싸이보그지만 괜찮아〉의 '영군'(임수정). "그때 가슴에 새겨졌어, 돈이 없으면 죽는다"고 결연히 말하는 〈작은 아씨들〉의 '인주'(김고은).

'꼿꼿함'은 각기 고유한 개성으로 빛나는 이들을 관통하는 정서경의 유전자다. 그녀가 현실과 환상을 뒤섞어 '스위트스폿'의 황금비율로 설계한 미스터리한 세계에서 이들이 자신의 욕망을 좇아 미로를 달리고, 해치우고, 또 달리고, 마침내 각자만의 끝매듭을 바투 지었을 때, 그 세계에서 빠져나온 관객은 무심코 자신이 곧게 앉아 있는지를 돌아보고, 자세를 고쳐 앉게 된다. 정서경이 만들어낸 이야기는 그런 힘을 지니고 있다.

정서경의 여자들은 정신질환자, 뱀파이어, 복수해야만 하는 여자, 갇힌 여자, 극빈한 여자, 이주 여성 등 소외된 이들의 얼굴을 해왔다. 그녀들은 대부분 가부장제와 권력과 부패한 기득권을 안티테제로 삼지만, 대체로 착하지 않다. 가정폭력 피해자이자 살인자인 '서래', 가부장제의 끔찍한 피해자였지만 포식자의 위치로 올라서자 살인을 일삼는 '태주', 자신에게 누명을 씌우고 수많은 죄를 저지른 범죄자를 마침내 처단하는 '금자'까지, 정서경의 여자들은 선과 악의 경계를 가볍게 점프하듯 오간다. 그녀의 소외된 여자들, 착하지 않은 여자들은 여성에 대한 상상력을 확장시킨다. 그리고 여성 관객들에게 착한 것보다 좋은 것이 꼿꼿한 것이라고, 그러니 당신, 허리를 세우고 어깨를 펴고 고개를 들라고, '숙희'가 '히데코'의 입에 사탕을 물리듯 달콤하게 일러주는 것이다.

정서경 작가는 차기작에서 외연을 대폭 넓힐 예정이다. 여태까지 소외된 여자들의 얼굴을 그리던 그녀는 〈북극성〉에서는 대통령부터 주(駐)유엔대사까지, 여자들이 주류이고 중심이며 리더인 세계를 그린다. 나아가 〈형사 박미옥〉에서는 현장에서 발로 뛰며 몸을 쓰는 여성을 선보이며, 형사반장으로 이름을 날린 실존인물 박미옥을 통해 '그간 장르물에서 익히 봐온 남성 형사가 아닌 여성 형사의 모습엔 어떤 것이 있는가'란 질문의 답을 찾는다. 자신의 DNA를 가진 여성의 얼굴을 무한히 확장하고 있는 그녀의 도전은 얼마나 기껍고 든든한 일인가.

정서경 작가를 실제로 만나보면, 자신이 쓰는 작품과 성격부터 말투까지 상당 부분 닮아 있다. 상냥하면서도 단호한 태도, '문어체'의 느낌을 주는 고전적인 말씨, '마이너리티'로서의 정체성, 그럼에도 대중에게 호소하는 능력, 본인부터도 꼿꼿한 자세. 게다가 "최근 한국 문학은 여성 아니면 퀴어 이야기를 하고 있다"는 인터뷰의 말에 "그런 편향이 무언가를 말하고 있겠죠. 누가 책을 읽는지도 말하고 있고요. 책을 읽는 것도 남성의 일이라고 생각해왔던 것 같은데, 적어도 지금은 아니죠. 싫으면 직접 쓰든지!"라며 시원스레 웃는 촌철살인의 유머감각까지.

많은 '언니'들에게 의지하며 자랐다는 정서경 작가는 젊은 여성 동료 및 후배들에게 힘을 실어주고 싶다고 힘주어 말한다. 돌이켜보면 그녀가 슬쩍 어깨를 밀어준 수많은 젊은 여성들 중 나 또한 있었던 게 아닌가 싶다. 그리하여 나는 정서경 작가가 김희원 감독과 다시 호흡을 맞춘 디즈니플러스 시리즈 〈북극성〉의 전지현이, 드라마 〈형사 박미옥〉의 여성 형사가, 앞으로의 '정서경 사단'이 기대되는 것이다. 정서경의 여자들은 작품 안에서도 그리고 밖에서도, 무럭무럭 자라날 것임을 알기에.

{ 정서경 }

곧 공개될 첩보 멜로 드라마 〈북극성〉에서 전지현이 연기할 '서문주'는 외교관이자 주(駐)유엔대사입니다. 게다가 대통령은 김해숙이에요. 여성들이 이렇게 높은 자리를 차지한 이야기라니, 무척 기대되는데요.

저는 이야기를 쓸 때 동시대 사람들이 요구하는 이야기가 뭘까를 자주 생각해요. 강물이 모여 흘러가듯이, 세상일들이 모여서 만들어내는 큰 흐름의 이야기가 있다고 느끼거든요. 현재는 남성 리더의 비율이 훨씬 높은 상황이에요. 하지만 저는 여자들이 리더십을 갖게 될 날이 머지않았다고 느껴요. 그런 세상이 올 거예요. 사람들은 그런 이야기를 보고 싶어하고요. 그래서 이 이야기는 여성이 리더십을 얻기 위해 투쟁하는 세상이 아니라, 이미 여성들이 절반의 리더십을 차지하고 있는 세상으로 시작하고 싶었어요. 그것이 제게는 자연스러운 세계였기에 쓰는 것도 더 편하고 쉬웠습니다.

이번에도 〈작은 아씨들〉의 김희원 감독과 함께하죠?

네. 그리고 다음 차기작까지도요. 이런 세상을 구성하게 된 데는 김희원 감독의 존재가 큰 역할을 했죠. 김희원 감독은 늘 강력한 여성 캐릭터를 표현하고 싶어하는 사람이고, 실제로도 본인이 굉장히 파워풀한 리더거든요. 그녀에게 어울리는 이야기가 뭘까 생각하다보니 이런 세계를 그리게 됐네요.

〈헤어질 결심〉 당시 배우 탕웨이를 캐스팅하자는 의견을 적극 개진하셨던 것처럼, 이번에도 배우 전지현을 점찍어두셨을지 궁금합니다.

저희가 전지현 씨를 캐스팅한 게 아니라 전지현 씨가 저희를 선택했다고 봐야죠.(웃음) 이 기획에 대해 소개할 겸 간단하게 식사하기 위해 전지현 씨를 만났어요. 당시에는 시놉시스도 써놓지 않은 구상 단계였죠. 그런데 전지현 씨가 예상보다 큰 관심을 보이는 바람에 제가 전체 이야기를 피칭하게 됐고, 말로만 하는 피칭이 끝나자 전지현 씨가 거짓말처럼 박수를 치면서 망설이지 않고 곧바로 하겠다고 한 거예요.

왜 전지현이었나요?

시대의 아이콘이 될 만한 배우가 누구인가 생각했을 때 자연스럽게 떠오른 이름이에요. 저는 늘 배우 전지현의 대담함과 자신감이 좋았어요. 작품뿐 아니라 화보나 광고에서도 그 자리를 지배하는 듯한 느낌이 있잖아요. 그녀가 갖고 있는 '아우라'는 여왕에 가깝다고, 그러니까 여성적 권위를 가지고 있는 스타라고 생각해요. 저희가 극중에서 차기 대통령이란 중책으로 제시했을 때도, 대중이 어렵지 않게 받아들일 수 있는 배우가 전지현 씨라고 생각했어요. 촬영에 들어가자 전지현 씨는 마치 이런 역할을 오래도록 기다리고 준비해온 것처럼, 삶에 밀착해 있으면서도 진중한 연기를 펼쳤죠. 무엇보다 저는 전지현 씨 얼굴이 좋아요. 너무 아름다운 배우는 예쁘려고 노력하지 않더군요. 단 1초라도 예뻐 보이려고 하지 않고 그냥 자기 자신으로 연기하려 해요.

전지현, 김해숙, 이미숙의 만남에도 열광 중입니다. 이토록 센 여성 배우들을 세대별로 모아놓다니요.

김해숙 선생님은 대통령으로서 반론의 여지없이 너무나 잘 어울리는 배우라고 생각해요. 연기하시는 걸 보고 굉장히 놀랐어요. 나오실 때마다 주변을 초토화시켜버리는 힘이 있다니까요. 세 여성 배우의 연기, 기대하셔도 좋습니다.

{ 정서경 }

전작인 드라마 〈작은 아씨들〉에서는 김고은, 남지현, 박지후 세 자매가 주인공이었죠. 현대의 한국으로 이식된 이 작품에선 살인, 횡령 등 각종 범죄가 발생합니다. 원작을 하드보일드하게 재해석한 이유가 있나요?

> 제가 직업인으로서 장르 영화, 특히 스릴러 장르에 훈련돼 있기 때문이죠. 사실 저는 대중예술 형식에 그렇게 잘 맞는 사람은 아닌데, 그런 제가 많은 사람과 소통하기 위해선 장르라는 틀이 필요한 것 같아요. 시청자 혹은 관객들과 제가 같은 게임을 하게 되니까요. '곧 있으면 누가 죽게 되겠지, 이걸 찾아내겠지' 하는 기대감을 가지고서요.

배우 추자현이 연기한 '화영'에 대한 반응이 유독 뜨거웠어요.

> 저는 그럴 줄 알았어요. 1부에서 제일 재미있는 부분이 하늘에서 갑자기 떨어진 20억이 아니라 화영의 죽음일 거라 생각했거든요. 그녀의 죽음으로 시청자들에게 질문을 던져보는 거죠. 사랑하는 친구의 죽음으로 20억이 생긴다면 당신은 어떻게 할 것인가.

'화영'이 자신의 구두를 벗어 '인주'에게 신겨주는 장면을 보면서, 영화 〈박쥐〉에서 '상현'(송강호)이 '태주'의 맨발에 구두를 신겨주는 장면이 떠올랐죠.

> 제가 왜 자꾸 그러는지 모르겠네요. 실제로 전 운동화밖에 안 신거든요. 구두를 메타포로 자주 사용하는 건 어릴 때의 독서 경험 때문인 것 같아요. 작가에겐 계속해서 울려 퍼지는 노래처럼 반복되는 테마가 있어요. 제겐 그게 동화죠. 〈작은 아씨들〉엔 여러 동화의 원형이 들어 있는데, 지배적 이미지는 〈분홍신〉과 〈푸른 수염〉이에요. 분홍신을 신고 욕망의 춤을 추다가 다리가 잘리고 죽은 여자들, 그리고 푸른 수염의 비밀스러운 방에 걸린 여자들의 시체들.

여성혐오적인 옛 동화를 레퍼런스로 여성이 주체가 되는 이야기를 완성했다는 게 인상적인데요.

동화뿐 아니라, 브라이언 드 팔마의 〈블랙 달리아〉처럼 살해당한 여성의 참혹한 시체를 전시하는 영화가 많잖아요? 제 머릿속을 떠나지 않았던 생각은, 남자들은 도대체 왜 여자의 시체에 매혹될까 하는 궁금증이었어요. 우리 여성들에게 이런 장치는 수치심과 모멸감, 공포를 환기하는데 말이에요. '왜 시체는 구두를 신고 있는가. 저것은 여성성에 대한 경고인가, 욕망에 대한 경고인가.' 그 끝없이 재현되는 여성혐오적 이미지를 비틀어보고 싶었어요. 그걸 목격하고 파고드는 주체를 여자로 설정하고, 그녀가 죽은 여자를 버리고 돌아서지 않는 이야기를 써보고 싶었죠.

〈작은 아씨들〉은 세 자매와 그들 사이의 관계를 통해 여성을 들여다봐요.

자매는 문학작품에서 많이 등장하는 장치예요. 제인 오스틴의 《이성과 감성(Sense and Sensibility)》을 좋아하는데, 전 이성을 담당하는 첫째와 감성을 담당하는 둘째가 한 사람이라고 생각해요. 우리는 마음속에서 늘 싸우잖아요. 합리적으로 행동해야 할까, 욕망이 이끄는 대로 가야 할까. 세 자매를 통해 한 사람의 마음속 서로 다른 자아들이 때론 싸우고, 때론 뭉치는 모습을 표현하고 싶었어요.

그 속에서 여자의 편은 여자이기도 하고, 여자의 적은 여자이기도 해요. 그것이 좋아요.

아주 어릴 때를 생각해보면 아버지가 두려웠어요, 어머니가 두려웠어요? 저는 엄마가 더 무서웠거든요. 물론 사회와 시대마다 다를 수 있지만, 우리가 자랄 시기에는 엄마가 자녀를 키우고 아빠는 부재했으니까요. 그래서 어린 우리는 생각했어요. '엄마가 나를 버리면 어떡하지? 엄마가 나를 사랑하지 않으면 어떡하지?' 그렇기에 원초적인 두려움은 여자의 얼굴을 하고 있는 것 아닐까요?

그 아이디어에서 '원상아'(엄지원)라는 빌런이 탄생했군요.

한국 드라마 역사상 가장 미친 여자가 나오죠. 하하하. 사실 이 역할이 본색을 드러내기 전까진 숨어 있어야 하거든요. 1부에는 한 신만 나오고, 초반까진 비중이 없어요. 저희가 엄지원 씨에게 대본을 5부까지 드렸는데, 선뜻 하시겠다는 거예요. '이 역할의 잠재력을 어떻게 알아봤지?' 하고 놀랐죠. 엄지원 씨 정도의 배우가 초반에 자신이 드러나지 않는 역할을 택하는 게 쉽지 않거든요. 만나보니 유머감각이 있는 분이시더군요. 그런 분이 물 만난 듯 악역을 연기하는 모습을 보면서 아주 짜릿했어요. 캐스팅에 대해 말하자면, 배우 추자현 씨가 '내가 이런 사람인 거 몰랐지?'라는 듯이 나타나 화영을 연기한 것도 너무 좋았습니다.

저희 세대 여자들은 어릴 때 《작은 아씨들》의 '메그', '조', '베스', '에이미' 놀이를 하면서 자랐거든요. 각각 개성을 가진 자매의 모습을 작가님은 어떻게 재해석했나요?

저는 원작에서 맏이 '메그'가 매력 없이 그려지는 게 항상 너무 안타까웠어요. 그래서 일단 결혼한 '메그', 그러니까 '인주'를 이혼시키고 시작합니다. '결혼은 네 길이 아니었어, 이제 새 길을 찾아야 돼'라고 하면서. 150여 년 전 '조'의 목표는 직업인이 되는 것이었지만, 지금은 여성이 일을 하는 시대잖아요. 그래서 둘째는 이미 직업인으로서 글을 쓰고 있지만 진정한 자신을 찾기 위해 세상을 파헤치는 사람으로 목표를 추가했죠. '베스'는 죽은 채로 이야기가 시작됩니다. 가족에 드리워진 죽음의 그림자로요. 이 사회에서 가난의 결과가 죽음으로 이어질 수 있다는 사실을 보여주는 거죠. 막내 '에이미', 즉 '인혜'(박지후)는 가난한 여자아이가 재능을 아주 많이 가지고 있을 때 벌어질 수 있는 일을 상상했어요. 가족 없이도 할 수 있다고, 내 재능으로 이 고난을 뚫고 나가야겠다고 결심한 미성년인 여자아이. 가장 힘이 있는 아이이기도 하죠.

작가님은 역시 '조'를 닮았나요?

'인혜'가 삐뚤어지는 순간, '인경'(남지현)이 약해지는 순간, 장녀인 '인주'가 언니를 필요로 하는 순간들은 저를 닮았죠. 저는 친구들을 늘 언니처럼 생각하며 의지하고 뭔가를 배우곤 했거든요. 제게 있는 모든 자원을 다 꺼내어 쓴 작품이기에 모든 인물에 제 모습이 있어요. 살면서 겪은 많은 경험들, 10대, 20대, 30대까지 잊고 있던 친구들을 되살려낸 것 같다는 생각을 많이 했어요. 김희원 감독님도 이 세 자매를 보며 본인의 10대부터 30대까지 일깨워지는 것 같다고 하시더라고요. 특히 '인경'이 감독님을 닮았어요. 제가 시나리오를 쓸 때 '인경'은 차갑고 시니컬했는데, 결과물로 보니 뜨겁고 열정적인 아이가 돼 있더라고요.

〈작은 아씨들〉을 연출한 김희원 감독에 대한 애정이 느껴지네요.

감독님을 파티에 초청하듯 우리집에 초대해서 머리를 맞대고 얘기하는 기분이었어요. 감독님이 가고자 하는 목적지가 있으면 어디라도 함께 갈 수 있겠다는 생각이 들었죠. 저는 저보다 어린 여성들이 하는 일은 다 맞춰주고 싶어하는 마음이 있어요. 뭐라도 다 예쁘고, 앞으로 어떤 작품을 만들지도 궁금하고….

어릴 때는 언니들을 좋아했다면, 이젠 든든한 언니가 되어주고 있네요.

    언니보다는 동료지요.(웃음) 젊은 사람이 드라마 프로덕션을 하려면 엄청난 리더십이 있어야 해요. 김희원 감독님은 선택과 집중을 잘하는 감독님이라 다들 좋아해요.

남성 감독들과 주로 함께 작업하다가 여성 감독과 작업해보니 어떤 게 다르던가요?

    우정이 생겨요. 그리고 불필요한 얘기들을 많이 하죠.(웃음)

드라마 〈작은 아씨들〉이 잘되는 동안, 영화 〈헤어질 결심〉 각본집은 베스트셀러에 올랐죠.

    이 영화는 '텍스트성'이 도드라지는 영화인데, 관객들이 그걸 빨리 캐치한 것 같아요. 한편으로 저는 〈아가씨〉 이후 영화를 완성하는 것이 관객이라는 사실을 실감했거든요. 모든 사람이 똑같은 영화를 봤는데, 관객마다 마음속에 어떤 장면은 크게 남고, 어떤 장면은 지워져 있죠. 관객 각자가 마음에 드는 이야기만으로 재구성할 수도 있고요. 그렇기에 '영화를 찍기 전 상태였던 것'인 각본집을 보고 자신만의 이야기로 소화하는 데 대한 관심이 커졌다고 느껴요. 출판사분들을 만나 이야기해보니, 요즘에 각본집이 정말 많이 팔린다고 하더라고요.

'서래' 이야기를 해볼까요? 중국 이주 여성 '서래'는 배타적이고 차별적인 한국 사회에서 이주 여성이 놓이는 위치를 보여줬지요.

    제가 '서래'를 표현하면서 가장 중요하게 생각했던 것은 이거예요. '서래'가 매맞는 피해자로 나타날 때 사람들은 '서래'를 안다고 생각할 거예요. '저 여자는 불쌍한 여자다.' 하지만 저는 그 순간에 반박하고 싶었죠. '나는 당신이 안다고 생각하는 그런 불쌍한 여자가 아니에요.'라고. '서래'는 '철썩'(서현우)에게 폭행당하지만 그의 엄마를 생각해서 딱 10분만 맞아준 후 포크로 그를 찍어버리죠. 때린 건 '철썩'이지만 진 것도 '철썩'이에요. 남편도 처음엔 한국에서 살기 위해 참아줬지만, 선을 넘으니까 죽여요. 저는 '서래'를 힘이 있는 사람으로 그리고 싶었어요.

'서래'의 솔직하고도 마음을 치는 대사들은 밈이 될 정도로 화제를 모았어요. 옛말처럼 고풍스럽고, 연극처럼 극적인 대사들은 도대체 어떻게 쓰는 건가요?

    캐스팅 시나리오를 돌릴 때 항상 듣는 말이 대사가 문어체라 어렵다는 거예요. 저와 박찬욱 감독님이 유튜브 없는 세상에서 책을 읽으며 자랐기 때문에 그런 것 같아요. 우리가 현실보다 더 현실적으로 느끼는 세상 속에서는 사람들이 그런 말투로 말하고 있었으니까요. 〈헤어질 결심〉에서는 탕웨이의 발음도 한몫했어요. 탕웨이 본인이 한국어 발음 하나하나와 싸우면서, 가슴에서부터 또박또박 "내가 그렇게 나쁩니까?"라고 하잖아요.

돌이켜보면 박찬욱 감독과 작업했던 모든 작품의 대사들이 화제였죠. "나를 망치러 온 나의 구원자"(〈아가씨〉), "희망을 버려, 그리고 힘내"(〈싸이보그지만 괜찮아〉) 등등.

    '나를 망치러 온'은 제가, '구원자'는 박찬욱 감독님이 썼고, '희망을 버려'는 제가, '힘내'는 감독님이 썼죠. 두 사람이 말없이 같은 컴퓨터와 두 벌의 키보드로 만들어낸 대사들이에요. 그 안에 들어 있는 모순, 비대칭의 충돌 때문에 강렬한 인상을 남기는 것 같아요.

그런 대사들 때문인지 작가님의 작품은 어딘지 동화 같은 환상성이 느껴지곤 해요.

전 서사를 날것의 현실로 표현하는 건 좋아하지 않아요. 극 속에서는 매일매일 사람들이 죽는데, 살인이 예쁜 건 아니잖아요? 하지만 이야기 속 살인은 환상성이 입혀지죠. 실제로 사람이 죽는 게 아니라 우리 마음속에서 누군가를 죽이듯이 허구와 메타포의 연장이니까, 예쁘게 포장되는 거니까. 그렇다고 본격적인 판타지물은 좋아하지는 않아요. 저는 현실과 환상 사이, 제가 편안하게 느끼는 적정한 '스위트스폿' 비율이 있어요. 6:4에서 8:2 사이.

'금자 씨'의 "예뻐야 돼, 뭐든지 예쁜 게 좋아"라는 말이 떠오르네요.

그건 박찬욱 감독님이 쓴 거예요.

감독님은 본인의 생각은 결코 아니라고 하시던데.

왜 아니라고 하시지?(웃음)

작가님은 아닌가요?

저는 못생긴 것도 좋아해요. 연상호 감독님의 〈지옥〉을 보고 감동받았어요. 어쩜 그리 모든 걸 못생기게 표현할 수 있을까요? '어글리'한 미학이 느껴졌어요. 그게 연상호라는 창작자가 예술가로서 재현하고자 하는 현실의 감각인 것 같아요. 우리가 아름답지 않은, 추악한 세상에 살고 있다는 사실을 보여주는 것. 자본이 많이 투입된 작품인데 우리가 보고 싶지 않은 현실의 어글리함을 끝까지 밀어붙이는 자세가 존경스러워요. 하지만 저는 그렇겐 못하죠.(웃음)

그렇다면 작가님은 어떤 게 아름답다고 생각하나요?

솔직한 말. 거짓 없는 표현. 정확하게 솔직해서 듣는 이의 체험을 일깨우는 표현들이 있거든요. 나의 뇌 가장 깊은 곳으로 들어와, 비슷한 경험을 떠올리게 하는 표현들. 서사에서도, 실제로도 그런 솔직함을 가진 사람들을 아름답다고 생각해요.

'오 자매들', '서래', '히데코'와 '숙희', '태주', '금자', '영군', '수진'(이보영)과 '혜나'(허율)와 '영신'(이혜영). 작가님이 빚어낸 여성 캐릭터들은 솔직해요. 자신만의 의지와 욕망이 있고요.

제가 만들어온 캐릭터들은 서로 조금씩 닮았고, 같은 걸 공유하고 있는 것 같아요. '히데코'처럼 성숙하고 매력적인 언니 같은 순간이 '화영'에게 있고, 용맹하면서도 조금 멍청하다는 점에서 '숙희'와 '인주'는 닮았죠.(웃음) '영군'의 순수함과 무지함, 두려움이 아직 미숙한 '인혜'에게 있고, '수진'의 대쪽 같은 모습이 '인경'에게도 있고요. 이런 인물들이 제 안에서 형성되고 나면 다음 작품에서 좀 더 발달되고, 변주되고, 변화하는 양상으로 나아가는 것 같아요. 마치 무늬처럼요.

일종의 가계도네요. 정서경 유니버스인 거죠. 공통점은⋯ 꼿꼿함?

너무 웃기지 않아요? '해준'(박해일)은 '서래'가 그렇게 꼿꼿하다고 하고, '화영'은 '인주' 넌 꼿꼿함이 부족하다고 요가를 시키고. '넌 이 세계에 살려면 꼿꼿함이 부족해!' 그런 느낌인가.(웃음)

작가님도 꼿꼿하세요.

그런 사람이 되고 싶나봐요. '그래야 살 수 있어'라고 생각하나 봐요.

정서경을 키운 어린 시절 책들은 뭔가요?

제가 가장 좋아한 동화책은 《빨간 머리 앤》이에요. '앤'은 말이 많고 계속 공상을 하는데, 저도 정말 공상을 많이 했거든요. 제가 하는 생각에 '공상'이란 단어를 붙이고 가치를 부여해준 캐릭터였기 때문에 사랑하지 않을 수 없었죠. 남자아이들이 주인공인 《허클베리 핀의 모험》, 《톰 소여의 모험》, 《15소년 표류기》도 좋아했는데, 제가 주인공 소년이 됐다고 생각하며 읽었어요. 그래서 저는 남자아이들도 여자아이가 되어보는 독서 체험을 했으면 해요. 《내 이름은 삐삐 롱스타킹》 같은 책을 읽히는 거죠. 그러면 남자아이들도 좀 다르게 자라지 않을까요?

전적으로 동의합니다.(웃음) 그때부터 작가를 꿈꿨나요?

막연히 작가가 되겠지 생각했어요. 시리얼을 먹을 때도 성분 표시를 읽는 활자 중독 아이가 꿀 수 있는 자연스러운 꿈이었죠.

서울대학교에서 철학을 전공하다가 중퇴하고 한국예술종합학교 영상원에 진학하셨죠. 계기가 있었나요?

막상 공부해보니 철학은 너무 논리적이었어요. 저는 논리를 잘 못 참는 사람이라는 사실도 알게 됐죠. 저는 논리의 비약과 이야기의 도약을 좋아하거든요. 나는 탈락이다, 싶었죠. 그리고 영상원에 갔어요.

각본이 풀리지 않을 때, 일단 빨리 잠에 든다고요. 무의식의 힘이 도움이 되나요?

의식만으로 쓴 시나리오는 재미가 없어요. 옛 동화에 보면 비밀스럽게 일하는 구두 요정들이 있잖아요. 그 친구들의 힘을 빌리는 거예요. 물론 재료와 도구는 정확하게 준비돼 있어야 해요.

낮 동안 그 재료와 도구들을 준비해놓고, 안 풀리는 수학 문제를 풀 듯 부지런히 고민하다가, 밤에는 일찍 잠에 드는 거예요. 그리고 아침에 일어나면 구두가 완성돼 있는 거죠!

돌이켜보면 정신질환자, 뱀파이어, 복수해야만 하는 여자, 갇힌 여자, 이주여성 등 소외된 사람들의 이야기를 그려왔어요. 정서경 자신도 아웃사이더로서의 감성을 가지고 있나요?

전 어릴 때부터 제가 여느 사람들과 다르다는 감각이 있었어요. 나는 안 웃긴데 다들 웃으니까요. 웃기지 않지만 웃는 척해야 했죠. 그래서 눈치가 발달했어요. 그다음엔 '저 사람들과 같아지려면, 다른 사람들에게 나를 이해시키려면 더 노력해야 해'라고 생각했죠. 남들과 비슷하게 보이기 위해 많은 기술을 연마했고, 작가로서도 생존하기 위해선 그런 기술이 필요했어요.

남들과 다르다는 감각과 정체성을 지니고 있었음에도, 대중에게 호소하는 작품들을 써왔네요.

왜냐하면 대중은 우리를 모르잖아요. 저는 대중을 알아야 하지만 대중은 우리에 대해 알 필요가 없어요. 보이지 않는 곳에서 부단히 노력해야죠. 창작자로서 더 많은 사람이 받아들일 수 있으면서도 좋은 가치를 간직한 작품을 쓰는 게 제 의무라고 느껴요.

직접 쓴 것 중 가장 아끼는 대사가 뭐예요?

"엄마가 되는 건 중병을 앓는 것과 같아." 드라마 〈마더〉의 대사예요. 제가 살면서 얻은 것 중 가장 깊은 것이어서, 제가 가장 죽음에 가까이 다가갔다고 느낀 순간에 나온 것이어서요. 엄마가 되는 건 넓은 의미에서 죽는 것이라고 느꼈어요. 그 후 쓰게 된 이야기들은, 확실히 달라졌죠.

두 아이를 출산한 시기는 언제인가요?

〈박쥐〉 초고를 다 썼을 무렵과 〈스토커〉를 감독님과 각색했을 무렵. 저는 둘째를 낳고 갑자기 똑똑해졌어요. 인간을 기계로 치면 전기 배선과 구조가 투명하게 들여다보이는 것처럼, 이 사람의 목표와 사랑과 엔진을 알 것 같은 기분이 드는 거죠. 아이 둘의 공통점과 차이점이 보이면서 '아, 이게 인간이구나' 싶은 순간이 찾아온 거예요. 그러니 보이는 사람들이 다 귀여워졌달까. 갑자기 글이 잘 써지고 인물에 애정이 더 깃들었어요. 〈아가씨〉부터 그 변화가 분명히 드러났죠.

엄마가 된 후 작업 방식에도 변화가 있었나요?

엄마가 되면 아기 이야기를 계속 들어요. 온 힘을 다해 자기 의사를 전달하지만, 말은 못 하는 아기의 이야기를요. 애가 원하는 게 무엇인지 읽으려고 노력하면, 뇌가 그렇게 변하는 것 같아요. 그전엔 제가 하고 싶은 이야기를 관객에게 들려준다고 생각했는데, 육아를 하면서 '관객들이 무슨 얘기를 듣고 싶어 하지? 지금 저 사람들에게 필요한 얘기가 뭐지?'라고 생각하게 됐죠. 마치 뇌에 새로운 근육이 생겨난 것처럼. 〈작은 아씨들〉을 쓰기 전에 제가 안타까웠던 부분은 요즘 젊은 사람들에게 자기 이야기가 없다는 사실이었어요. 멜로나 로맨틱코미디도 보면 사랑도 3040들이 해요. 제가 어릴 땐 세상이 젊은이들 위주로 돌아갔는데 말이에요. 저는 이야기의 주인공이 청년인 작품을 좀 더 쓰고 싶고, 좀 더 보고 싶어요. 자신의 의지와 소망이 있고, 내가 바라는 사람이 되기 위해 분투하는 청년들이요. 그래서 나온 게 〈작은 아씨들〉이었어요.

요즘 한국 문단에 빛나는 젊은 여성 작가가 많아요. 눈여겨보는 책이 있나요?

김금희 작가의 《경애의 마음》, 장류진 작가의 《일의 기쁨과 슬픔》, 정세랑 작가의 《시선으로부터》를 재미있게 읽었어요. 최근 몇 년간 한국 문학을 막 찾아보기 시작했는데 너무 재미있더라고요. 갑자기 깨달았어요. 그동안 내가 왜 한국 작품을 읽지 않았는지. 《태백산맥》을 펴면 우리는 강간 장면을 제일 먼저 봐요. 저는 못 읽겠어요. 내가 왜 일부러 시간을 들여서 그런 상처를 받아야 하는지도 모르겠고요. 안 좋은 문학이란 얘긴 아녜요. 그냥 내 인생에 들이고 싶지 않다는 거죠. 그런데 최근 젊은 여성 작가들의 작품은 아름다워요. 과거에 한국 소설이 멀게 느껴졌던 까닭이 있었구나 깨달았고, 이젠 한국 소설들도 읽고 있어요. 여성 작가뿐 아니라 박상영 작가의 소설도 재미있더라고요.

최근 한국 문학은 여성 아니면 퀴어 이야기를 하고 있어요.

그런 편향이 무언가를 말하고 있겠죠. 누가 책을 읽는지도 말하고 있고요. 책을 읽는 것도 남성의 일이라고 생각해왔던 것 같은데, 적어도 지금은 아니죠. 이런 흐름을 막을 수 있는 것도 아니고, 싫으면 직접 쓰든지!(웃음)

작가님을 비롯해 여성 서사를 다루는 창작자도 많아졌고요.

제가 최근 작품 홍보 활동을 많이 했잖아요. 그런데 기자분들이 전부 여자였어요. 문화부라 그런 거냐고 한 선임기자님에게 물어봤거든요? 아니라고, 요즘엔 신입 기자의 70퍼센트가 여자라고 하더라고요. 〈작은 아씨들〉도 감독님부터 여성이고, 배우들까지 하면 여성 비율이 70퍼센트예요. 헤드 스태프도 영화는 아직 남자 비율이 높지만, 드라마는 이미 여자 비율이 높아지고 있어요. 〈작은 아씨들〉 제작사인 스튜디오드래곤도 '여초' 조직이죠. 요즘 일하면서 만나는 사람이 다 여자예요. 변화하고 있고 실제로 변화된 세상의 시작이죠. 미래는 이미 도착해 있는 거예요.

맞아요. 하지만 구조적인 변화는 여전히 필요하겠죠.

남자들은 모든 길에 선택지가 있어요. 가정을 꾸리고 아이를 가지면서 동시에 일을 할 수 있죠. 하지만 우리가 일로 인정받고 싶으면, 아직까진 하나의 선택지밖에 주어지지 않는 경우가 많단 말이에요. 여자들이 계속 출산 파업을 한다면 사람들이 깨닫는 게 있겠죠. 누군가들은 대가를 치를 거고요. 어쩌면 자연의 관점에서 보면 인류가 좀 축소되는 편이 더 좋은 방향일 수도 있고.(웃음) 뭐가 됐든 이제 세상은 여자가 정말로 자신의 삶을 선택할 수 있다는 사실을 알게 될 거예요.

차기작으로 〈형사 박미옥〉을 집필 중이시죠. 정서경과 실존인물 박미옥의 만남, 짜릿한데요.

제가 병으로 수술하고 입원한 시기가 있었어요. 그 당시 누워있을 때 마침 《형사 박미옥》이라는 책이 나온 거예요. 너무 궁금해서 당장 사서 봤죠. 여성 주인공이 활약할 수 있는 영역 중, 현장에서 발로 뛰는 영역을 늘 다뤄보고 싶었거든요. 제가 잘 그려보지 못한 세계이기도 하고, 되게 사실적이어야 하는 세계여서 자신이 없었는데, 형사님께 직접 이야기를 듣는다면 할 수 있을 것 같았어요. 그리고 치열한 경쟁 끝에, 김희원 감독님과 제가 판권을 샀죠!

〈형사 박미옥〉을 통해 보여주고자 하는 여성상이 무엇일지 궁금합니다.

실제로 박미옥 반장님을 만났을 때, 그분에겐 제가 생각하는 청년의 모습과 중년 여성 리더의 모습이 공존했어요. 반장님이 겪었던 극한의 체험과 강도 높은 노동, 고통, 그리고 본인의 삶과 세상에 대한 자세, 그런 캐릭터를 가져오려 합니다. 세상에 실존하는 여성 형사의 모습을 통해, '우리가 그간 장르물에서 익히 봐온 남성 형사가 아닌 여성 형사의 모습엔 어떤 것이 있는가'라는 질문에 대한 답이 될 수 있는 캐릭터를 그리고 있습니다.

결국 정서경 작가를 쓰게 하는 힘은 뭔가요?

직업의식. 이것이 저 자신이 되어버렸으니까요.

스스로가 프로페셔널하다고 느낄 때는요?

피드백을 잘 받아들입니다. 작가의 작업 중 가장 어려운 부분 중 하나가 다른 사람들의 의견을 수용하는 일인데, 그걸 억지로 받아들이면 티가 나요. 진심으로 이해하고 받아들여야 하죠. 그리고 저를 무조건적으로 옹호해주고 칭찬해줄 가족이나 친구들에겐 절대 피드백을 받지 않아요.

직업 만족도는 어때요?

만족해요. 현실에 있는 시간보다 머릿속에 있는 시간이 더 많은 '빨간 머리 앤'의 삶의 연장이죠. 머릿속에 〈북극성〉, 〈작은 아씨들〉, 〈헤어질 결심〉의 집을 지어놓고 들어가 사는 거예요. 이 삶의 방식이 제겐 잘 맞아요.

정서경은 무엇을 믿나요?

철학에 동일률이라는 게 있거든요. A는 A다. 이걸 인간에게 접목해보자면, 사람은 누구나 자기 자신이 있다. 사람은 누구나 자기 자신이 되고자 한다. 저는 처음에 그런 생각은 하지 않았거든요. 사람은 원래 자신으로 태어나는 것이라고 생각했죠. 하지만 많은 일을 겪고 경험이 쌓이면서 사람은 비로소 자기 자신이 되어간다는 걸, 나이들어가면서 알게 됐어요. 그리고 저는 지금도, 저 자신이 되고자 합니다.

변화하고 있고
실제로 변화된
세상의 시작이죠.
미래는 이미 도착해
있는 거예요.

김윤아는 노래한다, 언제까지나

데뷔 28년 차, 김윤아는 노래하고 사랑하며 나아간다. 언젠가 덧없이 사라질 것을 알기에, 지금 더욱 열렬하게. "…그 누구도 살아 있는 동안엔 춤을 추는 것이오."(자우림, 〈PÉON PÉON〉)

INTRO

누군가 내게 첫사랑을 묻는다면, 망설임 없이 김윤아의 이름을 댈 것이다. "미안해 널 미워해"(자우림, 〈미안해 널 미워해〉)라는 애증 어린 선언, "왜 나를 사랑하지 않아"(자우림, 〈파애〉)라는 명령에 가까운 호소, "너는 오늘도 아름다웠겠지"(자우림, 〈안녕, 미미〉)라는 쓸쓸한 읊조림, 이 강력하고 애틋한 목소리는 사춘기 소녀에게 달콤한 독극물 같았다. 삼킨 순간 온몸이 마비되듯 속절없이 빠져드는 그녀의 음악, 그녀의 목소리는 열네 살 나의 마음 가장 깊은 곳까지 어루만졌다. 김윤아의 환희와 사랑은 나를 들뜨게 하고, 김윤아의 갈구와 증오는 나를 부추겼다. 사춘기 소녀의 마음을 그토록 정확하게, 그리고 아름답게 표현하는 사람을 세상에 태어나 처음 만난 것이다.

단지 나만이 그렇게 느낀 것은 아니었던 모양이다. 중학생을 지나 고등학생, 대학생이 되어 만난, 자의식이 강하거나 결핍돼 있거나 과잉돼 있는, 그러니까 조금 예민한 구석이 있는 여자애들은 모두 그녀를 사랑했다. 이를테면 좀 이상한 여자애들의 교주 같은 사람이었달까? 김윤아를 좋아했던 열네 살의 여자애들은 자우림의 연말 콘서트에 함께 있었고, 앨범 발매 사인회 줄의 어딘가에 있었으며, 제멋대로 자라나 성인이 된 후엔 함께 그때의 일을 추억하곤 했다.

김윤아는 10대 때 내가 생각한 이상적인 여자였다. 어머니였으면, 언니였으면, 친구였으면, 나의 미래 모습이었으면 좋겠는 모든 여성이었다. 일찍이 그녀는 1990년대부터 잘나가는 밴드의 여성 프런트맨으로서 한국 록 음악계의 쿰쿰한 마초성과 여성혐오적 면모를 가차 없이 비판해왔고, 여자들에 대한 특별한 애정을 보여주었다. 그녀가 어린 소녀였던 자신에게 불러주는 노래 〈Girl Talk〉를 들으며 나는 얼마나 큰 위로를 받았던가.

이제 나는 내가 김윤아에게 푹 빠졌을 그 무렵 그녀의 나이가 됐다. 그러면 김윤아는 전설로 남은 많은 이들이 그러하듯 자취를 감췄나? 그녀는 사라지지 않았다. 김윤아는 데뷔 28년 차, 여전히 왕성하게 활동하고 뜨겁게 노래하며 사회를 향해 목소리를 내는 사회 참여형 아티스트다. 그녀는 페미니스트로서 여성 인권뿐 아니라 소수자 인권, 기후와 환경 위기, 정부의 무능과 부패에 늘 예술가로서의 감각을 곤두세우고 있다. 세월호라는 비극이 담긴 김윤아의 솔로 4집 《타인의 고통》을 보라. 그 앨범은 차가운 바닷속에 수장된 어린 영혼들에게 바치는 애달픈 비가(悲歌) 그 자체였다. 김윤아의 음악은 이토록 세계에 관여하고 있다.

김윤아와의 인터뷰는 2024년 4월 10일 이른 아침이었다. 전 대통령의 불통과 오만, 대파 한 단 가격을 엉뚱하게 말하는 등 물가 상승에 무책임한 태도로 인해 어수선하던 시국이었다. 나는 스튜디오에 가기 전, 어스름한 새벽에 일어나 제22대 총선 투표를 마치고 꽃시장에서 그녀와 어울릴 만한 가장 싱싱한 꽃들을 한아름 골랐다. 그리고 김윤아의 SNS에 올라온 투표 인증샷을 통해 그녀 역시 나처럼 아침 일찍 일어났음을 알게 됐다.

10여 년이 넘도록 스튜디오에 가면서 그날처럼 설렌 날은 없었다. 김윤아를 만나는 건 첫사랑을 만나는 일이자 열네 살의 나를 만나는 일이기도 했으므로. 나는 뒷좌석과 조수석에 꽃을 수북이 쌓았다. 촬영 때 꽃 소품은 많이 써왔지만, 평생 이렇게 많은 꽃을 사본 일은 없었다. 인생에서 처음 사랑했던 여자에게 이 정도의 꽃은 바쳐야 마땅한 일이었으므로. 장미와 작약의 풋내와 단내 속에서 촬영장으로 향하며, 외울 정도로 익숙한 그녀의 솔로 2집 《유리가면》의 마지막 트랙을 틀었다. 언제나 날 위로해주던 다정한 목소리가 흘러나오기 시작했다.

"열일곱 또는 열셋의 나 모순덩어리인 그 앨 안고/다정히 등을 다독이며 조근조근 말하고 싶어 (…) 너는 반짝이는 작은별 아직은 높이 뜨지 않은/생이 네게 열어줄 길은 혼란해도 아름다울 거야."(김윤아, 〈Girl Talk〉)

기억하실 리 없겠지만, 중학생 때 팬사인회에 가서 직접 만든 자주색 토끼 인형을 드린 적이 있습니다. 10대 때 제가 김윤아를 얼마나 사랑했는지, 에세이집 《샤도우 오브 유어 스마일》에 수록된 글 중 립스틱을 바르는 당신을 묘사한 대목을 마치 제가 직접 목격한 것처럼 생생하게 기억하고 있어요.

  어머, 어머, 어머! 저도 기억하는걸요? 그때 제가 그 립스틱 발라보라고 건네드렸잖아요.(웃음)

제 또래의 여자들은 김윤아에게 일정 이상 영혼의 빚을 지고 있다고 생각합니다. 김윤아가 영혼의 어머니라는 한 여성 팬의 글에, "만나지 못한 딸이여, 항상 너의 행복을 기원하고 있단다"라고 답하신 SNS 글을 봤을 때 감동했죠. 왜 10대 소녀들은 김윤아에 깊이 빠지게 될까요?

  제가 딸들이 많아요.(웃음) 그건 공감할 수 있기 때문이 아닐까요? '내가 알 것 같은 이야기를 저 사람이 하고 있다'는 느낌. 저는 그런 이야기를 가능한 한 오래하고 싶은데요, 사실 제 또래 여성분들 중 지금까지 활동하고 계신 분이 많지 않아요. 특히 기혼이고 아이가 있으신 분들은 정말 드물죠. 윤미래 씨가 있지만, 그분은 저보다 많이 어리시니까. 저는 소녀들이 '저 사람처럼 나도 내 일을 저렇게 오래하고 싶다'라고 생각할 수 있는 '저 사람'이 되고 싶어요. 최대한 오랫동안, 여러분에게 부끄럽지 않게 일을 해나가고 싶습니다.

록 페스티벌에 마왕처럼 강림할 때마다 김윤아의 맹렬한 기세에 대해, 장악력과 카리스마에 대해 새삼 느껴요. 그런 기세는 어디서 발산되는 걸까요?

  많이들 그렇게 말씀해주시는데, 저는 그저 제 자신을 표현하는 데 있어 제한을 두지 않을 뿐이에요. 도덕적인 것을 제외하면 제게 넘지 못할 선은 없어요. 죽을 때까지 그럴 거예요.

그런 김윤아에게 겁나는 건 없나요?

두려움을 느끼는 일이 별로 없어요. 영원히 지속되는 일 같은 건 없거든요. 제가 지옥의 마감을 하고 있다고 한들, 언젠가는 끝이 나죠. 당시에는 너무 힘들고 여기서 영영 못 벗어날 것 같아도, 다 지나가요. 그래봤자 죽기밖에 더하겠어요?(웃음)

재미있고 아름다운 것에 탐닉하는 김윤아는 어떤 것에 대책 없이 사로잡히나요?

새롭고 참신한, 잘 만들어진 모든 것. 그리고 상반된 것이 공존하는 상황을 굉장히 재미있어 해요. 하지만 가장 좋아하는 건 저의 일입니다. 제가 하는 일은 공기 중에서 뭔가를 끌어당겨 없던 음을 만들어내는 거예요. 지금도 저의 일 중 제일 재미있는 파트는 곡을 만들고 스튜디오에 들어가 가창하며 실현하는 과정이에요. 연차가 꽤 됐는데도 여전히 설레고 즐겁죠.

저도 사춘기 시절 당신의 에세이집을 읽으며 모순된 아름다움을 사랑하는 취향에 영향을 받았어요.

그게 또 맛이죠. 이번 앨범, 분명 좋아하실 겁니다.(웃음)

솔로 5집 앨범 《관능소설》과 단독 공연을 준비 중이시죠. 앨범 발매와 공연을 동시에 하는 건 커다란 꽃다발과 함께 선물을 안겨주는 기분일 것 같아요.

자주 써온 방식이죠. 이 방식이 제겐 잘 맞아요. 저희처럼 오래한 팀이 새 앨범을 내는 이유는 새로운 공연을 꾸미기 위해서이기도 한데요. 자우림의 경우 정규 앨범만 11장이 있고 비정규까지 포함하면 수백 곡에 달해서, 공연 세트리스트를 짤 때마다 굉장히 애를 먹어요. 아주 사랑받는 곡들로만 구성해도 두 시간을 금방 채울 수 있지만, 새로운 노래를 들려드리는 것도 좋겠죠. 발매 공연이 아니고서는 새 앨범의 모든 트랙을 다 부르기는 어렵기 때문에 저는 이런 기회를 놓치지 않는답니다. 이제 제 솔로 앨범도 다섯 장째 나오면서 곡 수가 많아져서, 공연 세트리스트를 짤 때 꽤나 고생을 하게 돼요.(웃음)

첫 번째 솔로 앨범이 영롱한 우울과 공허, 두 번째 솔로 앨범이 격정적인 사랑과 증오, 세 번째 솔로 앨범이 김윤아 자신, 네 번째 솔로 앨범이 타인의 고통과 연대에 대해 노래했다면, 이번 다섯 번째 앨범《관능소설》은 어떤 테마를 가지고 있나요?

'러브송'입니다. 솔직히 말하면, 저는 러브송을 잘 이해하지 못하는 사람이에요. 휘트니 휴스턴의 〈I Will Always Love You〉 같은 러브 발라드의 감성을 잘 이해하지 못하죠. 그런 제게 사랑 노래는 항상 숙제 같은 것이었어요. 원래 솔로 4집을 만들 때 러브송으로 채울 생각이었는데, 당시 사회적으로 거대한 비극과 불행이 있었잖아요. 세월호 사건으로 많은 아이들이 죽었죠. 시민의 한 사람으로서 누굴 사랑하는 이야기를 쓰는 일이 적절하지 않다고 느꼈고, 창작자로서 쓸 수 없어서 우리가 지나온 시대에 대한 앨범을 만들었어요. 그때 미뤄뒀던 러브송들이 지금 나오게 됐네요. 이번엔 작정하고 사랑 노래를 꽉꽉 담아봤어요. 이례적으로 많은 피처링을 담기도 했죠. 백현진, 김필, 이승열, 이하이 씨 네 명의 뮤지션과 함께했어요. 어른의 사랑 이야기를 들려드릴 예정입니다.

지금의 김윤아에게 '러브송'이란 어떤 것일지 궁금하네요.

제가 택한 방식은 공상이에요. 연애에 대해 이야기하려면 연애 호르몬이 필요한데, 저는 지금 도덕적으로 그러기 어려운 상황이라서.(웃음) 영화 〈데미지〉, 〈색계〉 같은 끔찍한 사랑 이야기들로만 플레이리스트를 짜서 간접경험을 했어요. 그렇게 스스로를 몰아넣다보니 효과가 있더라고요. 이러다 진짜 상사병이 날 것 같은, 대상도 없는 사랑에 빠져서 미칠 지경이 됐을 때 써내려간 곡들입니다. 이번 앨범 중 딱 한 곡, 〈해피엔딩〉은 현실의 이야기입니다. 지금을 살아가는 여성들의 이야기죠. 여성은 제게 늘 중요한 주제입니다.

여성을 빼놓고 김윤아의 음악을 말할 수 없죠. 1990년대부터 자우림의 프런트맨 김윤아는 페미니스트로서 여성에게도 영혼이 있다는 사실을 알리며 노래해왔어요. 2016년 강남역 살인사건 이후 '여성주의'는 시대의 의제로 떠올랐는데, 정작 여성들에게 여성 의제를 묻기가 어려워진 시대예요. 어떻게 하면 인터뷰이를 지키면서도 그의 목소리를 전할 수 있을지, 기자로서도 많은 고민이 되는 시대이고요.

하지만 저는 얼마든지 얘기할 수 있습니다. 저는 기혼자에 자녀가 있는 여성으로서, 제 자리에서 나름대로 열심히 싸우고 있어요. 제가 즐겁고 좋아서 하는 일이지만, '저 사람이 저기에 있어서' 다른 여성들이 힘을 받을 수 있게끔, 항상 정신 똑바로 차리고 이상한 길로 새지 않으려고 해요. 우리 모두 굴하지 말고, 지지 말아요. 안 지면 되는 거예요. 그리고 요즘 젊은 여성들이 너무 잘하고 있는 게, 결혼 안 하잖아요. 왜 이렇게 똑똑해! 하하하. 저는 대한민국의 여성 동지들을 정말 존경해요.

저는 요즘 젊은 여성들의 운동이 혹시라도 기혼 여성을 비롯한 다른 상황에 있는 여성들과는 거리를 두는 방향으로 가게 될까 봐 우려될 때도 있습니다.

그건 속해 있는 커뮤니티에 따라 분위기가 다를 거예요. 여러 의견을 가진 사람이 동시에 존재하는 건 당연한 일입니다. 여

'저 사람이 저기에 있어서'
다른 여성들이 힘을 받을 수 있게끔,
항상 정신 똑바로 차리고
이상한 길로 새지 않으려고 해요.
우리 모두 굴하지 말고,
지지 말아요.

성들도 다 개인이니까요. 하지만 각자 자기 자리에서 자기 일만 잘한다고 해서 되는 일은 또 아니고요. 우리 사회를 바꾸기 위해선 뭘 해야 할까요? 혁명?

오직 '레볼루션'뿐입니다.(웃음)
맞아요! 여성 시민 동지들이 서로 아끼고 연대해서 단결할 수 있으면 좋겠어요.

언제나 아티스트로서 사회 참여적인 모습을 보여왔죠. 가부장제와 성차별, 기후 위기, 동물권 등 다양한 분야의 이슈를 노래로 만들기도 하고, 방송을 통해 퍼포먼스를 하기도 했어요. 역시 예술과 사회란 뗄 수 없는 것이죠?
당연히요. 사회가 없으면 예술이 있을 필요가 없어요. 존재할 수조차 없을 거고요. 그리고 예술이 사회를 담지 않는다면 그건 좀 허무한 일일 거예요.

점점 약자를 향한 혐오가 짙어지고 있는 시대예요.
인터뷰할 기회가 있을 때마다 끊임없이 해온 얘기인데, 이번엔 좀 건방진 말투로 해봐야겠어요.(웃음) 결국은 교육이에요. 학교에서 가르쳐야 해요. 공교육이 바뀌어야 사회가 바뀌어요. 개인은 얼마든지 자기 생각을 발화할 수 있지만 그전에 사회적으로 합의된 정의가 있어야 해요. 그런데 지금 사회에선 그 합의된 정의라는 게 성과, 성취, 돈이 전부인 것 같아요. 서로 협력하고 돕는 법을 가르쳐야지, 경쟁해서 너만 좋은 학교에 진학하고 좋은 직업을 얻으면 된다고 가르쳐서는 안 되죠. 저는 참 의아한 게, 제가 수험생일 때는 수험생 인구가 진짜 많았고 경쟁률도 장난 아니었거든요. 그런데 지금은 학생 수가 훨씬 적잖아요. 이렇게 인구가 감소하고 있는 때, 지금이야말로 우리가 어떻게 함께 손잡고 미래 사회를 더 좋게 만들 수 있을지 가르쳐야 할 시점인 거예요. 그런데 나 혼자 어떻게 해야 잘 먹고 잘 살 수 있을 것인가에 대해서만 교육하니까, 그 부분이 정말 잘못된 거죠. 감히 말하자면, 공교육이 해줘야 할 부분이라고 생각합니다.

이런 시대에 청소년을 길러낸다는 건 어떤 일인가요?

저는 아들 민재와 많은 것에 대해 이야기해요. 정치적인 프로파간다, 혐오범죄, 젠더 이슈, 성역할 문제까지 자연스럽게 서로 의견을 나누죠. 다행히 주변에 좋은 선생님과 좋은 친구들이 많아서 아직까지는 귀엽게 자라고 있습니다. 이 이상은 그 녀석의 프라이버시이니 오프더레코드로.(웃음)

데뷔 27주년이 다 되어가지요?

올해(2024년) 8월이면 27주년이네요.

어쩜 이렇게 여전히 소녀 같으신가요? 록스타는 나이가 안 든다더니, 정말 마녀이신 것 아닌가요?

철딱서니 없이 살면 이렇게 됩니다. 후후.

김윤아는 어떻게 그 긴 시간 동안 그렇게도 동화적이고, 이상하고, 아름답고, 퇴폐적이고, 신랄하고, 활기차고, 우울하고, 신경증적이고, 또 무심한 노래들을 쏟아낼 수 있었던 건가요?

인간의 감정의 폭이란, 굉장히 넓고 깊고 겹겹이 쌓여 있죠. 저는 그걸 연료로 삼으니 더욱 내면을 들여다보게 되는데, 그건 무척 괴로우면서도 굉장히 재미있는 일이에요. 내부에서 자가 발전하는 것이니 경제적이기도 하고요. 재미, 보람… 사람마다 표현은 다를 것 같은데, 저는 아직도 이게 제일 재미있어요. 앞으로도 계속하고 싶고요. '이 정도 오래했으니 이쯤이면 적당하다' 같은 마음은 들지 않아요. 제가 언제까지 노래할 수 있을지 모르고, 언제까지 사랑할 수 있을지 모르고, 언제까지 살아 있을지도 몰라요. 그러니까 지금 제가 여기 있는데 그걸 안 할 이유가 있나? 그렇게 생각합니다. 저는 한번 물면 잘 놓지 않는답니다.

"…그 누구도 살아 있는 동안엔 춤을 추는 것이오"라는 가사가 떠오르네요.
하하하.

돌이켜봤을 때, 관록이 쌓이며 김윤아의 음악에서 달라진 부분이 있나요?
일단, 관록은 아직 멀었어요. 한 20년 뒤?(웃음) 저 같은 인간에게 관록은 평생 무리일지도 모르겠네요. 그간 노하우는 많이 쌓였지만 내가 하고 싶은 이야기를 내가 좋아하는 방식으로 한다는 기본은 같아요. 데뷔 초에 전 이런 말을 했죠. "우리는 3천 장이 팔리든, 30만 장이 팔리든, 지금이나 미래에나 똑같은 방식으로 음악을 할 거예요." 그 말은 여전히 유효합니다. 한결같이 지켜왔어요. 얼마 전 자우림이 얼마 뒤 서른 살이 된다는 얘기를 듣고 얼마나 놀랐는지 몰라요.(웃음)

김윤아 음악의 두 축은 우울과 환희였다고 생각합니다. 그 격랑을 관통하는 것은 이상한 아름다움이었고요. 김윤아는 언제 우울하고, 언제 기쁜가요?
멋진 말이네요. 기쁨은 찾으려고 노력해야 하는 것이고, 우울은 항상 있는 거예요. 그런데 전 사람이 기쁨을 찾으려고 하지 않으면 죽은 거나 다름없다고 생각해요. 제가 아주 사랑하는 데이비드 린치의 TV 시리즈 〈트윈 픽스〉에서 끔찍한 살인사건을 해결해야 하는 '쿠퍼 형사'를 예시로 들고 싶네요. 비록 살인사건 현장 한가운데에서도, 그는 매일 한잔의 커피와 도넛에서 행복을 찾죠. 저는 대학교 1학년 때 비디오대여점에서 그 작품을 빌려 보며 인생을 대하는 태도를 배웠어요. 기쁨은 그렇게 찾아야 해요. 이를테면 저는 아까 준비해주신 샌드위치가 맛있어서 기뻤답니다.

기쁨은 찾아내야 하는 것. 그리고 우울은 항상 우리와 함께 있는 것.
네! 살아 있으니까요.

세월이 쌓이며 당신의 음악도 품이 좀 더 넓어지고, 너그러워진다는 생각을 하나요?
그건 들으시는 분들이 판단할 몫으로 남겨두겠습니다. 저는 오늘만 사는 사람이거든요. 하하. 오히려 절대 놓치지 않고자 하는 원칙들은 변하지 않아요.

타협하고 싶지 않은 건 어떤 것들이에요?
간단해요. 예의와 양심을 지키고, 사람들 사이 신의를 지키는 것. 저는 그게 되지 않으면 관계를 칼같이 싹 잘라버리는 사람이에요. 뒤도 안 돌아보죠. 모든 사람을 용서할 수는 없잖아요. 그럴 필요도 없고요.

솔로 1집 에세이에 "우리 같은 종류의 인간은 평생 결코 어른이 되지 못합니다"라는 문장을 쓴 적이 있었죠. 지금은 어떤가요?
여전히 좋은 어른이 되고자 하는 지망생입니다. (웃음)

김윤아는 무엇을 아름답다고 생각하나요?

흥미로운 질문이네요. 저는 아름다움은 화음 같은 것이라 생각해요. 진정한 아름다움은 불협화음이 화음이 되는 순간에 발견돼요. 아이러니한 것이 곧 아름다움이죠. 자로 잰 듯한 아름다움 말고, 어딘가 어긋난 듯한 것들이 조화를 이루고 있을 때 저는 아름답다고 느낍니다. 술과 미식의 조화도, 사람 사이의 대화도. 그래서 저는 바로크 시대의 미술과 음악을 좋아해요. 조반니 바티스타 페르골레시를 아주 좋아하는데, 죽을 때 마지막으로 들을 음악 한 곡을 골라야 한다면 페르골레시의 〈비탄의 성모〉를 들을 거예요. 클라우디오 아바도가 지휘한 베를린 필하모닉 버전으로요. 제게 신앙은 없지만, 신에게 바치는 음악보다 더 순수한 사랑으로 만든 음악은 없다고 생각해요. 게다가 화성이 끝내주죠!

지금 탐닉하고 있는 것은 무엇인가요?

곧 발매할 저의 《관능소설》. 그리고 바쁜 일정이 지나면 얼른 소파에 누워 게임 〈젤다의 전설〉을 하고 싶습니다. 하지만 그럴 날은 잘 오지 않을 것 같네요. 연말까지 쭉 계획이 차 있어요. 자우림 전국투어도 예정돼 있고요.

지금이 봄인데 연말까지 계획이 빼곡하군요.

항상 몇 년간의 계획이 머리 안에 있어요. 사람은 언제 죽을지 모르니까요.(웃음)

최근에 마주한 멋진 경험이 있나요?

이번 앨범을 녹음하면서 굉장히 특별한 경험을 했어요. 두 곡의 편곡을 일본 편곡자에게 맡겼는데, 올해 64세인 선생님이 세요. 참 친절하고 겸손하고 귀여우신 데다, 바이올린을 직접 연주하셨죠. 일본에 가서 하루 동안 작업했는데, 일본인 연주자들과 동시에 녹음하는 방식이었어요. 모든 파트가 방에 들어가서 한 번도 본 적 없는 상대방과 한번에 호흡을 맞춰야 하는, 난이도가 굉장히 높은 작업이었어요. 그런데 두세 번 정도 서로 연주하고, 호흡이 맞기 시작했을 때 진심으로 멋지다고 생각했어요. 음악이라는 일은 멋지구나. 리듬만 있으면 처음 본 사이여도 어디서나 합주할 수 있거든요. 참으로 환상적인 순간이었죠. 또 하나 더 말해도 될까요?

얼마든지요.

지금 사회가 점점 더 살기 힘들어지고 있잖아요. 월급은 안 오르는데 물가나 부동산은 천정부지로 오르고 있죠. 고물가로 악명 높은 스위스 다음으로 식재료가 비싼 나라가 한국이에요. 그런데 스위스의 최저시급과 임금은, 한국과는 천지 차이죠. 그렇게 봤을 때 상대적으로 한국이 현재 식품 물가가 가장 비싼 나라라고 봐도 과장이 아닌 거예요. 이런 절망의 구렁텅이 속에서도 지지 않고 자기가 좋아하는 일을 하고, 사소하고 조그마한 행복을 찾아 살아가고 있는 모든 사람이 다 예쁘고 멋지다고 생각해요.

오늘 아침 일찍 콜타임이었지만, 제22대 총선 투표에 참여하고 오신 김윤아 님도 멋지죠.

그건 우리의 의무이자 권리니까요!

그럼요.

저 지금 너무 웃긴 게, 마침 기자님이 들고 계신 펜이 논란의 바로 그 '대파' 모양이네요. 하하하.

눈치채셨나요? 저도 한 표 행사하고 왔습니다.(웃음) 그럼 김윤아가 생각하는 멋없는 건 어떤 거예요?

전 모르는 걸 모른다고 솔직하게 말하는 게 멋지다고 생각해요. 그렇기에 사실은 그렇지 않은데 남들에게 어떠어떠해 보이려고 애쓰는 건 멋없다고 생각합니다.

언젠가 불렀던 〈증오는 나의 힘〉처럼, 지금 김윤아의 힘은 어떤 건가요?

여전히 증오는 저의 힘입니다. 증오만큼 좋은 땔감이 없어요.(웃음) 또한 아까 말씀 나눈 재미도 빼놓을 수 없죠. 연료는 지금까지도 잘 충전되고 있습니다.

밖에서 영감을 찾을 때도 있죠?

그럼요. 모든 게 다 영감이 돼요. 이를테면 지금 창밖에 보이는 전봇대, 저걸 소재로 노래를 쓸 수도 있어요. 제겐 아름다움을 탐지하는 레이더 같은 게 발달해 있거든요. 저는 다른 분들이 만들어놓은 아름다운 것들, 영상이든 사진이든 그림이든 글이든 무엇이든, 잘 살펴봐요. 아름다움은 아름다운 것을 만들고자 하는 마음을 엄청나게 부풀리거든요. 기자님도 잘 만든 화보와 기사를 볼 때 그렇죠? 저 역시 그래요. '저 사람이 저런 아름다운 걸 했네? 나도 아름다운 걸 같이하고 싶어!' 하면서.

김윤아는 무엇을 믿나요?

저는 믿는 게 없어요. 모든 건 불확실해요. 아름다움도 즐거움도 사람도 사라질 수 있고, 그 무엇도 영원하지 않죠. 그래서 저는 오히려 더 홀가분하고 열정적인 마음으로 순간순간의 무언가를 만들 수 있어요. 어쩌면 역설적으로 그 불확실성을 믿는다고 할 수 있겠네요. 지금, 여기, 제가 하고 있는 일만을 직시하면서요.

제가 언제까지 노래할 수
있을지 모르고, 언제까지
사랑할 수 있을지 모르고,
언제까지 살아 있을지도 몰라요.
그러니까 지금 제가 여기 있는데
그걸 안 할 이유가 있나? 그렇게
생각합니다. 저는 한번 물면
잘 놓지 않는답니다.

전도연의 전성기는
지금이다

"저는 전성기를 놓친 적이 없다고 생각해요."
전도연은 전도연이다. 언제나 그랬고
앞으로도 계속.

INTRO

나라는 한 명의 관객을 포함해, 한국 영화는 전도연의 눈물과 웃음에 많은 빚을 지고 있다. 1997년 영화 〈접속〉부터 2024년 영화 〈리볼버〉까지, 1995년 드라마 〈젊은이의 양지〉부터 2023년 드라마 〈일타스캔들〉까지, 한 세기가 바뀌는 동안 한국 영화 및 드라마의 르네상스 한가운데 전도연이라는 이름이 있었다. 그녀는 때론 두 눈과 콧잔등을 반달처럼 살포시 접은 채 찬란한 웃음을 터뜨렸고, 때론 처연한 얼굴로 굵은 눈물을 떨어뜨렸으며, 때론 새벽 공기처럼 서늘한 눈빛으로 비릿한 미소를 흘렸고, 때론 심장 밑바닥에서 밀려나온 뜨거운 감정을 온몸으로 발산했다. 전도연의 모든 얼굴과 몸짓에 우리는 울고 웃었다.

 한 분야에서 30여 년 동안 최고의 자리를 지킨다는 것은 무엇을 의미하는가? 또한 그럼에도 계속해서 새로운 모습을 탐색한다는 것은 어떤 의미인가? 전도연은 말했다. "저는 작품을 선택할 때 항상 스스로를 어떤 틀에 가두지 않으려 해요. 여전히 더 많은 역할을 경험해보고 싶어요. 아직도 저 자신이 궁금하고요." 그리고 덧붙였다. "저 스스로는 제 전성기를 놓친 적이 없다고 생각해요. 전도연은 늘 전도연이었어요." 보라. 그녀는 수세적인 '디펜딩 챔피언'이 아닌, 끊임없이 새로운 메달을 따오는 공격적이고 도전적인 플레이어다.

{ 전도연 }

전도연에 대해 말할 때, 그녀의 커리어나 아이코닉한 상징성에 대해 짚지 않고선 이야기를 시작할 수 없을 것이다. 그녀가 내 마음으로 들어온 첫 순간은 〈밀양〉이었다. 무자비한 현실, 잔인한 딜레마 앞에 무너진 '신애'의 처절한 눈물과 몸부림, 황폐해진 마음은 오직 전도연만이 보여줄 수 있는 살풍경한 모습이었다. 칸영화제에서 여우주연상을 수상하고 온 후에도 전도연은 쉬지 않았다. 〈멋진 하루〉에서 나는 권태로우며 조금 시시해 보이는 듯한, 그러나 수많은 행간을 함축한 그녀의 얼굴이 그토록 매력적이란 걸 알았다. 누아르물 〈무뢰한〉의 고독한 '김혜경'에 대해선 사정없이 감겼다. "나, 김혜경이야"라고 말하는 그녀의 얼굴에 드리운 그림자, 넘실대는 감정의 파고, 그 선연한 표정과 몸짓들. 하드보일드한 텍스트에 멜랑콜리한 숨결을 불어넣은 이 배우와 사랑에 빠졌다. 킬러 영화 〈길복순〉의 치명적 멜로와 극적인 액션의 주인공 '길복순'도, '김혜경'을 너무 사랑한 드라마의 작가가 배역 이름을 '김혜경'으로 붙여버린 법조 드라마 〈굿와이프〉의 똑부러지는 변호사 '김혜경'도, 이런 것도 여전히 잘할 수 있다는 듯 〈프라하의 연인〉 이후 18년 만에 보여준 로맨틱코미디 〈일타스캔들〉의 밝고 사랑스러운 '남행선'도, 복수해야만 사는 여자 〈리볼버〉의 '하수영'도. 끊임없이 자신을 리브랜딩하는 전도연에게 붙일 수 있는 수식어는 단 하나밖에 없다는 사실을 깨달았다. 전도연은 전도연이다.

그녀와의 기억은 듬성듬성 그러나 길게 이어져 있다. 〈씨네21〉 기자 시절, 나는 부산국제영화제 뒤풀이에서 운 좋게도 전도연과 같은 테이블에 앉은 적이 있다. 잔뜩 긴장해 그녀가 따라주는 맥주를 받아 한 모금 축이고 떨리는 손으로 내려놨다. 메이크업을 지운 얼굴에 아무렇게나 묶은 머리, 술이 올라 발그레한 뺨의 그녀가 "내가 준 술, 지금 꺾어 마신 거야?"라며 장난기어린 목소리로 타박하자, 나는 거의 죽을 것 같았다. 물론, 너무 좋아서. 단화 속 발가락까지 비비 꼬며 동료에게 속삭였다. "나, 지금 영화 속에 들어와 있는 것 같아."

한참의 세월이 흐른 후 〈일타스캔들〉의 흥행으로 다시 전도연을 만났다. 여전히 독대하는 것만으로 나를 영화 속에 데려다놓는 그녀는 또렷한 자긍심을 지닌, 솔직하고 매력적인 화법의 귀재였다. 인터뷰 시간이 길어지자 매니저의 헛기침이 들렸고, 내가 빠르게 질문을 마무리하려 하자 그녀는 질문지를 정리하는 내 손목을 가볍게 잡으며 말했다. "아니, 그러지 마요. 계속해요." 덕택에 나는 준비한 모든 질문을 마무리했다. 이 책에 자신의 인터뷰를 실어도 좋다고 가장 빠르게 오케이를 준 것도 전도연이다. 나는 그녀에게 한국 영화계만큼의 빚을 졌다. 새삼, 어김없이, 매번 그녀에게 반하고야 마는 것이다.

전도연의 작품 선택은 항상 새로워요. 영화 〈길복순〉에서는 피도 눈물도 없는 킬러 역할, 정말 근사하게 잘 어울렸어요.

저는 작품을 선택할 때 항상 스스로를 틀에 가두지 않으려 해요. 여전히 어떤 경계에도 갇히지 않고 더 많은 역할을 경험해보고 싶어요. 아직도 저 자신이 궁금하고요.

영화 〈길복순〉은 변성현 감독이 오랜 팬이었던 전도연을 위해 설계한 작품이라고 밝혔죠.

감독님은 제가 계속 누군가를 위해 희생하고, 수모를 당하는 캐릭터만 맡는 게 안타까우셨나봐요. 그러던 차에 감독님이 액션을 해보자고 제안하셨죠. 최근 제가 한 작품들에선 감독님들이 제 연기를 존중하면서 감정선을 따라오는 방식으로 촬영했다면, 〈길복순〉에서는 감독님이 원하는 앵글 안에서 감독님이 원하는 그림을 찍는 방식으로 진행됐어요. 처음 해보는 방식이라 호기심이 생겼죠. 처음엔 얼굴의 각도 하나까지 감독님이 원하는 방식대로 그림을 만들어가다보니 '이렇게까지 해야 하나' 답답함을 느끼기도 했는데 적응되니 나름대로 재미있더라고요. 그 방식 속에서 새로운 걸 찾아낸 것 같아요.

본격적인 액션 연기를 해보는 건 어땠나요? 대부분 직접 액션을 소화했고, 몸을 던져 연기하다 부상을 입기도 했다던데.

뭣 모르고 했죠. 끝나자마자 이젠 액션 영화 못 찍을 것 같다고 했을 정도예요.(웃음) 첫 액션 촬영이 황정민 씨와 붙는 장면이었는데, 아주 추운 날이었어요. 몸이 얼어서 고생 좀 했죠. 부상당한 건 식당에서 킬러들끼리 붙는 신에서 360도 도는 액션을 찍던 중이었어요. 정말 이 악물고 '이건 죽었다 깨어도 해내야겠다'는 생각으로 임했거든요. 액션 영화는 마지막이라는 마음으로 모든 걸 쏟아부어서 하다가 그만.(웃음) 제가 운동 신경이 좀 있거든요? 그런데 운동신경과 액션 연기는 또 다른 문제더라고요. 대역을 쓴 건 연습실에서 '영지'(이연)와의 합, 단 한 신이었어요. 힐을 신은 상태에서 상대의 액션을 받아주는 액션이었기 때문에 스턴트 배우님이 연기한 컷이 일부 들어갔 죠. 제게 시간이 더 주어진다면 그것도 제가 하고 싶었지만요.

쉽지 않은 작품을 어떤 마음으로 택했는지 궁금하네요.

사람들의 시선은 그래요. 여성 배우 주연에, 예산이 100억이 넘는 영화. 게다가 어렵고 까다로운 액션이 많이 들어간 힘든 프로젝트죠. 투자가 쉽지 않을 거라는 사실을 알았어요. 제가 먼저 감독님께 "괜찮으니까 젊은 배우와 하셔도 된다"라고 이 야기했어요. 그런데 감독님은 그냥 "〈길복순〉은 선배님이어야 된다, 선배님은 할 수 있다"고 끌고 가주셨어요.

액션만큼이나 중요한 게 모녀관계죠. 극중 딸과의 서사를 위해 감독님이 집에 찾아와 딸과의 일상을 관찰하기도 했다고요.

맞아요. 감독님이 저희 집에 오셔서 관찰한 저와 딸의 관계가 많이 투영됐죠. 저희 모녀의 관계를 흥미로워하시더라고요. 제3자의 시선으로 저와 딸의 모습을 객관화해서 보니 저도 재 미있었어요. 그 결과 굉장히 사실적인 모녀관계를 담아낼 수 있었고요.

전도연의 딸은 어떤 아이인가요?

제 딸은 이마와 코는 저를 닮았고 전체적인 느낌은 아빠를 닮 았어요. 성정도 아빠를 닮아서 좀 많이 쿨하고 낙천적이죠. 저 를 닮아 소심한 면도 있긴 하지만.(웃음)

어머니와 딸, 가장 가까우면서도 먼 관계잖아요. 연기하면서 모녀관계에 대해 생각해보게 된 점이 있나요?

> 생각해봤어요. 저와 제 딸에게 〈길복순〉에서의 '복순', '재영'(김시아)과 비슷한 상황이 생기면 어떨지. 저도 결국 '복순'처럼 어떻게 살아갈지는 각자 스스로가 찾아가게 둘 것 같아요. 서로의 선택을 존중하면서요. 실제로 저는 아이에게 주로 맡기는 편이에요. 예전에는 제가 많이 개입하기도 했는데, 그러다보면 싸움이 잦아지더라고요. 어느 순간 '왜 내가 아이와 이렇게 싸우고 있지?'라는 생각이 들었고, 관계 개선을 위해 아이를 믿고 맡기자는 쪽으로 태도를 바꿨죠. 이제 저는 제가 알아야 할 부분과 아이에게 맡겨야 할 부분을 명확하게 선을 긋고 지키려 해요. 단 그 결과에 대한 책임은 스스로 져야 한다고 이야기해주고요.

멋진 어머니네요.

> 그렇진 않은데, 그게 최선인 것 같아요.(웃음)

〈길복순〉은 결국 사랑에 대한 영화란 생각이 들었어요. 전도연은 언제나 사랑을 기막히게 표현하는 배우라고 생각해요. 당신에게 사랑이란 어떤 것일지 궁금합니다.

> 사랑은 절대적인 것이죠. 예전에 "나의 모토는 사랑이다"라고 말하기도 했을 만큼, 저를 움직이는 본능적인 것이고요. 그때는 로맨스로서의 사랑을 말한 거지만 이제는 달라졌어요. 엄마와 딸 간의 사랑 같은, 더 많은 유형의 사랑을 알게 됐고 더 포괄적인 의미가 됐어요. 그게 연기에서도 녹아난다고 생각해요. 그런데 저는 〈길복순〉의 멜로는 '길복순'보다 '차민규'(설경구)가 만들어낸 비중이 더 크다고 생각해요. 이번 작품을 하면

서 설경구 씨에게 "산 같다"라고 이야기했어요. 산은 오를 때는 그 형태를 몰라요. 하지만 오르다보면 그것이 어떤 능선과 언덕을 가지고 있는지, 종국엔 어떤 감정에 도달하게 되는지를 알 수 있죠. 설경구 씨는 그런 형태의 사랑을 절묘하게 표현해냈어요.

마지막에 두 배우가 모든 걸 걸고 격투하는 신은 마치 격렬한 탱고를 보는 것 같았죠. 배우 설경구와의 인연이 깊어요. 영화 〈생일〉에서 부부로 호흡을 맞췄고, 20여 년 전 〈나도 아내가 있었으면 좋겠다〉에서는 멜로 연기를 했었죠.

제가 세 번이나 같이 호흡을 맞춘 배우는 설경구 씨뿐이에요. 〈나도 아내가 있었으면 좋겠다〉는 정말 오래전 작품이라 기억이 잘 안 나는데도… 설경구 씨는 이상하게 시간의 갭이 느껴지지 않는 사람이죠. 게다가 나이가 들수록 멋이 느껴지는 배우예요. 멋지게 나이들었죠. 네 번째 작품으로 만나도 새로운 시너지를 보여줄 수 있을 것 같습니다.

〈너는 내 운명〉에서 애절한 멜로를 선보였던 배우 황정민과 서로 죽고 죽여야 하는 관계로 오랜만에 조우한 것도 흥미로웠어요.

되게 신기했어요. 각자 서로 아주 다른 색깔의 작품들을 하고 있었잖아요. 황정민 씨가 촬영하고 있을 때 옆에서 구경했어요. 모니터링을 하면서 저와 황정민 씨가 함께 연기하는 모습을 보니 새롭고 재미있더라고요. 황정민 씨의 촬영이 끝나고 나서는 샴페인과 손편지를 드렸어요. 언제라도 또 황정민 씨와 작품을 해보고 싶어요.

무척 다정한 면이 있으시네요?

> 너무, 너무 고마웠거든요. 다른 작품을 찍고 있던 와중에 어렵게 시간을 내서 일본어와 무술을 공부해오신 데다, 굉장히 추운 날 샤워가운만 입고 저와 액션 신을 펼쳐주신 거잖아요.

김시아, 이연, 이솜 등 여성 배우들과의 케미스트리가 폭발하는 작품이기도 했는데 이들과의 호흡은 어땠나요?

> 그간 연기하며 수많은 제 딸들이 있었는데요.(웃음) '재영'이 역할은 쉽지 않았어요. 제 딸일 뿐 아니라 독자적으로 '재영'이가 서사를 끌어가야 했거든요. 그런데 그걸 훌륭히 해내더라고요. 그리고 순백색처럼 모든 색을 흡수하는 배우였어요. 연이 양은… 참 재미있어요. '영지'가 이연 그 자체였어요. 묘한 소년미가 있어 앞으로가 기대되는 배우예요. 솜이 씨('민희')는 어떨까 궁금했는데, 현장에서 감독이 주는 디렉션을 반영해 매번 새로운 매력을 발산하는, 보는 재미가 있는 배우더라고요. 촬영할 때 다들 케미가 좋았죠. 변성현 감독님도 우리 케미가 남자들의 케미보다 흥미롭다며, 다음에도 여성이 많이 나오는 작품을 하고 싶다고 하셨어요.

이연 배우는 드라마 〈일타스캔들〉에서 '남행선'의 아역을 맡기도 한 인연이 있죠.

> 당시 유제원 감독님이 오디션을 봐서 제 젊은 시절을 연기해줄 배우를 찾는데 마음에 드는 배우를 못 찾으신 거예요. 그냥 저더러 해달라고 하는데, 제가 아무리 어리게 분장한다 해도 현재와 과거가 너무 바로 붙어 있으면 좋지 않겠다는 생각이 들었죠. 그때 이연 배우가 생각났어요. 그래서 감독님에게 소개해줬더니 바로 하겠다고 한 거죠. 촬영날이 일주일밖에 안

남은 상황이었는데 이연 양이 바로 "예, 저 하겠습니다" 한 거예요. 짧은 준비 기간이었지만 되게 의욕적으로 핸드볼도 배우고, 아주 열심히 했어요.

그녀에게서 어릴 때 전도연의 모습도 보였나요?

흠, 제가 더 예뻤죠.(웃음) 농담이고, 이연 양은 소년미에 가까운 이미지가 혼재돼 앞으로가 정말 기대되는 배우예요.

드라마 〈일타스캔들〉에서는 오랜만에 밝고 사랑스러운 배우 전도연의 로맨틱코미디를 볼 수 있어 행복했습니다.

저는 되게 오래전부터 밝고 가벼운 작품을 하고 싶다고 계속 얘기해왔거든요. 그런데 그런 작품이 안 들어왔었죠. 그러다 처음 〈일타스캔들〉 대본을 받았을 때 '정말 오랫동안 기다린 작품이다'라는 생각과 동시에 '내가 잘할 수 있을까'라는 마음도 들었거든요. 하지만 이 작품을 연기하고, 모니터링하고, 방영하는 과정에서 알 수 있었어요. 사람들도 나 자신도, 이런 전도연의 모습을 되게 많이 보고 싶었다는걸.

아마도 연출자나 제작진은 전도연이라는 이름의 무게 때문에 가벼운 작품은 선뜻 내밀지 못하기도 했겠죠.

그랬을 거예요. 그래서 저는 감독님들께 배우를 이미지로 가두지 말라는 말씀을 자주 드려요. 연차가 적든 많든, 배우들은 늘 새로운 캐릭터에 대한 갈증이 있거든요.

〈일타스캔들〉 팀이 제대로 알아봤네요.

양희승 작가님이 저와 하고 싶다고 하셔서, 제작을 맡은 조문주 CP님이 "어? 여기에 선배님을?" 하고 의아해했대요. 저와

〈굿와이프〉를 같이했던 친구죠. 그런데 작가님의 생각은 확실했어요. 판타지 같은 로맨틱코미디라도 현실적인 이야기들이 기본이 돼야 붕 뜬 이야기가 되지 않는다고. 그런 배우로서 제가 필요했던 거죠.

배우 전도연은 여전히 전성기를 갱신하고 있습니다. 늘 성큼성큼 나아가면서요.

성큼성큼까진 아니고, 찔끔찔끔 나아갔어요.(웃음) 제가 원하는 작품을 하기 위해 굉장히 오래 인내하며 기다린 시간도 있었고, 견뎌내야 하는 시간도 있었고요. 사람들은 전도연은 성큼성큼 나아갔다고들 하지만, 저 자신은 제가 오랫동안 그러지 못했다고 생각했어요. 물론 저는 어느 때고 항상 최선을 다했지만. 그 시간 속에서도 결과나 성과와 상관없이 계속 저 자신에게 이야기를 걸고, 스스로를 칭찬해주려고 했죠.

전도연의 전성기는 바로 지금인가요?

사람들은 〈일타스캔들〉도 잘되고 〈길복순〉도 잘된 지금을 마치 제2의 전성기인 것처럼 이야기하는데, 둘 다 제가 열망했던 새로운 선택인 건 맞아요. 하지만 저 스스로는 제 전성기를 놓친 적이 없다고 생각해요. 전도연은 늘 전도연이었어요.

긍지와 자부심이 느껴지는 멋진 말이네요.

떳떳하게 살았습니다.(웃음)

이름이 무겁고 명예가 드높을수록 그 무게를 지고 가는 것도 쉽지 않을 거예요. 그런데 전도연은 그 순간마다 대담한 선택을 했죠. 과거의 자신과 영광을 넘어서는 것이 쉬운 일이 아님에도.

칸영화제에서 여우주연상을 타고 온 다음부터 견뎌야 하는 무게가 있었죠. 그 이후로 저는 뭔가가 어마어마하게 달라질 줄 알았어요. 하지만 현실은 그렇지 못했고, 오히려 대단한 상을 받은 부담과 무게감을 견디는 시간들이 필요했어요. 사람이 어떤 선택을 할 때마다 '내가 지금 무언가를 깨야지', '여기서 더 나아가야지' 하고 인지하기는 어렵잖아요. 단지 하다보면 해내고 싶고, 나 자신의 한계를 넘어서고 싶고, 그러다보면 또 무언가 새로운 게 나오는 것이죠. 저는 그렇게 나만이 느끼고, 나만이 알 수 있는 속도로 조금씩 버티면서 나아가고 있던 거예요. 대중들이 봐주셨을 때는 제가 뭔가를 계속 갱신하고 있다고 여기셨을지라도, 제가 생각하는 속도는 그랬어요.

칸영화제에서 여우주연상을 수상한 영화 〈밀양〉 다음에도 〈멋진 하루〉라는 근사한 작품을 선보였죠. 규모가 작고 아주 흥행하지는 않았더라도, 좋은 작품이었어요.

맞아요. 〈밀양〉 다음 선택한 작품이라 오히려 피해를 본 작품이죠.(웃음) 사람들은 더 크고 대단한 무언가를 기대했을 수 있지만, 저는 그럼에도 불구하고 〈멋진 하루〉라는 작품을 너무 좋아해요. 얼마 전에도 볼 일이 있었어요. 잠깐만 보려고 틀었는데, 결국 끝까지 다 보게 되더라고요. '아, 역시 좋은 작품이구나. 잔잔하지만 긴 여운이 남는. 나의 선택이 틀리지 않았구나' 하는 생각을 했어요.

저는 전도연의 모든 연기를 사랑하지만, 캐릭터로서는 〈무뢰한〉의 '김혜경'을 '최애'로 꼽고 싶어요. 버석하게 말라붙은, 그러나 가슴속 깊은 우물을 품은 그 여자요.

〈무뢰한〉, 저도 좋아해요. 사실 〈무뢰한〉 제안을 받았을 때 먼저 하기로 되어 있는 작품이 있어서 거절했죠. 그런데 거절을 하고도 몇 날 며칠 동안 그 작품에 대한 잔상이 그대로 남아 있는 거예요. 그래서 원래 하기로 했던 작품에 양해를 구하고 어렵사리 〈무뢰한〉을 하게 됐어요. 영화를 찍으며 어느 순간 그런 생각이 들더군요. 처음엔 '정재곤'(김남길)을 비롯한 '혜경'을 흔들어놓는 이들이 '무뢰한'이라고 생각하고 연기에 임했지만, '김혜경'이 결국 그들에게 '무뢰한'이었던 게 아니었을까, 그들이 살아가는 방식에 균열을 일으킨.

영화 〈무뢰한〉의 '김혜경' 덕에 드라마 〈굿와이프〉에서도 '김혜경'이라는 이름이 나오죠.

맞아요. 한상운 작가님이 〈무뢰한〉의 '김혜경'을 너무 좋아해서 따온 이름이라고 해요.

이렇게 한국 영화계와 드라마계가 전도연이라는 배우에게 큰 빚을 지고 있습니다.

하하하.

인터뷰가 있기 얼마 전, VIP 시사 뒤풀이 자리에서 〈무뢰한〉을 함께 작업한 사나이픽처스 한재덕 대표와 이야기를 나눴는데요. 배우 전도연에 대해 "좋은 사람이 좋은 배우가 된다는 걸 보여주는 멋진 사람"이라고 하시더라고요. 이 명제에 동의하나요?

그렇게 말씀해주셨다니 감사하네요.(웃음) 제가 어릴 때 박근형 선생님께 혼나가며 연기를 배우며 느낀 게 있어요. 사람들은 연기라는 것을 가짜라고 생각할 수 있지만, 사실 그 안엔 진짜의 진심이 있어야만 한다는 거예요. 그렇기에 연기는 기본적으로 내가 어떤 사람인지가 되게 중요해요. 그래서 연기자로서 제가 무언가를 바꾸고 싶다면, 평소의 나부터 바꿔야 하죠. 저는 저 자신에게서 인물을 찾아가거든요. 그런 리얼리티가 필요하다고 생각합니다. 그게 보는 이들의 눈에도 다 보이고요. 그렇기에 좋은 연기를 하려면 먼저 좋은 사람이 되어야 한다고 생각해요.

전도연은 어떤 걸 멋지다고 생각하나요?

멋지다. 멋지다라⋯ 그냥, 있는 그대로. 내가 생긴 모습 그대로를 온전히 잘 받아들이는 것이 멋지다고 생각해요. 살다보면 주어진 환경, 자기 자신에 대해 부정하게 될 때가 생기잖아요. 그런 걸 받아들이고, 잘 끌어안는 게 멋진 것이죠. 그냥 그게 나고, 전도연이니까요.

자신을 온전히 받아들이는 건 전도연에게도 쉽지 않군요.

그렇죠. 마음을 내려놓고, 비우고 또 비워내야 해요. 저 역시 있는 그대로를 받아들이려고 계속 노력한답니다.

전도연의 프로페셔널한 면모는 어디에서 드러나요?

제 철칙은 매 순간 집요하고 치열하게 하자는 거예요. 그런 순간이 매번 있잖아요. '오늘은 너무 추우니까', '너무 힘드니까'라면서 아주 작게라도 포기하는 부분이 생기면 나중에 후회하게 되더라고요. 작은 후회도 남기지 않기 위해, 이 순간을 놓치지 않기 위해 최선을 다해요. 하지만 사람의 일이란 그럼에도 어쩔 수 없이 놓치는 것이 생기죠. 그렇기에 더 치열하게 임합니다. 일은 그렇게 프로페셔널하게 해야 하는 법이라고 생각해요.

타협이 없네요.

일을 하면서 성격이 이렇게 바뀌었어요. 연기를 하기 전 제 성격은 '아, 어떻게든 되겠지'라며 '케세라세라' 하는 사람이었거든요? 그런데 일을 하면서, 이 일이 원래부터 제 꿈은 아니었지만, 어느 순간 이 일을 꿈 이상으로 사랑하게 되면서 더없이 치열해졌죠.

배우로서 가장 살아 있다고 느끼는 순간은 언제인가요?

현장, 거기서 연기를 하고 있는 순간. 그때 제일 저다워요. 그리고 살아 있다고 강하게 느낍니다.

전도연다운 건 뭔가요?

사실, 개인적인 인간 전도연은 누구 앞에서 이렇게 당당하지 않아요. 하지만 일에 있어서는 저 자신이 단 하나의 거짓도, 어떤 꾸밈도 없이 온전하다고 생각하거든요. 일을 할 때의 제가 가장 나답다고 생각해요. 그래서 개인적인 전도연도 일할 때의 전도연을 좀 닮고 싶기도 하죠.

당신은 무엇을 믿나요?

저는, 그냥 저를 믿어요. 현장에서 믿는 구석은 늘 저 자신이었어요. 항상 그래왔고, 한 번도 스스로에 대한 믿음이 깨진 적이 없었죠. 이건 선택이 아니에요. 저에 대한 믿음은 저 자신의 일부니까요.

현장에서 믿는 구석은
늘 저 자신이었어요.
이건 선택이 아니에요.
저에 대한 믿음은
저 자신의 일부니까요.

김연경은
과거의 자신을
넘어선다

21년간 정상을 지키며 세 번의 올림픽과
네 번의 아시안게임에서 활약하고 국가대표에서
화려하게 은퇴한 김연경의 2막이 올랐다.
그의 자부심, 최초의 마음, 강인함, 사적인 순간,
그리고 유머감각에 대하여.

INTRO

나는 김연경처럼 '언니'라고 부르고 싶은 여자를 아직 찾지 못했다. 듬성 듬성 자른 깡총한 머리에 장난기 넘치는 얼굴을 하고선 코트 위를 날아다니던 17세 루키 시절부터, 시원하게 넘겨 묶은 머리에 다부진 골격으로 물샐 틈 없이 코트를 장악하는 38세인 지금까지. 언제든 그녀를 보면 '언니'라 부르고 싶은 사심부터 엄습했다. 21년간 세계 여자 배구계의 최정상을 지키며 국가대표이자 MVP로서 활약해온 커리어, 192센티미터의 장신, 벌어진 어깨와 탄탄한 근육, 입을 시원스레 벌려 '와하하' 웃는 근사한 얼굴, '식빵 언니'라는 별명이 붙을 만치 직설적이고 시원시원한 화법과 능청맞은 유머감각까지 존재 자체로 '멋'인 이 여성을 어떻게 언니라고 부르지 않고 배길 것인가? 김연경에게 계속 인터뷰 섭외의 문을 두드린 건 에디터로서 당연한 야심이자 오랜 숙원이었고, 마침내 그녀에게서 승낙하는 전화를 받았을 때, 지인들과 함께 식사 중이던 나는 그만 소리를 꽥 질러 그 식당에 있던 모두의 주목을 독차지하고 말았다.

그녀와 나만이 독대한 살 떨리는 인터뷰 자리, 나는 21년간 한 분야의 최정상을 지킨 이의 자긍심과 마주하고 있다는 생각이 들었다. 강산이 두 번 바뀔 동안 왕좌를 지켰다는 것은 어떤 무게를 짊어진 일인가. 그녀와 동년배로서 한창 일하고 있는 나 역시 젊은 감각이 넘쳤던 주니어 시절의 결과

{ 김연경 }

물이 더 좋았다고 느낄 때가 있다. 나이를 먹어가면서 그간 해온 대로 노력을 기울여도 성장하는 게 아니라, 오히려 퇴보할 수도 있다는 진리를 찬물처럼 받아들이는 이 시기. 신체능력이 무엇보다 중요한 스포츠에서 김연경은 자신과 어떤 투쟁을 하며 21년간 세계 최정상을 지켜왔는지 알고 싶었다. 그 질문에 그녀는 전성기를 오래 유지하기 위해 얼마나 무던히 노력했는지에 대해서는 덤덤히, 그러나 자신에게 향한 기대와 사랑에 얼마나 부응하고 싶었는지에 대해선 절실히 말했다. 선수 생활 내내, 코트 위에서의 비매너에 대한 항의나 한국 배구를 위한 고언은 직설적으로 표현하되, 선수로서의 고민 내지는 고통, 그림자에 대해선 그 어떤 호소도 없이 그저 듬직하고 너른 등을 보여주던 그녀다운 태도였다.

김연경의 '라스트 댄스'는 세계 스포츠 역사에 기록될 만하다. 명예롭게 국가대표를 은퇴하고서도 시즌 내내 최고의 폼을 유지했고, 자신이 나오는 모든 경기를 매진시켰으며, 챔피언결정전에서 흥국생명을 또 한 번 1위로 만들며 우승컵을 거머쥐고 MVP에 올랐다. 이것이 그녀 인생의 마지막 경기다. 내 기억으론, 그 어떤 스포츠 선수에게서도 이토록 화려한 라스트 댄스를 본 적이 없다. 드라마로 쓰라고 해도 이런 엔딩은 너무 '드라마' 같을 것이다. 하지만 김연경은 이번에도 그저 "이보다 행복한 은퇴가 어딨겠냐"며 "웃으면서 보내주세요"라고 씩 웃을 뿐이었다. 어떻게 보내라는 말인가. 고별의 인사마저 설레는 '유죄인간'인, 이 전설적인 선수를.

우리는 김연경이 자신을 단련하는 일 외에도 한국 배구를 위해 얼마나 많은 것들을 해왔는지 알고 있다. 한국 배구의 샐러리캡 차이에 대해 목소리를 내 여자 선수들의 연봉을 올리는 데 기여했고, 동시에 자신의 연봉은 자진해서 낮췄던, 그리고 지면에 다 나열하지 못할, 그녀가 참지 못했던, 바꾸어나갔던 일들에 대해. 김연경에게 왜 배구를 이토록 사랑하는지 묻자, 그녀는 말했다. "솔직히 선수 은퇴하고 나서 배구 일을 안 하면 더 편할 거예요. 계속하면 안 좋은 소리를 들어야 할 일도 많을 테니까. 그만하고 싶다는 생각이 들 때도 있지만, 결국 저는 '배구쟁이'예요. 왜 사랑하냐고 물으신다면, 저는 배구쟁이기 때문이죠."

밸런타인데이면 초콜릿이 책상 가득 쌓였던 여고 시절부터, 김연경은 자신이 수많은 여자들의 '언니'라는 사실을 익히 알고 있었다. 그리고 은퇴할 때까지 언니의 태도를 한순간도 잃지 않았다. 사랑과 동경의 무게도, 왕좌의 무게도 고스란히 감당하며. 선수 생활은 막을 내렸지만, 언니는 떠나지 않을 것이다. 그녀는 배구 및 비인기종목의 후학을 양성하는 'KYK파운데이션'을 설립했고, 한국방송통신대학교 생활체육지도학과 24학번으로서 인생 2막을 열었다. 언제나 반하도록 멋있고, 닮고 싶도록 근사한 우리들의 롤모델, 김연경의 인생은 앞으로 또 새로운 역사를 쓸 테니까.

제가 김연경 선수를 섭외하기 위해 얼마나 오래 공을 들였는지 아세요?

그러니까. 애기 들었어요, 하하.

세계 최고의 공격수, 100년에 한 번 나올까 말까 한 선수, 축구로 말하자면 리오넬 메시 이상의 선수. 그간 세계 언론에서 김연경을 향해 던진 찬사예요. 한 분야의 정상에 오른 이의 기분이 궁금해요. 그런 말을 들으면 어때요?

당연히 좋죠. 내가 꿈꿔왔던 것들을 이뤄왔던 순간들이니까요. 하지만 많은 분들이 그런 이야기를 접하면, 꿈과 목표를 성취한 선수의 굉장히 화려하고 명예로운 순간을 상상하시는데… 실상은 정말 그냥 평범해요. 스포츠는 경기가 워낙 많고, 지금도 계속되고 있는 것이고, 운동이라는 건 성적이 잘 나왔다가 안 나왔다가 하는 것이라, 그때그때 잘해내는 게 중요하거든요. 그래서 그런 말씀들엔 생각보다 덤덤합니다.

그렇다면 '식빵 언니'라는 별명에 대해선 어떻게 생각해요?

음, 나쁘지 않아요. 올림픽 예선(2020 도쿄올림픽 아시아대륙 예선) 한일전에서의 한 장면을 많은 분들이 좋게 봐주셔서 탄생한 별명이잖아요. 누가 이렇게 비속어를 좋은 의미의 별명으로 써주겠어요?(웃음) 내가 사랑을 많이 받고 있구나, 체감한 별명이에요.

국가대표로서 세 번의 올림픽과 네 번의 아시안게임, 세 번의 세계선수권에서 활약하며 올림픽 최초로 한 경기 30점 이상 득점 기록을 4회나 세웠고, 런던올림픽 MVP로 꼽히기도 했죠. 국가대표 명찰을 내려놓은 소감은 어떤가요?

세월이 야속하다고 할까요? 하하하. 내가 벌써 이렇게 나이가 들었구나, 이렇게나 빨리 시간이 지나갔구나 싶어요. "다시 그때로 돌아가고 싶냐"라고 누군가 묻는다면 못 돌아간다고 할 정도로 제 역할에 대한 부담도, 압박도 많았지만 주어진 순간에 최선을 다했기 때문에 홀가분합니다. 국가대표를 하며 많은 사랑을 받았고 좋은 성적도 냈기 때문에 후회는 없어요. 이렇게 사랑받으며 은퇴할 수 있어서 좋을 뿐이에요.

한국 리그뿐 아니라 일본, 중국, 터키 리그에서 입단했다 하면 하위권인 팀을 단번에 우승시키고 유럽 챔피언스리그 우승을 비롯해, 거의 매 시즌 MVP를 차지하는 에이스였죠. 아시아인 최초로 유럽 배구팀 주장을 맡기도 했고요. 세계를 누비며 언어를 넘어 공을 맞대본 지난 선수 생활을 돌이켜보면 어때요?

제가 국내에만 있었다면 이런 기록들을 세우지 못했을 거에요. 해외에서 뛴 경험이 저를 성장시켰고, 지금의 김연경을 만들었죠. 선수로뿐 아니라 인간으로도요. 타지에 나가 혼자 지내면서 생활력과 책임감도 더 많이 강해졌고, 스스로를 돌아볼 시간들도 생겼어요.

스포츠에선 언어보다 몸으로 맞부딪히는 게 더 중요하던가요? 리더십과 친화력이 대단한 것 같아요. 김연경이 한 국가의 리그를 떠날 때마다 눈물로 작별하는 동료 선수들이 많았거든요.

배구에서 주로 쓰는 용어는 거의 비슷하니, 체육관 안에서 서로 몸을 부딪히면서 친해지곤 했죠. 처음엔 저도 어려웠어요. 텃세도 당연히 있어요. 특히 유럽 리그엔 여러 인종이 있고 세계적인 선수들이 한데 있다 보니 텃세가 심했죠. 하지만 제가 워낙 장난기가 많아서 툭툭 치면서 금세 친해지곤 했고, 한번 친해지면 많이들 저를 좋아해주더라고요.(웃음) 그래서 어느 팀에 있든 자연스럽게 제가 이끌어줄 수 있는 포지션이 되곤 했어요. 사실 이탈리아와 브라질 팀에서도 제게 제안이 왔었거든요. 지금의 커리어에도 만족하지만, 이제 와 생각해보면 더 많은 국가를 경험해볼걸 하는 아쉬움도 남아요.

어떻게 하면 그렇게 만인의 사랑을 받나요?

어, 모두는 아닌 것 같아요. 하하하.

김연경의 가장 큰 자부심은 뭐예요?

오랫동안 기량을 유지하고 있다는 것. 반짝 한순간 정상에 올라간 이들은 많더라도, 그걸 오래 유지하는 사람은 많지 않거든요. 한번 정상에 올라선 것 이상의 꾸준한 관리와 훈련, 노력이 있어야만 하죠.

21년간 정상을 지킨 건 대단하죠.

오랫동안 했습니다. 헤헤.

이전부터 배구 꿈나무 장학금을 지원하는 등 유소년 배구선수 육성에 대한 뜻을 비쳤죠. 이번에 '김연경재단'인 'KYK파운데이션'을 설립했어요. 후학을 어떻게 길러낼 생각인가요?

제 장학금을 받고 지금 프로 리그에서, 혹은 국가대표로 뛰는 선수들이 꽤 있거든요. 보면 되게 신기해요. '야, 내가 장학금을 줬던 선수들이 이렇게 잘 컸네?' 싶어서 뿌듯하죠. 이번에 재단을 설립한 이유는 금전적이거나 물질적인 도움뿐 아니라, 유소년 선수들을 발굴해 '멘탈'적인 부분도 돕고 싶어서예요. 제가 경험한 것들을 많이 알려주고 싶습니다. 저도 중학생 때까지는 적절한 지원을 받지 못했기 때문에, 앞으로는 유소년 선수들이 충분한 지원 속에서 성장했으면 좋겠습니다. 배구에 한정하지 않고, 여러 비인기종목을 지원하고 싶어요. 지원받은 친구들이 커서 또 다른 스포츠 선수들에게 좋은 영향력을 발휘하는 것이 제 바람이에요.

한국 배구팀이 부당한 일을 겪을 때마다 대한배구협회에 목소리를 냈고, 많은 것을 변화시켰죠. 남녀 샐러리캡 차이에 대해 용기 있게 이야기한 덕에, 많은 이들의 관심을 환기시키고 여자 선수들의 연봉을 올리는 데 기여하기도 했어요. 구조의 문제에 나서는 점이 멋지다고 생각해요.

하, 근데 바뀌기는 해야죠. 그걸로 욕도 많이 먹었지만요. 뭐 '여자들도 군대 가라'부터 시작해서. 하하하. 여하튼, 이제는 정말 바뀌어야 하지 않겠어요? 더구나 당시엔 남녀 샐러리캡 차이가 너무나 컸고, 물론 지금도 크긴 하지만, 한국 여자 배구도 좋아지고 있어요. 제가 예전에 받았던 연봉을 지금 선수들에게 받으라고 하면 말이 안 되는 수준으로는 올랐죠. 물론 그만큼 선수들도 프로의식을 가지고 해야 하고요. 샐러리캡이 올라가면서 일부 선수에게만 치우치는 일 역시 경계해야 하고. 지금은 샐러리캡보다 다른 환경적인 개선점에 대해 말하고 싶은 것들이 많아요. 선수들도 그렇겠지만 지도자들이 더 프로의식을 지니고, 자기가 해야 하는 역할에 책임감을 느꼈으면 해요. 여전히 개선되고 발전해야 하는 부분이 많기 때문에, 저도 끊임없이 제 역할을 다하려고 합니다.

김연경은 배구를 왜 이토록 사랑하나요?

솔직히 선수 은퇴하고 나서 배구 일을 안 하면 더 편할 거예요. 계속하면 안 좋은 소리를 들어야 할 일도 많을 테니까. 그래서 가끔은 그만하고 싶다는 생각이 들 때도 있지만, 결국 저는 '배구쟁이'예요. 왜 사랑하냐고 물으신다면, 저는 배구쟁이기 때문이죠. 하하. 제 눈에 개선해야 할 것들이 계속 보이고요. 한국 배구의 발전에 힘을 보탤 수 있는 역할을 하고 싶어요.

김연경 선수를 보고 배구선수가 됐다거나, 배구 팬이 된 경우도 정말 많죠?

그렇죠. 취미로 배구를 하게 됐다는 분들도 있어요. 제게서 용기를 얻어 힘든 시간을 이겨냈다는 이야기를 편지로 써서 주시는 분들이 많은데, 저 역시 그런 얘기를 들을 때 많은 힘을 얻어요. 제 오래된 팬들이 있거든요. 이제 그분들이 결혼하고 임신해서 배구 경기를 보며 태교를 한다거나, 아이 손을 잡고 같이 경기를 보러 온다거나 하시거든요? 되게 신기해요. '내가 오래했구나'라는 생각도 들고요.

지금은 192센티미터지만, 중학생 때만 해도 키가 170센티미터가 안 돼 경기에 자주 나서지 못했죠. 배구를 하기로 결심한 시점은 아직 키가 크기 전인데, 어떻게 배구를 해야겠다고 마음먹었나요?

1학년 때는 170센티미터가 넘지 않았고, 2학년, 3학년이 되면서 조금씩 크긴 했지만 키가 생각처럼 자라지 않아서 다른 길을 찾아야 하나 고민하기도 했어요. 많이 힘들었죠. 하지만 배구가 너무 좋았기 때문에 포기하지 않고 그저 훈련에만 매진했어요. 그러다 내가 커졌구나 생각도 못 할 정도로 갑자기 쑥 자란 거예요. 초등학생 때부터 친구였던 김수지 선수는 어릴 때부터 커서 제가 늘 고목나무의 매미처럼 매달려 있었거든요? 그런데 고등학생 때는 둘이 키가 비슷해졌죠. 신체조건이 되니, 안 되던 스파이크나 블로킹도 잘되어서 신기하고 너무 신이 났어요. 만화 같은 일이 벌어진 거예요.

다른 종목을 해보고 싶단 생각은 안 했어요?

축구도 좋아했고 운동이라면 다 좋아했는데, 큰언니 덕에 배구에 입문한 뒤론 배구만 생각했던 것 같아요. 흠, 지금 생각해보면 테니스 같은 개인 종목도 잘했을 것 같은데. "롸!" 샤우팅 하면서 스윙 날리고. 하하하.

바로 상상이 됐어요.(웃음) 어쨌든 키가 작았던 시절 덕에 수비 능력까지 갖춘 공격수로 성장할 수 있었죠.

그랬죠. 저는 운이 되게 좋은 것 같아요. 초등학생 때는 센터를, 중학생 때는 수비를 하며 기본기를 다지다, 고등학생 때 키가 갑자기 크면서 스파이크 같은 공격수의 스킬을 다질 수 있었으니까. 결국은 과거의 어려움이 지금의 저를 만든 거예요.

안산 살던 어릴 땐 어떤 애였어요?

장난기 너무 많고, 활발하고, 까불까불하고, 무서울 게 없는 애였어요. 도전적이고, 지기 싫어하고, 하고 싶은 건 해야 하는. 생각해보면 부모님이 저를 풀어놓고 자율적으로 키우신 방식도 영향을 미친 것 같아요. 부모님이 "밥 먹어" 그러셔서 제가 안 먹는다고 하면 바로 "먹지 마~" 이러시고, "학교 가기 싫어" 이러면 "가지 마~" 이러시니 '뭐지…?' 싶으면서(웃음) 뭐든 스스로 열심히 하게 된 것 같아요. 제가 스스로를 쪼게 된 거죠. 알아서 학교도 열심히 다니고, 배구도 열심히 하고.

세 자매 중 막내죠. 언니들이랑은 어땠어요?

큰언니가 배구하는 걸 보고 배구를 시작할 만큼 많은 영향을 받았지만, 그만큼 많이 싸웠죠. 제가 너무 까불거리고 말도 안 들어서 첫째 언니한테 엄청 혼나고 맞기도 했습니다. 하하. 지금은 사이가 좋지만요. 큰언니도 180이 넘고, 작은언니도 175가 넘어요. 제가 192센티미터까지 큰 건 배구를 해서가 아닐까요? 스트레칭도 계속하고, 점프도 하고… 무엇보다 키가 커야만 유리한 스포츠를 하면서, 계속 키가 크기를 염원했으니까요.

승부욕 강하죠?

네. 배구를 할 땐 많이요. 코트에만 들어서면 승부욕으로 끓어오르죠. 다른 건 뭐, 지든지 말든지!

배구를 하면서 가장 도파민이 도는 순간은 언제였나요?

이겼을 때죠. 딱 시즌 끝나고, 우승이란 타이틀을 거머쥘 때. 경기 중 상대방의 강한 공격을 막아냈을 때, 방어를 돌파하고 득점을 했을 때 역시 크고 작은 희열을 느낍니다.

김연경 같은 베테랑은, 훈련은 좀 살살 해도 되지 않나요?

절대 안 되죠, 살살 하면 안 돼요. 운동이라는 건 하루만 쉬어도 표시가 나요. 게다가 배구는 팀 스포츠이기 때문에 팀의 스케줄과 트레이너의 프로그램에 따라 움직여야 합니다. 감독님과는 기술적인 훈련을 해야 하고요. 전 지금도 기름진 거, 튀긴 거 안 먹고요. 절대로 긴장의 끈을 놓으면 안 돼요.

192센티미터, 한국 여자 배구선수 중 역대 최장신 아웃사이드 히터(Out-side Hitter, 왼쪽 사이드에서 공격과 수비를 담당하는 포지션)입니다.

한국에서는 키가 크면 거의 미들 블로커, 양효진이나 김수지 선수의 포지션을 시켜요. 키가 커야 블로킹을 잘할 수 있거든요. 그런데 저는 어릴 때 작은 키 때문에 리시브도 많이 해본 덕분에, 운 좋게 사이드 공격수를 할 수 있게 됐죠. 앞으로 한국에서도 키 큰 공격수들이 많이 나왔으면 좋겠어요.

이렇게 피지컬이 압도적으로 좋으니 어딜 가나 눈에 띄는 사람일 거예요. 한국에서 키 큰 여성으로 산다는 건 어떤가요?

일단 튀죠. 한국에서 살면서 마주치는 모든 시설물이 다 낮고 작으니 꽤 불편한 점도 있어요. 여성용이 아닌 유니섹스용으로 나오는 옷을 입고, 바지는 밑단을 다 뜯어서 입죠. 얼마 전 196센티미터인 농구선수 박지수 선수랑 만나 "우리나라에서 제일 큰 사람이 너고 두 번째가 난 것 같다"고 얘기했는데, 진짜 궁금하긴 합니다. 우리나라 키 큰 여자 중에 제가 몇 번째에 들어갈지.(웃음) 저도 가끔은 혼자만의 시간을 보내고 싶으니까 모자도 깊게 눌러쓰고, 마스크도 써보고, 고개도 숙이고 다니지만, 맞아요. 다들 알아보세요. "김연경 아니야?" 전혀 감춰지지 않아요.(웃음) 그래서 이젠 그냥 대놓고 편하게 다닙니다.

10대 후반부터 키가 자랐으니, 그런 시선에 익숙하기도 하겠어요.

어릴 때는 키보단 겉모습 때문에 다 쳐다봤죠. 제가 워낙 머리가 짧고 보이시하니, 여자 교복 입고 돌아다니면 다 쳐다봤어요. 여자화장실 들어가면 여자분들이 놀라고, 목욕탕 가면 남자 로커 키 주시고. 하하. 뭐, 나름 그 관심을 즐겼던 것 같기도 하고요.

자신의 신체조건 중 제일 마음에 드는 건 뭐예요?

역시, 키요. 살면서 불편할 때도 많지만, 배구선수로서 가장 강력한 장점이니까요.

저는 전성기를 오랫동안
유지하기 위해 무던히
노력했어요. 많은 분들의
기대에 부응하고, 저와의
약속을 지키기 위해 끊임없이
더 잘하려고 애썼죠.

레터링 타투 'Sicut erat in principio'는 라틴어로 '처음과 같이'라는 뜻이라고요. 당신에게 초심이란 어떤 의미인가요?

제가 어릴 때 새긴 첫 타투예요. 나중에 큰 선수가 되더라도 지금의 마음을 잃지 말자는 마음으로 새겼어요. 그 소주 이름, 처음처럼. 하하. 농담이고요. 내가 어떤 마음으로 배구를 시작했고, 어떻게 여기까지 왔는지 잊지 말자, 그런 마음을 새기고 싶었어요.

처음의 마음, 지금 떠올려보면 어떤 것이었나요?

꿈과 목표를 향해 달려가는 마음. 남을 깔보지 않는 태도. 안주하지 말고 계속해서 나아가자. 자만하지 말자. 저 레터링 문구는 지금도 자주 생각하는 말입니다. 코트에 들어설 때 그 시절처럼 가슴이 뛴다고 하면 거짓말이겠지만, 그래도 여전히 배구를 생각하면 긴장감과 설렘이 있어요.

스포츠는 신체능력이 중요한 만큼, 과거의 나와의 싸움일 것 같기도 해요.

맞아요. 선수에겐 기록이 중요하니까. 저도 예전 영상들을 보면 '야, 씨, 미쳤는데?'라는 생각이 들 때가 있는데.(웃음) 하지만 지금의 성숙한 마인드나 노련한 기술은 그때는 없었던 것이죠. 저는 전성기를 오랫동안 유지하기 위해 무던히 노력했어요. 많은 분들의 기대에 부응하고, 저와의 약속을 지키기 위해 끊임없이 더 잘하려고 애썼죠. 그동안 받아온 사랑에 응답하고 싶어서 저는 지금 여기까지 올 수 있었어요.

사람들이 김연경에게 하는 가장 큰 오해는 뭔가요?

센 언니일 거란 오해가 많이 있는 것 같습니다. 저 여린 면도 많아요. 경기할 땐 인상을 팍 쓰거나 거친 말을 하지만, 그건 이겨야 하니까 세게 나가는 거고. 배구를 안 할 때는 세심하고 남을 많이 신경씁니다.

김연경이 생각하는 김연경은 어떤 사람인가요?

자꾸 일을 벌이는 사람. 현재의 나에 만족하지 않고 계속해서 성장하고 싶어하는 사람입니다. 사실 저 대학생이에요. 지금 한국방송통신대학교 생활체육지도학과 24학번이거든요? 학교를 다니면서 행정 쪽에도 관심이 생겨서 기웃거리고 있고요. 배구 종목에서는 아무도 재단을 만든 적이 없는데 제가 하고 있고, 이런 걸 사서 고생한다 하죠.(웃음) 재단을 운영하면서 PPT 만드는 것부터 배우고 있어요. 직접 만들어보고 싶어서요.

가장 힘들었던 순간은 언제예요?

학창 시절 키가 생각보다 자라지 않았을 때, 국가대표팀 주장이 됐는데 성적이 기대만큼 안 나왔을 때, 팀 선수들이 마음만큼 안 따라줄 때…. 많은 순간들이 어려웠지만 가장 힘들었던 때로는 무릎 부상으로 하고 싶은 배구를 못 했던 순간을 꼽고 싶네요. 수술을 하잖아요, 그러면 내 다리인데도 내 의지대로 힘을 주거나 움직이지 못해요. 내가 내 다리를 못 들어올린다는 것 자체가, 그 상실감이 정말 컸어요. 걸음마부터 떼야 하는 현실과 마주하고, '이게 될까? 내가 다시 배구를 할 수 있을까?'라는 생각이 들었을 때가 가장 힘들었어요. 좋은 트레이너 선생님들의 도움으로 재활에 성공해 컨디션을 끌어올릴 수 있었지만, 그런 무력감만큼은 참 견디기 어려운 것 같아요.

그런 순간까지도 뚫고 지나온 지금, 김연경은 강한가요?

과거에 비해서 많이 부드러워지긴 했지만, 여전히 강성이긴

하죠. 배구를 할 때는 특히요. 훈련량, 훈련에 임하는 태도, 몸 관리, 배구에 대해서는 조금도 타협하고 싶지 않아요. 백 퍼센트를 다 챙겨가고 싶어요.

이렇게 강한 김연경도 겁나는 게 있나요?

겁나는 거? 제 삶에 대해서는 별로 없어요. 컨트롤이 가능하다고 느껴요. 기대한 대로 안 돼도 크게 실망하지 않을 수 있게 됐고요.

당신의 소소한 즐거움은?

저, OTT 열심히 챙겨봐요. 정말 바쁜데도 틈틈이. 최근에 영화 〈독전〉이랑 드라마 〈낮과 밤이 다른 그녀〉를 되게 재미있게 봤어요. 정은지 씨 연기가 좋던데요.

어떤 것을 멋지다고 생각해요?

결국, 누구든 자기 일 잘할 때가 가장 멋져 보이지 않아요? 본업 잘하는 사람이 멋있다고 생각해요. 그리고 또 하나는 잘 보이는 사람. 전 꾸밈없는 사람을 좋아해요. 무슨 생각하는지 모르겠다거나, 속을 알 수 없는 사람은 좋아하지 않습니다. 예를 들면 원래 본인은 커피를 이렇게 마셨는데, 갑자기 누군가 앞에선 이렇게 새끼손가락을 들고 마시는 거야.(웃음) 가식적인 건 멋이 없다고 생각해요. 저도 꾸밈없는 사람이 되려고 노력하는데, 어쩔 수 없이 꾸미게 되네요. 아직 멋지려면 멀었나봐요.

곁에 어떤 사람들을 둬요?

오랜 친구들. 과거부터 긴 시간을 함께한 편안한 사람들이요.

김연경은 무엇을 믿나요?

어렵네요. 저는 제가 틀릴 수도 있다고 생각해요. 그래서 많은 사람의 얘기에 귀를 기울이죠. 그 이야기들을 정리해서 무엇이 맞는지 살피려 하고요. 제 의견만 밀어붙이려고 하는 타입은 아닙니다. 나이가 들수록 그렇게 됐어요. 지금 제가 믿는 건 '나만 옳지는 않다'입니다.

과거나 지금이나 여자들한테 인기가 많죠?

여자들한테 인기 많은 타입이라는 건 오래전부터 알았죠. 제가 여고를 나왔거든요. 밸런타인데이 때는 초콜릿이, 빼빼로데이 때는 빼빼로가 제 책상 위에 한가득 쌓여 있으니까. 하하하. 배구를 한다는 게 멋져 보였나봐요. 제 생각에 요즘 여자분들은 자기가 하고 싶은 게 있는데 아직 못 하는 상황에서 그걸 잘하는 여자를 봤을 때 '아! 저 언니다!' 하는 게 있는 것 같아요. 나이가 많든 적든 언니라고 부르고 싶어지는 포인트가 그거 아닐까요? 할 말 못 할 말 가리지 않고 쓴소리도 하고, 앞장서는 모습이 지금 여성들이 바라는 여성상이라고 생각해요.

그것뿐만은 아닐걸요. 팬들과의 소통앱 메시지를 봤는데 "행복한 순간에 생각이 나서 연락해" 같은 다정한 말을 정말 잘하던걸요. 저도 두근두근했어요.(웃음)

저 사실 그런 말 잘 못 해요. 다정하다고요? 아니, 정말 아닌데….(웃음)

그럼 뭇 여성들의 수많은 청혼에 어떻게 대응할 건가요?

음, 여러분, 감사합니다. 정말 저로 괜찮겠어요? 하하하.

할 말 못 할 말 가리지 않고
쓴소리도 하고, 앞장서는
모습이 지금 여성들이 바라는
여성상이라고 생각해요.

이경미는 낫을 들고 섶을 벤다

미숙한 '양미숙', 불량한 '지니'와 '오기',
덤덤한 '안은영', 그리고 계속될 이경미의
이상한 여자들. 삐뚤빼뚤 경계를 가로지르는
그녀들과 함께, 이경미 감독은 낫을 들고
섶을 벤다. 누구도 가보지 않은 길을 간다.

INTRO

"나도 알아, 내가 별로라는 거. 내가 내가 아니었으면 다들 이렇게 나한테 안 했을 거면서 내가 나니까 다들 일부러 나만 무시하고!" 여태까지 본 영화들 중 인생의 대사 하나만 꼽으라 하면 이것을 꼽겠다. 공효진이, 그러니까 영화 〈미쓰 홍당무〉의 '양미숙'이 얼굴이 시뻘게진 채 부스스한 머리를 휘날리며 구구절절 외친 이 토로 말이다. 이경미 감독이 만든 여자들은 이상하고, 사회성 부족한 '찐따'에, 은근하게 혹은 대놓고 따돌림을 당하지만, 감정을 감추지 않는다. 하고 싶은 건 저지르고 만다. 즉, 참을 수 없이 사랑스럽다.

　한국 콘텐츠의 계보를 돌아보면, 남자 '찐따'들이 수없이 많은 영화 및 드라마의 주역으로서 '너드', '진국', '찌질미', '날것의 매력'이라며 요모조모 사랑받는 동안, 여자 '찐따'는 씨가 마르다시피 했다. 여자 캐릭터들은 예쁘거나 나쁘거나 상냥하거나 무엇이든 쓸모를 갖춰야 했고, 주역임에도 '찐따'라는 속성을 부여받았다면 언젠가 반드시 안경을 벗거나 전신 성형을 해 미녀로 탈바꿈해야만 했기에 말이다. 그러나 삭막한 불모지에도 명예의 전당에 오를 이름이 있었으니, 그 이름 '양미숙'. 안면홍조증과 폭탄 맞은 듯 부스스한 머리, 촌티 날리는 복장으로 영화의 마지막 신까지 성실하게 수행해내는 〈미쓰 홍당무〉의 그 여자 말이다.

{ 이경미 }

'찐따', 아니, 이상한 여자를 만드는 것은 이경미 감독의 전매특허다. 영화 〈비밀은 없다〉에서 새빨간 립스틱을 바르고 핏발 선 눈을 한 '연홍'(손예진), 밀가루를 뒤집어쓴 채 빽빽 노래하는 '지니(민진)'(신지훈)와 '오기(미옥)'(김소희), 넷플릭스 시리즈 〈보건교사 안은영〉에서 "뭔 소리야 씨발놈아, 한국말로 해"라며 영어로 말하는 남자를 툭툭 치는 '안은영'(정유미)을 떠올리면 울퉁불퉁 삐죽빼죽, 그간 한국 영화의 계보에서 좀처럼 보기 힘든 이상한 스펙트럼에 웃음이 비집고 나온다.

이경미의 이상한 여자들은 그저 자기가 생긴 대로 존재하며 원하는 바에 따라 욕망을 좇는다. 유부남을 짝사랑하며 온갖 해괴한 일을 일삼는 '양미숙'이 도덕적으로 옳은 캐릭터인가? 그러나 학창 시절 왕따당하던 자신의 이름을 유일하게 불러준 남교사를 짝사랑하는, 그리고 그의 왕따당하는 딸과 '찐따 애인'을 하는 '양미숙'을 미워하기란 쉽지 않다. 여성 관객들은 이경미의 여자들에게서 자신의 미숙하거나 이상하거나 좀 모자란 부분들을 본다. 〈미쓰 홍당무〉 속 '찐따'와 '찐따 애인'처럼, 그녀들이 그녀들을 구제하는 모습을 보며 자신을 돕거나 자신이 도왔던 어떤 여자를 떠올린다. 그 모든 모자람을 끌어안는 이야기에 웃으며, 결국 울게 된다. '미옥'이 '연홍'에게 "멍청하다 그랬어요. 엄마는 멍청하다고… 그래서 자기가 지켜줘야된다고 그랬어요"라고 답하던 〈비밀은 없다〉의 마지막 장면처럼.

이경미 감독은 어떻게 이런 이상한 여자들을 만들어내는 걸까. 인터뷰 중 그녀가 20대 내내 고행하듯 대학 입학, 취업, 결혼 준비 등 보통의 삶에 성실히 복무하다 마침내 그 모든 정상성의 수행을 때려치우고 영화학교에 갔을 때의 불안감과 해방감을 듣고, 나는 이경미의 작품 세계가 어떻게 탄생했는지 그때야 가늠이 됐다. 아는가? 이경미 감독은 원래 배우가 되고 싶었다. "나도 공주 한번 되고 싶어"(〈미쓰 홍당무〉), "내 마음을 안아줘"(〈비밀은 없다〉), "나를 아느냐 나는 안은영"(〈보건교사 안은영〉)처럼 가장 원초적이며 직설적인 영화 속 노래의 가사들, 한 줄기 부끄럼 없이 나는 나라고 선언하며 나를 알아달라는 정직한 호소들, 이경미 감독이 작품 속 인물이 되어 직접 써내려간 목소리들. 그녀는 '눈치보지 않는 여자'가 되고 싶다고 생각하며 〈미쓰 홍당무〉를 찍은 후 눈치를 덜 보게 됐고, '울지 않는 강한 여자'가 되고 싶다고 생각하며 〈비밀은 없다〉를 만든 후 조금 더 강인해졌다고 말한다. 이토록 솔직하고 사랑스러운 이경미 감독과 그녀의 여자들을 오래도록 보고 싶다. 그리하여 규격 외의 여자들이 더 많아진 세상을 마주하고 싶다.

감독님께 언제나 깊은 감사의 마음을 지니고 있어요. 저는 깊이 우울할 때마다 〈미쓰 홍당무〉를 다시 보곤 하거든요. 그리고 살아갈 용기를 얻곤 합니다.

> 도움이 되었다니 기쁩니다.(웃음)

감독님은 언제나 여성 배우에게서 새로운 얼굴을 찾아냅니다. 공효진, 손예진, 정유미, 이영애, 아이유 등 여성 배우들은 늘 기존에 보지 못한 얼굴을 보여줬죠.

> 저의 큰 욕망 중 하나는 배우들이 제 작품으로 새롭게 보였으면 좋겠다는 거예요. 저도 한때 배우가 되고 싶던 사람이니까 더욱 그런 갈망이 있죠. 그래서 시나리오를 제안할 때 이미지 캐스팅보다는 오히려 기존 이미지와 다른 얼굴을 보여줄 수 있는 배우에게 제안해요. 배우가 먼저 정해진 프로젝트 같은 경우는 그 이미지를 뒤집을 수 있는 방향으로 이야기를 만들어나간다거나 하고요.

현장에서 디렉션을 줄 때는 어떨지 궁금해요.

> 배우들이 그러는데, 제가 이상한 주문을 많이 한대요.(웃음) 저는 배우에게서 새롭고 이상한 것을 끌어내고 싶거든요. 사람이 너무 예상치 못한 주문을 받으면 당황해서 의외의 것들이 나오는데, 그 혼란 속에서 빛나는 장면들을 찾을 때가 있어요. 어떨 때는 카메라를 일찍 돌리고 늦게 컷을 해서 슛 들어가기 전이나 후의 테이크를 쓸 때도 있어요. 액션 전에 준비할 때, 그리고 마쳤을 때 더 자연스러우면서 재미있는 연기가 나오기도 하거든요.

여성 원톱물을 자주 만드는 감독으로서, 여성 배우라면 감독님과 작업하고 싶은 로망이 있을 거라고 봅니다.

그런 건 모르겠지만, 여성 배우들에게 사랑받고 싶습니다.(웃음)

좋아하는 여성 영화인을 꼽아보자면요?

아녜스 바르다, 제인 캠피언, 끌레르 드니, 린 램지, 젊은 감독으로는 쥘리아 뒤쿠르노, 로즈 글래스….

반면 이경미 감독의 남자들은 마초적이거나 바보 같죠. 감독님에게 남자란 어떤 존재인가요?

남편을 만나기 전까지 남자는 제게 어려운 존재였어요. 가부장의 상징, 제도권을 의미하는 존재였죠. 〈미쓰 홍당무〉에서 미숙이의 사랑을 받는 '종철'(이종혁)이도 안정적인 가정을 꾸린 남자고, 〈비밀은 없다〉의 시장 후보 '종찬'(김주혁)이야 말할 것도 없는 권력자고. 그런데! 〈보건교사 안은영〉에서 처음으로 인간다운 남자가 나옵니다. 한문 선생 '홍인표'(남주혁)요. 인표는 마초성이 없고 현명한 남자죠. 제가 결혼을 하고 쓴 작품이기 때문에 달라진 것 같아요. '인표'를 만들면서 계속 제 남편, 콘란을 생각했거든요.(웃음)

이 시점에서 피어스 콘란 님에게 감사를 전합니다.(웃음)

남편을 만나고 오히려 저는 가부장제에서 비로소 해방됐다는 느낌을 받았어요. 더 이상 남자가 극복해야 하는 어려운 존재로 느껴지지 않았죠. 남편과 저는 공동 가장으로서 책임을 나눠요. 그리고 그는 저의 일에 백 퍼센트 지지를 보내요. 저는 직업 특성상 자존감을 잃을 때가 많은데, 남편이 그럴 때마다 제 자존감을 지켜준다는 게 큰 동력이 돼요. 그리고 우리는 공동 가장으로서 둘 다 열심히 돈을 법니다.

차기작으로 결혼을 주제로 한 공포영화 〈새색시〉를 준비 중이죠. 어떤 단계인가요?

영어 영화로 만들어질 계획이고, 해외 제작사는 이미 정해졌어요. 투자, 캐스팅을 위한 각본을 작업 중이죠.

영어 영화로 제작된다니, 상상도 못 했어요. 기분 좋은 충격인데요?

제작자인 박찬욱 감독님께서 초고를 보시고 영어 영화로 만들면 어떻겠느냐 먼저 제안하셨어요. 이걸 한국 시장에 맞춰 억지로 바꾸려고 하지 말고, 오히려 시장을 바꿔서 작품의 색깔을 지키자는 생각이셨죠. 그래서 저도 박 감독님을 믿고 그냥 썼어요.

박찬욱 감독님이 제작하신다니 더욱 신뢰가 가네요.

〈미쓰 홍당무〉에 이어 박 감독님을 제작자로 다시 만난 건 제 인생에서 큰 기회죠. 이 작품에 대한 주변의 우려도 있었지만, 박 감독님께서 끝까지 믿어주셔서 지금까지 왔어요. 그만큼 박 감독님께도 좋은 결과였으면 좋겠어요.

영화평론가이자 남편분인 피어스 콘란은 뭐라고 하던가요?

콘란은 〈새색시〉를 너무 좋아해요. 이번 제 작품의 영어 번역을 맡고 있는데요. 저를 잘 아는 사람이기에 제가 의도한 바를, 특히 유머를 정확하게 이해해주죠. 정말 다행이에요. 번역하면서 좋은 아이디어를 주기도 해요.

감독님은 어떤 방식으로 '결혼' 이야기를 풀어나갈지 궁금합니다.

실제 제 결혼식날, 웨딩드레스를 벗고 평상복으로 갈아입으면서 생각했어요. 〈새색시〉라는 제목의 공포영화를 만들자. 왜냐하면 제가 그날 너무 행복했거든요. 이게 깨진다는 것은, 정말로 두려운 일이겠구나. 이런 감정을 소재로 영화를 만든다면 아주 끔찍한 얘기가 나올 수 있겠다는 생각이 들었어요. 그리고 그 영화 안에 한국 여성의 얼굴을 꼭 넣고 싶습니다.

영화 〈미쓰 홍당무〉, 〈비밀은 없다〉, 넷플릭스 시리즈 〈보건교사 안은영〉에서 늘 새롭고 이상하고 조금은 미쳐 있는 여성 캐릭터들을 선보였죠. 〈새색시〉에선 어떤 여자가 등장할지, 어떤 여자들의 관계가 등장할지 무척 기대되는데요.

어느 순간, 제가 보여주는 여자들이 장르적으로 호러와 잘 어울린다는 생각이 들더라고요. 이를테면 〈미쓰 홍당무〉를 만들 때 저는 '양미숙'이 어떤 사람들에겐 되게 무서운 여자일 거란 생각을 못 했거든요. 나는 재미있다고 만들어낸 여자가 어떤 사람들에겐 공포의 대상이 될 줄은 몰랐어요. 그래서 그때 생각했죠. 혹시 내게 호러를 좋아하는 취향이 있었나? 돌이켜보면 저는 어릴 때부터 이상하고 두려운 무언가를 체험할 때의 쾌감을 좋아했던 것 같아요. 어릴 때 김병기 음악가의 〈미궁〉이라는 음악을 방에서 혼자 듣는 걸 좋아했죠. 그 노래엔 이상한 웃음소리, 기이하게 변주된 불협화음이 가득하거든요. 어쨌든 저 나름대로 예쁘게 포장했던 여자들이, 그러니까 '미숙'이나 '연홍'이 오히려 어떤 관객들에겐 무서운 대상이었다면, 아예 호러 장르로 풀었을 때 제가 만든 여자들이 더 활개를 치고 장르적 쾌감을 가져다줄 수 있지 않을까요? 그래서 〈새색시〉의 여자들은 제가 기존에 만들어온 여자들의 예측 불가한

면, 무서운 면을 더더욱 증폭시켰어요. 물론 제가 사랑하는 코미디 역시 놓치지 않으려 했죠. 저는 웃긴 게 없으면 너무 지루하거든요.(웃음)

아까도 말씀드렸지만, 〈미쓰 홍당무〉의 '양미숙'을 정말 좋아합니다. "나도 알아, 내가 별로라는 거. 내가 내가 아니었으면 다들 이렇게 나한테 안 했을 거면서 내가 나니까 다들 일부러 나만 무시하고!" 이 대사를 들을 때마다 눈시울이 시큰해져요. 미숙이는 왜 미숙이고, 왜 나는 나인지. 도대체 어떻게 쓰신 대사인가요?

미숙이는, 원래 좀 미숙한 아이니까 '미숙'이고, '양'이라고 하면 좀 순진한 느낌이 있잖아요? 그래서 '양미숙'이 됐어요. "나도 알아, 내가 별로라는 거." 그건 프리프로덕션 들어가기 전 생각한 대사예요. 각본이 투자도 되고 캐스팅도 되고 크랭크인만 남았는데 전 좀 걱정이 되는 거예요. 아직 제가 '양미숙'의 본질에 닿지 못했다는 생각 때문에요. 사람들이 '양미숙'을 보고 웃기만 하면 안 되는데. '양미숙'이 왜 이런 애가 됐을까 계속 고민하던 중 어느 날 버스 타고 창밖을 보다가 그 대사가 딱 떠오른 거죠. 그 대사를 쓰고 이제 촬영에 들어갈 수 있겠다고 생각했어요. '양미숙'의 명대사로 자주 꼽히는 "원래 세상은 공평하지 않아. 그래서 우리 같은 사람들은 더 열심히 살아야 해"는 후반 작업할 때, 오프닝에 '양미숙'이 마구 삽질하는 모습에 넣은 대사인데요. 공격적으로 시작하고 싶었거든요. 이 영화는 이런 식으로 갈 테니까 워밍업하고 들어가라, 뭐 그런 신호랄까요.(웃음)

〈미쓰 홍당무〉는 감독님의 자전적인 이야기가 녹아 있다고 알고 있어요. 스스로 느끼기에 어린 시절 소녀 이경미는 주류 정서와는 다른 정체성을 가지고 있었나요?

저는 어릴 때 너무너무 조용한 애였어요. 초등학교 2학년 때는 반장 투표를 하는데 제가 어쩌다 후보에 오른 거예요. 그랬더니 짝꿍이 저한테 물어봤어요. "이경미가 누구냐"고. 자기 짝꿍 이름도 모르고 있던 거죠.(웃음) 그때 너무 조용하고 내향적이면 학교생활이 쉽지 않다는 걸 깨닫고, 변하려고 노력했어요. 지금은 좀 변했지만 기본적으론 내향 인간이에요. 또 하나는, 저는 반골 기질이 강해서 제가 이해가 안 가는 규범 및 규율을 따르는 걸 어려워해요. 이를테면 여자는 조신해야 하고, 말 잘 들어야 하고, 예뻐야 하고, 날씬해야 하고, 피부도 머릿결도 좋아야 하고, 잘 웃어야 하고, 모든 억압이 다 짜증이 나죠. 그렇다고 제가 나서서 싸우지는 못하니까, 〈미쓰 홍당무〉를 쓰면서 '양미숙'이 막 신경질을 내는 장면 같은 걸로 표현하는 거예요.

감독님의 에세이집 《괜찮아? 무엇이든》을 보면, 어릴 때는 강남 8학군에서 자라셨더라고요.

잠실에 오래 살았어요. 잠실에 아시아선수촌아파트를 지어 올리며 판자촌을 싹 밀던 시기가 있었죠. 제가 다니던 초등학교에는 그곳에서 쫓겨난 가난한 이들과 새로 자리잡은 부잣집 아이들이 한 반에 섞여 있었어요. 그때 생각하면 참 슬퍼요. 야만의 시대였죠. 누구 집에 냉장고가 있는지, 비디오기기가 있는지, 차가 있는지, 있다면 어떤 모델인지, 그런 걸 공개 조사했어요. 친구들끼리도 누구 집은 몇 평이더라, 누구 집에 차는 뭐더라, 같은 얘기를 늘 했고요. 못된 아이들이 점심을 굶는 아이에게 배급용 우유를 버리는 광경을 목격하기도 했어요. 저는 그 학교에 전학을 온 지 얼마 안 돼서 이런 아이들과 어울려야 된다는 부담감과 점심을 굶는 아이의 친구가 되어주지 못

하는 죄책감이 공존했죠. 저는 늘 이쪽도 아니고 저쪽도 아닌, 경계에 있는 사람이었어요. 어디에도 소속되지 않는다는 느낌, 그래서 찾아오는 안도감과 불안감…. 그런 것들 사이에서 자랐어요.

경계인이었군요.

어디에도 충분히 소속되어 있다는 느낌을 가진 적이 별로 없어요. 심지어 가족생활에서도 마찬가지였죠. 제 가족에게 적응하기까지 오십 년 걸린 것 같아요.(웃음) 그런데 제가 이렇게 어려워한다는 사실을 주변 친구들, 심지어 가족들도 잘 눈치채지 못해요. 대부분의 자리에서 전 늘 어색하고 불편한데, 티를 내지 않으려고 노력할 뿐이죠. 그러면서도 반골 기질은 강해요. 그러니까 어디서든 나서서 싸울 기세는 부족한데, 못마땅한 기분은 늘 갖고 있다고 할 수 있겠네요.

그게 예술가로서 행하는 감독님의 운동 아닐까요? 저처럼 반골 기질을 지닌 사람들이 감독님의 작품을 보면 큰 위로를 받듯이.

그렇다면 다행이네요.(웃음) 저도 쓰면서 스스로를 치유하고 있다는 생각을 해요.

소녀 시절엔 어떤 꿈을 꿨어요?

아버지가 반대하지 않았더라면 전 분명 배우의 길을 갔을 거예요. 그런데 그 길에서 성공했을 것 같진 않아요.(웃음) 결국 돌고 돌아 영화일을 하게 됐는데, 배우를 꿈꿨던 시절의 영향인지 시나리오를 쓸 때부터 인물에 깊은 관심을 지니고 푹 빠져들어 쓰게 되더라고요. 쓰면서 저 자신도 인물에게 영향을 받고요. 그래서 제 영화들이 인물 중심의 이야기가 되는 것 같아요.

에세이집에서 감독님과 아버지와의 관계도 흥미로웠어요. 감독님의 아버지는 "여자는 늦게 다녀서도, 많이 먹어서도, 많이 자서도, 크게 웃어서도 안 된다"고 하시면서 동시에 "살림하는 여자가 되지 말고, 컴퓨터와 영어를 공부하라"고 하시는 분이셨다고요.

아버지가 제게 어떤 영향을 줬는지 돌아가시니까 알겠어요. 살아계실 때는 아버지와 매일 싸우는 심정으로 살았거든요. 아버지가 틀렸다는 걸 증명하려고 그토록 애를 썼죠. 돌아가시니 제가 저를 증명할 대상이 없어진 느낌이 들어 한동안 공허했어요.

감독님의 사춘기는 어땠는지 궁금해요.

좀 늦게 왔어요. 20대 전체가 사춘기였죠. 한국예술종합학교에 들어가기 전까지의 세월이 전부 사춘기였던 것 같아요. 아버지가 정해준 대학에 가서, 학점도 잘 받고, 취업도 했고, 결혼할 남자도 있었어요. 모든 게 안정궤도에서 평탄하게 흘러갔지만 제게 맞지 않는 옷을 입고 사는 기분이었어요. 나의 욕망은 다 내려놓은 채 적성에 안 맞는 인생을 살았던 것 같아요. 삶에 별 의미나 재미가 없으니 종교에 귀의하고 싶다는, 철없는 생각도 했어요. 그러다 스물여덟에 모든 걸 버리고 영화학교에 갈 결심을 한 거죠. 그때만 해도 서른 살이면 노처녀라고 했고, 한국 여성 영화감독은 임순례, 변영주 감독 두 분 외에는 거의 없을 때예요. 미래를 걱정하자니 너무 막막해서, 오히려 그냥 생각 없이 시작해버렸던 것 같네요. (웃음)

어떻게 그런 용기를 낼 수 있었나요?

용기라기보다는 계획된 결혼이 불발됐어요. 주류 사회에서 정상성의 기준에 따라 살고 있었는데 그게 깨지니까, 이참에 이

주류 사회에서 정상성의
기준에 따라 살고 있었는데
그게 깨지니까, 이참에 모든 걸
'제로'로 돌릴 기회라고 생각했죠.

모든 걸 '제로'로 돌릴 기회라고 생각했죠. 에라 모르겠다, 라는 심정으로 영화학교에 갔어요.

배우가 되고 싶었는데, 연극원이 아닌 영상원에 진학했네요?

사실 제가 진짜 가고 싶었던 건 연극원이었는데 실기를 보기엔 준비된 게 하나도 없었고, 영상원은 필기시험이니까 거기로 들어가서 여차하면 전과할 생각이었죠. 그런데 막상 영상원에 가니까, 영화를 좋아하는 친구들과 어울리는 일이 너무 재미있고 신이 나는 거예요. 제가 그동안 사회에서 만나왔던 사람들과는 완전히 다른 사람들이었죠. 해방감을 느꼈어요. 돌이켜보면 제 인생에서 제일 재미있는 시간들이었어요.

그때, 아녜스 바르다의 영화 〈5시부터 7시까지 클레오〉를 보고 영화라는 걸 진짜로 해보고 싶어지셨다고 에세이집에서 회고했죠.

'클레오'가 암 진단을 받고 검사 결과를 기다리는 5시부터 7시까지의 시간, 그 기다림의 불안감에 대한 이야기잖아요. 그런 불안감은 제가 잘 이해하는 얘기였죠. 에릭 로메르의 〈녹색광선〉도 마찬가지였어요. 알 수 없는 미래를 앞둔 여자들, 이상한 순간에 눈물을 흘리는 여자들. 저는 그런 기분을 평생 느껴왔어요. 저도 제가 아는 감정을, 재미있는 이야기로 만들 수 있겠다는 생각이 들었던 것 같아요.

당시엔 미래에 대한 어떤 불안감이 감독님을 괴롭게 했나요?

그땐 제가 영화감독이 될 가능성은 매우 낮다고 생각했어요. 학교에서 나이도 제일 많고, 영화도 잘 모르고, 충무로에 여성 감독이 거의 없던 시절이니 모든 조건이 최악이었죠. 하지만 그 두 영화를 보고 제가 가진 불안감도 영화가 될 수 있다는 사실을 알았어요.

"누구든지 나한테 이상하다는 소리 한 번만 더 하면 이젠 진짜 다 때려치우고 자폭하겠다." 2013년 10월 2일에 쓰신 글이네요. 아직도 이상하다는 말씀, 종종 들으세요?

너무 괴로워 죽겠어요. 뭐만 쓰면 자꾸 이상하다고 그래요.(웃음) 투자를 받으려면 돈 주고 싶은 사람이 돈 줄 마음이 생겨야 하는데, 이게 늘 제 숙제죠. 저를 제일 괴롭히는 말은 "이상하다"는 말보다는 "그거 안 돼"거든요. 전자는 그래도 개성이 있다는 얘기로도 들을 수 있는데, 후자의 말에는 알레르기가 있어요. 누군가 저를 설득하고 싶다면, 절대 "그거 안 돼"라고 하면 안 돼요. "그거 안 되고 그건 원래 그래, 그러니까 그렇게 따라야 해" 같은 말을 들으면 제 몸속에서 나쁜 세포들이 자라는 기분이 들어요.

상업영화 규모의 작품을 하면서 타협해야 하는 순간엔 어떻게 하나요?

창작은 지도 없이 길을 만들며 목적지로 가는 과정이기 때문에 타협이 미덕이 되어서는 안 된다고 생각해요. 창작의 영역을 제하고도 한 작품을 내놓기 위해서는 수많은 타협과 포기를 거쳐야 하고요. 그 상황에서 어떻게 목적지를 지킬 수 있을까를 끈질기게 고민해야 하죠. 그러니 저는 타협이라기보다는, 제가 틀렸다는 사실이 납득되면 빨리 포기합니다.

스스로를 이토록 날것으로, 그러나 긍정하며 그려낼 수 있는 힘은 어디서 왔다고 생각해요?

시나리오를 쓰는 행위는 제게 성장의 과정 같아요. 대부분의 이야기는 인물이 계속 고난과 장애물을 넘으면서 끝내 원하는 바에 도달하려는 구조잖아요. 제가 고난을 만들면, 제가 만든 인물은 그 고난을 뛰어넘죠. 그렇기에 이야기를 쓴다는 행위는 저 자신을 치유하고, 비관을 낙관으로 바꾸고, 스스로에게 용기를 불어넣는 일인 거예요. 그렇게 이야기와 저는 마침내 희망에 도달할 수 있어요. 그리고 사람들은 이런 이야기를 좋아하죠.(웃음)

영화 〈비밀은 없다〉의 주인공, '연홍' 이야기를 해볼까요? 현모양처가 꿈이었던, 가부장제에 길들여진 여성이 각성하는 이야기를 해보고 싶었던 이유가 있나요?

〈비밀은 없다〉는 '연홍'만큼 강한 사람이 되고 싶어서 쓴 작품인데, 실제로 이 작품을 만들면서 그런 강인함을 얻은 것 같아요. 한국영화평론가협회상에서 감독상을 받을 때 수상소감으로 "울지 않는 강한 여자를 만들고 싶다"고 말했는데, 그게 바로 제가 소망하던 바였거든요. 나도 이런 여자가 되고 싶다고 생각하며 작품을 썼죠. 저는 이런 식으로 작품의 영향을 받아요. 〈미쓰 홍당무〉의 '양미숙'은 '싫은 건 싫다, 아니면 만다'는 식의 눈치 보지 않는 여자, 말을 듣지 않는 여자가 되고 싶다는 마음으로 썼듯이요.

현모양처가 꿈이었던 여성이 진실을 파헤치며 각성해 누구보다 강해지는 이야기죠.

전 늘 제가 엄마가 못 될 것 같다고 생각했고, 모성애가 없는 여자를 상상했어요. 그래서 나온 게 '연홍'이에요. 죽은 딸의 친구를 알게 되고, 모성애라기보다는 휴머니즘에 가까운 감정에 눈뜨는 여자. 그 과정에서 딸에 대한 진실을 비로소 알게 되고, 이전과는 다른 종류의 애정을 가지는 거죠.

모성애가 없는 여성을 긍정적으로 그리는 작품도 흔치 않잖아요. 마침 페미니즘 리부트 시기와 맞물리면서 여성 관객들의 폭발적인 반응을 이끌어냈어요.

>그렇죠. 제가 가진 욕망이 좋은 때를 만났다, 저는 그렇게 생각해요. 이 영화가 2016년에 개봉했는데, 1년만 일찍 나왔어도 반응이 달랐을 것 같아요.

〈비밀은 없다〉의 여자들은 모두 다 그럴 만한 이유가 있다고는 하지만, 다들 미쳐 있어요. 아이들은 교사를 집요하게 괴롭히고, 교사는 살인 교사를 하고, '연홍'은 남편을 가장 극적인 사회적 죽음에 몰아넣죠.

>다 미쳐서 선을 넘죠.(웃음) 제 여자들은 참지 않아요. 이들에게 답이 없는 고난을 주고, 그 고난을 부수고 나아갈 솔루션을 각자 찾게 하니 다들 선을 넘어버리죠.

이렇게까지 '참지 않는' 여성의 욕망을 밀어붙이는 작품이 그 당시만 해도 그렇게 많지는 않았어요.

>맞아요. 이해받기 어려웠죠. 시간이 걸렸어요.

'지니'와 '오기'가 무결한 피해자로 그려지지 않는다는 점도 좋았어요.

>저는 여고생들은 다 순수하고 착하다는 식의 편견에 알레르기가 있거든요.

원래 제목은 〈불량소녀〉였던 걸로 알아요.

>저는 지금도 그 제목이 이 영화에 제일 어울린다고 생각합니다.(웃음)

제 여자들은 참지 않아요.
이들에게 답이 없는
고난을 주고, 그 고난을
부수고 나아갈 솔루션을
각자 찾게 하니
다들 선을 넘어버리죠.

여태까지 이경미 감독이 보여준 여성 캐릭터 중 먹이사슬 최상위에 있는 인물은 〈미쓰 홍당무〉의 '은교'(방은진)라고 생각합니다. 연애 상대에게 "난 니가 참 마음에 든다"고 말하는 여성.

> '은교'는 제 이상형이에요.(웃음) '미숙'이나 '연홍'이는 제가 표현하고 싶은 억눌린 제 모습의 반영인 것이고, '은교'는 제가 선망하는 모습이에요. 어떤 나쁜 상황에서도 가장 최선의 선택을 하는 여자. 여성으로서 어떤 곤란한 일을 겪어도 의연하게 헤쳐 나갈 것만 같은 여자.

여성으로서 살아가는 일은 좀 이상할 때가 많죠. 경험 없는 '노처녀'여서도 안 되지만 성에 너무 밝거나 사랑에 매달려도 안 돼요.

> 저는 굉장히 가부장적인 집안, 가톨릭을 믿는 집안에서 자랐지만 그 와중에도 꽤 주체적이었던 엄마와 당신의 딸이 능력 있는 현대 여성으로서 살아가길 바랐던 아버지 덕분에 '미숙'이나 '은교', '연홍'이, '지니'와 '오기', '은영'이와 같은 여성 캐릭터를 만들 수 있었던 것 같아요.

〈미쓰 홍당무〉 속 전교 왕따인 '찐따'와 '찐따 애인'이라는 희한한 사제관계, 〈비밀은 없다〉의 엄마와 죽은 딸의 연인과의 연대, 〈러브 세트〉에서 아빠의 연인과 딸과의 날선 긴장감 등, 감독님은 성인 여성과 미성년 여성의 관계를 늘 선명하게 그려냅니다. 이렇게 반복되는 모티브는 어디서 출발한 것 같나요?

> 저는 인지하지 못했는데, 〈비밀은 없다〉 각본을 쓰고 친구에게 읽어봐달라고 보냈더니 그러더라고요. "언니는 성인 여자와 미성년 여자들 간의 관계성을 좋아하나봐." 그래서 곰곰이 생각해보니 전부 그런 거예요. 왜 그런지 고민해봤는데, 제가 만드는 인물이 희망까지 도달하는 데는 여러 관문이 필요해요.

그런데 사람이 미래를 찾으려면 과거에서부터 단추를 맞춰서 끼워야 하죠. 그래서 자꾸 성인 여성과 미성년 여성의 관계를 그려내는 것 같아요. 성인이든 미성년이든 서로를 구원시키고, 나아가게 만들기 위해서요.

지금의 이경미가 소녀 시절 이경미를 만나서 해주고 싶은 말이 있나요?
걱정하지 않아도 지나가. 일은 굴러가. 너무 걱정하지 마.

모든 작품에서 주요한 트랙을 직접 작사해요. "나도 공주 한번 되고 싶어"라든가 "나를 아느냐 나는 안은영"이라든가 직설적이고 사랑스러운 가사들로요.
좋아해주시니 기쁘네요.(웃음) 저는 가사를 쓰면서 영화를 완성하는 기분을 느껴요. 제가 직접 화자가 되어 감정을 노래하다 보면, '아, 이 영화가 이런 이야기였구나, 내가 느낀 게 이런 감정이었구나, 이 인물의 마음이 이거였구나'를 새삼 발견한달까요. 그래서 어렵지만 직접 가사를 쓰게 되는 것 같아요. 제가 쓴 글이 장영규 음악감독님을 만나 노래가 될 때마다 감동해요.

싫어하는 것은 피하나요, 적대하나요, 포용하려고 하나요?
아까도 말한 것이지만 "원래 그래", 이 말만큼은 도저히 포용하지 못하겠네요.(웃음) 그래도 피하지만은 않습니다.

감독 이경미의 재능은 어떤 것이라 생각하나요?
지금까지도 의심하며 살고 있는 것. 매일매일 실망감과 패배감을 느끼면서, 또 그걸 다독이면서 살아가는 것. 그래도 제게 자랑할 만한 게 있다면 그건 끈기 같아요. 쉽게 포기를 하지 않는 게 제 재능이죠. 어떤 건 포기하면 더 편하고 쉬울 텐데, 저는 그렇게 하질 못해요. 심지어 스트레스에 취약한 체질인데도 말이죠. 저는 현장이 너무 편하고 현장만 가면 살아 있다는 걸 느낀다는 감독 친구들을 보면 신기해요.(웃음) 제가 현장을 가는 이유는 작품이 완성되는 걸 보고 싶어서거든요. 그렇게 보면 전 강하진 않아요. 단지 포기하지 않을 뿐.

어느 역술인이 감독님더러 "갈대밭을 베면서 걸어가는 팔자"라고 했다는 말이 떠오르네요.

그 말, 너무너무 맞아요. 항상 산더미처럼 산적해 있는 일 사이를 개척자처럼 낫을 들고 어기적어기적 걸어갑니다.(웃음) 지금에서야 〈미쓰 홍당무〉가 재미있다고들 해주시지만, 당시에 투자받을 땐 그 재미있는 이야기를 다 거절당했었어요. 박찬욱 감독님 덕에 겨우 만들어진 거죠. 〈비밀은 없다〉 땐 어땠는지 아세요? '연홍'이더러 "엄마 입술이 저렇게 빨간 게 뭐냐, 입술 좀 지워라"든가 "애엄마가 애를 잃었는데 옷도 좀 덜 화려한 색으로, 연한 색으로 입어라"라든가 같은 피드백이 많았죠.

그건 아이를 잃었는데도 선거운동을 펼쳐나가는 남편에 대한 '연홍' 나름의 시위가 아니었나요?

그러니까요. 〈보건교사 안은영〉 때도 넷플릭스가 〈오징어게임〉의 흥행으로 보편적인 플랫폼이 되기 전이라 사람들은 그걸 도전으로 봤고, 지금 제작 중인 〈새색시〉도 영어로 영화를 만드는 중이니, 저는 그냥 도전을 계속하는 사람인가보다 해요. 다행히 제가 그걸 재미있어 하고요.

지금 감독님을 도전하게 하는 힘은 무엇인가요?

좀 창피한데, 제겐 늘 꿈이 있어요. 저는 계속해서 뭘 하고 싶은지 상상하고 계획을 세우는 걸 좋아해요. 영어를 잘하고 싶다, PT를 받아야겠다 같은 소소한 목표라도 세우고 그걸 이루기 위해 계속 움직이는 게 제 동력이에요.

소녀 같은 면이 있으세요.

그런 말을 종종 듣는 것 같아요. (웃음)

이경미는 무엇을 믿나요?

내가 나를 완전히 망치지는 않을 것이라는 믿음. 과거엔 스스로를 믿지 못해서 저 스스로와의 약속을 믿곤 했는데요. 그때보다는 좀 더 믿음이 생겼어요. 내가 나를 망치지 않을 테니 원하는 것을 해보자, 그런 마음으로 일을 해나가려 합니다.

심은경이 가는 곳은
길이 된다

배우 심은경은 자기만의 길을 간다.
두려움을 떨치고, 혹독히 싸우고, 때론 미워하고,
그러나 열렬히 사랑하며.

INTRO

내가 기억하는 어린 심은경은 전도유망한 아역 배우였다. TV만 틀면 어린 그녀가 나와 또박또박 말하거나 눈물을 쏟거나 '헥토파스칼 킥'을 날렸고, 〈황진이〉, 〈태왕사신기〉 같은 대형 드라마 주인공 아역을 꿰차며 인지도를 높여갔다. 아역으로 끝날 재목이 아니라는 듯, 영화 〈불신지옥〉에서 모골이 송연해지는 신들린 연기를 선보이며 존재감을 각인시켰다. 엇나감 없이 성실하게 자란 그녀는 여성 '떼주물'의 정석 같은 영화 〈써니〉를 흥행시켰고, 원톱 주연으로 나선 〈수상한 그녀〉로 연기력과 티켓파워를 과시하며 온갖 여우주연상을 휩쓸었다. 그 후에도 아역 출신들이 으레 겪는 과도기 없이 〈걷기왕〉, 〈조작된 도시〉, 〈염력〉, 〈특별시민〉 등 상업영화와 독립영화를 오가며 차근차근 커리어를 쌓아나가고 있었다.

그렇게 탄탄대로를 걷는 듯 보이던 심은경은 갑자기 일본으로 향한다. 그러더니 영화 〈블루 아워〉로 다카사키영화제 최우수여우주연상을, 급기야는 일본에서 보기 드문 사회 고발 영화 〈신문기자〉로 일본아카데미 최우수여우주연상을 수상하는 이변을 일으킨다. 나아가 주연을 맡은 미야케 쇼 감독의 신작 영화 〈여행과 나날〉은 로카르노국제영화제에서 대상인 황금표범상을 수상하기에 이른다. 의외의 행보는 일본행뿐만이 아니었다. 언제부터인가, 그녀의 헤어스타일은 항상 숏컷이었다. 메이크업을

{ 심은경 }

하지 않았다. 바지를 입었다. 한국에 돌아와 드라마 〈머니게임〉을 찍으면서도 중성적인 스타일을 고수했다. 심은경이 궁금했다. 너무나 궁금했다. 당장 만나지 않으면 못 배길 지경으로.

마침내, 심은경을 만났다. 심은경은 진짜 자신을 찾고 싶었다고 말했다. 〈블루 아워〉에서 말간 민낯에 점프슈트를 입고 떠나자고 부추기는 '기요우라'는 천진한 어린 왕자 같았고, 부스스한 머리에 버석한 얼굴, 바짝 깎은 손톱으로 빨간 목도리를 둘러맨 채 뛰어다니는 〈신문기자〉의 '요시오카'는 진실을 알리려는 기자 그 자체였다. 한국으로 돌아와 〈머니게임〉에서 기획재정부 사무관인 '혜준'을 연기하기 전, 심은경은 몇 가지 기준을 세웠다. 바지를 입을 것, 단정한 포마드 머리를 할 것, 백팩을 멜 것. 바지를 입은 그녀는 그 후로도 계속해서 새로운 얼굴을 보여줬다. 나이도 성별도 알 수 없는 묘령의 뱀파이어 바텐더, 인질로 잡혀 눈물콧물 쏙 빼는 평범한 공무원, 주근깨 난 무구한 얼굴로 번쩍이는 가위를 든 소녀…. 영화가 사라져가는 시대, 시네마 앤솔러지 〈더 킬러스〉에서 심은경은 여섯 감독의 페르소나로 분해 그녀만의 영화적 스펙트럼을 펼쳤다. 이것은 한 배우에 대한 무한한 신뢰 없이는 성립할 수 없는 작품이었다.

심은경이 여러 작품 속에서 재현한 모습은 현실 속 다양한 여성들의 모습이었다. 그녀는 스크린과 브라운관 안팎에서 전형적인 '여성성'의 외연을 넓혔다. 한국 영화계에 이런 '이레귤러'한 존재가 있었던가? 아웃사이더 심은경은 그 누구도 아닌 자신만의 길을 가고 있었다. 심은경은 내면에 이는 '존재통'을 거스르는 힘으로, 정해진 것에 반하는 힘으로 나아가는 사람이었다.

나는 인터뷰를 한 후로 그녀와 종종 이야기를 나눴다. 시부야 타워레코드 8층 클래식 전문 매장에 대해, 브루크너의 교향곡과 브렌델의 연주에 대해, 〈에반게리온〉과 비틀스의 〈Hey Jude〉에 대해, 신스팝과 포스트펑크에 대해… 여러 면에서 심은경은 나의 수줍음 많은 어린 스승이었다. 그처럼 유일무이한 존재가 이 땅에 있다는 것 자체로 나는 큰 힘을 얻는다.

내가 나로서 꾸밈없이 존재하는 것. 동료들이나 친구들 앞에서도, 하물며 가족이나 연인 앞에서도 하기 힘든 일을 심은경은 대중 앞에서 하고 있다. 아역 배우부터 탄탄대로만을 밟아온 자신을 향한 대중의 크나큰 기대를 뒤로하고 정상성에 대한 강박을 보란 듯 깨 보이며, '네버마인드'와 '마이 웨이'의 자세로 말이다. 지금도 누구도 가보지 않은 길로 한 발짝 한 발짝 나아가는 중인 그녀의 등을 나는 힘껏 밀어주고 싶다.

언제부터였죠? 이렇게 머리를 자른 건.

스물세 살, 영화 〈특별시민〉 때 처음 잘랐어요. '박경'이라는 청년 정치인 역할에 맞는 이미지를 찾기 위해 자른 거예요. 당시 저는 진짜 제가 뭘 원하는지 잘 모르는 상태였는데, 잘라보니 마음에 들더군요. 그래서 지금까지 유지하고 있죠.

그 후로 지금까지 모든 작품에서 숏컷으로 등장했죠.

그전까지 저 자신과 사람들의 시선 사이에 엇박자가 있었어요. 과거엔 저도 사람들이 선호하는 스타일대로 저를 꾸몄고, 그게 맞다고 생각했어요. 예전 사진을 보면 저도 미니스커트를 입고 높은 힐을 신고 볼 터치 메이크업을 하고 있어요. 많은 여성들이 그렇게 했고, 꼭 그래야만 하는 건 아니라는 걸 누구도 알려주지 않았죠. 그런데 언제부터인가 거울을 바라보고 있으면, 화장한 제 모습이 부자연스럽게 보이고, 이게 맞나 하는 의구심이 들었어요. 잘 모를 때는 그냥 제가 미인이 아니라서 그런가 했어요. 내가 별로 안 예뻐서, 살이 쪄서… 저 역시 고정관념에 빠져 있던 거죠.

고정관념에서 어떻게 빠져나왔어요?

나는 민낯이 더 좋은데 왜 메이크업을 해야 할까? 그 의문이 시초였던 것 같아요. 내가 좋아서 높은 힐을 신고 짧은 스커트를 입고 메이크업을 하는 거라면 전혀 상관없지만, 나는 이게 많이 불편하고 어색하다는 걸, 나 자신을 점점 잃어가고 있다는 걸 깨달았죠. 그리고 제가 지금의 스타일을 원한다는 걸 알게 됐어요. 그러자 의문이 생기더라고요. 영화나 드라마에서 여성 캐릭터들은 왜 정형화된 모습으로만 나올까. 왜 여성 배우들은 화장하고 꾸미지 않으면 안 되는 걸까. 그걸 제가 실험

해본 게 〈머니게임〉이었어요.

드라마 〈머니게임〉에서 슈트에 단화를 신고 백팩을 메고 출퇴근하는 '이혜준' 사무관 말이죠.

네. 제가 표현해보고 싶었던 모습을 많이 투영시켰던 역할이에요. 메이크업은 오직 베이스만 바르고 머리는 가르마를 타 깔끔한 포마드 스타일을 연출했죠. '혜준'이는 자기만의 신념이 확고해서 일하기에 최적인 차림새를 선호할 것 같았어요. 그래서 원피스나 스커트는 입지 않겠다고 명확히 의견을 냈고, 가방도 여러 선택지 중 백팩을 골랐어요. 사람들이 생각하는 여성상을 조금씩 바꿔보고 싶었죠. 이런 여성도 있으면 저런 여성도 있는 법이니까요. 그런데 이렇게 입으면 사람들은 말했어요. "왜 옷을 남자같이 입어?" 근데, 남자같이 입는 게 뭐죠?

정확한 지적이에요.

하지만 아직까지도 "이게 편하니까, 일하기 좋으니까, 나를 잘 보여줄 수 있으니까"라고 말하는 게 잘 안 통해요. 그래서 그냥 "혜준이라는 캐릭터는 이런 모습이에요"라고 말했어요.

영화 〈신문기자〉의 '요시오카'도, 〈블루 아워〉의 '기요우라'도, 드라마 〈7인의 비서〉의 '박사랑'도 화장기 없는 얼굴에 바지 차림이죠. 감독들이 심은경의 의견을 존중해서 녹여낸 면도 있나요?

맞아요. 〈신문기자〉의 '요시오카'는 정말 날것의 부스스한 모습이었으면 했어요. 기자분들이 실제로 취재를 바쁘게 다니는 걸 보면 그런 모습이 많더라고요. 게다가 그렇게 중대한 나라의 비리를 파헤치는 와중에 메이크업을 곱게 할 여유가 없지 않을까요? 그래서 거의 민낯으로 나왔어요. 〈블루 아워〉의

사람들이 생각하는 여성상을
조금씩 바꿔보고 싶었죠.
이런 여성도 있으면 저런 여성도
있는 법이니까요. 그런데 이렇게
입으면 사람들은 말했어요.
"왜 옷을 남자같이 입어?"
근데, 남자같이 입는 게 뭐죠?

'기요우라'는 묘하게 비현실적인 캐릭터잖아요. 생텍쥐페리의 '어린 왕자' 같은 느낌이 났으면 해서 점퍼슈트를 제안했고요. 〈7인의 비서〉의 '사랑'이는 같은 숏컷이지만 동생 같고 마스코트 같은 느낌을 주려고 앞머리를 내리고 파마를 했죠. 저는 캐릭터의 스타일에 대해 세세하게 생각하는 편이에요. 감독님들께 제안했을 때 감사하게도 다 받아주셔서 반영이 잘됐죠.

평소에도 슈트를 자주 입는다면서요?

슈트는 그냥 기본이 되는 옷이잖아요. 슈트 셋업만 입어도 편하면서도 갖춰 입은 느낌이 들죠. 어디서든 단정하게 입을 수 있고, 핏도 내 몸에 딱 맞게 잡을 수 있고요. 얼마 전에는 스스로에게 주는 생일 선물로 한 브랜드에서 쓰리피스 슈트를 맞췄어요. 그걸 입으니 너무 기분이 좋더라고요. 귀여운 타이도 잔뜩 샀어요.

알죠? 잘 어울리는 거.

저도 그렇게 생각하는데, 선머슴같이 입는 거 아니냐는 말을 너무 많이 들어서.(웃음) 하지만 이게 제 모습인 걸요. 과거처럼 본래의 저를 잃어가면서 타협하고 맞춰가고 싶지 않아요.

저도 심은경만의 스타일이 좋아요.

지금의 스타일을 찾으면서 패션이 좋아졌어요. 과거엔 스스로를 옷도 못 입고, 그런 덴 별 관심 없는 사람이라고 생각했어요. 패션에 정답은 없고 정형화된 방식으로 모든 걸 따라야 하는 게 아니라는 사실을 깨닫고 나서부터, 옷 입는 게 재미있어졌죠. 나를 표현하는 한 수단으로 인식하게 된 거예요. 슈트만큼 록시크 스타일도 좋아하고, 패션 디자이너로는 에디 슬리

먼을 좋아해요. 빈티지숍에서 구제옷도 자주 사고, 1960년대 영국 모드족 패션에도 흥미가 많아서 당시를 기록한 책도 사서 읽어요. 지금 입고 있는 셔츠요? 꼼데가르송이에요.(웃음)

오랫동안 록을 좋아했죠? 심은경의 SNS를 오래 염탐한 자로서, 컬처클럽, 조이디비전, 브론스키비트, 소닉유스 등을 좋아하던데요. 1970년대에서 1990년대까지 록 기반의 다양한 음악을 파더라고요.

맞아요. 제가 10대 때 정말 되고 싶었던 건 록스타였어요. 중학생 때 서태지로 시작해 〈배철수의 음악캠프〉를 들으며 밴드 음악에 빠졌죠. 10대 때 그걸 들으며 《100대 명반》이라는 책을 보고 앨범을 사 모으기 시작했어요. 고등학생 땐 비틀스에 심취했는데, 제일 좋아하는 곡은 〈Hey Jude〉예요. 언젠가 기회가 된다면 그 노래를 팬들에게 들려주고 싶어요.

음악도 패션도, 지난 세기의 것들에 매혹되는 이유가 있어요?

낡지 않아서요. 아직도 새로워요. 데이비드 보위는 어느 시대에 봐도 새롭고 멋지지 않나요? 제가 좋아하는 신스팝이나 포스트펑크, 모드 패션은 어떤 유행이 와도 변함없이 멋있는데, 그것들은 단순히 음악과 패션에 그치는 게 아니라 내세우는 정신, 어떤 사람이 되고자 하는 태도가 있는 문화이기 때문인 것 같아요. 포스트펑크는 주류문화에 대항하는 언더그라운드 록에서 출발했고, 모드족은 보헤미안과 반항 정신을 기반으로 한 서브컬처죠. 저 역시 제가 좋아하는 것들이 저라는 사람을 이룰 수 있으면 좋겠어요.

그렇다면 제일 좋아하는 영화는 뭐예요?

스웨덴 영화 〈렛미인〉. 고등학교 1학년 때 봤는데, 뱀파이어 영화를 주변에 있을 법한 이야기로 연출한 게 와닿았어요. 소년도 소녀도 외롭잖아요. 깊은 데 있는 그 외로움을 직접 어루만져서 그려낸 것 같은 영화였어요.

〈렛미인〉은 아웃사이더들의 이야기죠.

저도 아웃사이더에 가까운 사람이에요. 저만의 세계에서 공상에 빠질 때도 있고, 뭔가에 깊이 몰입하는 성향도 있죠. 기본적으로 혼자가 편하고요. '인싸'라는 말이 유행이잖아요? SNS에 '요즘 인싸들 노는 법', '인싸들이 가는 식당' 이런 식으로 엄청 많이 올라오는데 전 그런 걸 보면 피로감을 느껴요. 사람은 자기가 살고 싶은 대로 사는 거고 자기 스타일이 있는 건데 말이죠.

어릴 땐 어떤 아이였나요?

애니메이션 〈슈퍼 그랑죠〉를 좋아해서 놀이터에 별 모양을 그리고, 특수촬영물 〈지구용사 벡터맨〉을 보고 벡터맨 놀이도 많이 했어요. 일종의 역할극인데, 그렇게 역할에 몰입해서 노는 걸 좋아했던 것 같아요. 실제로는 사람들 눈도 못 마주치는 내성적인 애였고, 끼라는 것이 전혀 없는 애였는데, 신기하게도 역할이 부여되면 자신감이 생기더라고요. 그래서 연기에 푹 빠진 것 같아요. 지금도 그 성향이 변하진 않은 것 같네요.

그렇게 연기를 배워 시작한 아역 활동은 어땠어요?

학원에서 카메라 테스트를 하는데 다른 친구들은 "저의 특기는 노래와 춤입니다"라며 온갖 재주를 뽐내는데, 저는 "저는 심은경입니다. 나이는 열 살이고요. 특기는 없습니다"라고 말했던 기억이 나네요. 제 고향은 강릉인데, 본격적으로 서울에서 오디션을 보면서부터 아역 배우가 되는 게 쉽지 않다는 걸 체감했죠. 저를 데리고 다니시던 엄마는 그만하는 게 어떻겠냐고 권유했어요. 하지만 제가 "TV에 꼭 한 번이라도 나와보고 싶다"고 애원했대요. 태어나 처음으로 의지를 가져본 거죠. 그렇게 열한 살 때 처음 아역 배우로 카메라 앞에 섰어요.

그때 기분, 기억해요?
너무 긴장해서 뭐가 뭔지도 모르고, 디렉션도 이해를 못 하고, 감독님이 "왜 이렇게 연기를 못하는 애를 데려왔냐"고 조감독님을 질책하는 걸 듣기도 했죠. 어린 마음에 '나는 재능이 없구나' 싶어 속상했는데 이번엔 엄마가 제 손을 잡아주면서 그랬어요. "걱정하지 마. 앞으론 네가 제일 잘할 거야."

영화 〈불신지옥〉에서 신들린 듯한 무시무시한 연기를 선보였죠.
〈불신지옥〉의 '소진'은 제가 정말 하고 싶은 배역이었어요. 오컬트 장르를 좋아하거든요. 굉장히 열성적으로 임했고, 모든 걸 쏟아부었어요. 실제로도 기이한 일을 겪었는데, 연기하다가 살면서 처음으로 기절했어요. 완전히 페이드아웃됐죠. 그때 이런 촬영은 역할에만 빠져서 하는 건 위험하구나, 조심해야겠다고 생각했어요. 어른이 돼서 해도 쉽지 않은 역할이었을 텐데, 어렸기에 그렇게 할 수 있었나 싶기도 합니다.

아역에서 성인 연기자로 발돋움한 〈써니〉의 성공을 뒤로하고, 10대의 심은경은 의외의 선택을 했어요. 한창 작품 제안이 쏟아질 때 모든 걸 거절하고 뉴욕으로 유학을 갔죠.
성공의 열매는 달았지만, 한국에 있다보면 계속 작품에만 매달릴 것 같은 거예요. 당시 전 고등학생이었고 인생엔 그게 다가 아니니까, 해외에 가서 공부를 해보고 싶었어요.

배우가 아닌 학생으로서 첫발을 디딘 뉴욕은 어떻던가요?

맨땅에 헤딩이었죠. 저는 영어를 아예 모르고 갔어요. 말은 안 통하고 공부도 어렵고, 심지어 한창 사춘기였거든요. 대도시 속에서 '나는 누구고, 여긴 어디지'라는 생각을 자주 했어요. 고생도 그런 고생이 없었지만, 그 시간이 결코 낭비는 아니었어요. 스스로를 돌아보고, 내면의 힘을 키우고, 힘든 걸 버티게 해준 발판 같은 시절이에요. 그 경험 덕에 일본 활동도 겁없이 도전해볼 수 있었고요.

심은경에겐 어떤 면에서 '연예인'답지 않은 태도가 있는 것 같아요.

그런가요?(웃음) 부모님께서는 어릴 때부터 먼저 사람이 되라고 항상 강조했어요. 제가 어떤 선을 넘으려고 할 때마다 적절하게 눌러주셨고, 늘 말씀하셨죠. "너는 배우이기 전에 지금은 학생이야. 그걸 항상 명심하고 네 나이에 맞게 행동해라."

한국에 돌아오자마자, 스무 살에 원톱 배우로 활약한 〈수상한 그녀〉가 대박이 났죠. 정말 궁금했던 게 있어요. 어려서부터 박스오피스와 여우주연상을 쓸어 담고 커리어하이를 찍은 배우가 갑자기 일본으로 갔어요. 언어부터 모든 걸 처음부터 시작해야 하는데 말이죠. 이런 결정은 어떻게 내렸나요?

즉흥적인 선택이 아닌 오랜 결심이었어요. 전 어릴 때부터 〈아키라〉, 타카하시 루미코나 우라사와 나오키 작품 같은 20세기의 일본 애니메이션을 좋아했고 비주얼록에도 빠져 있었죠. 일본에서 일해보고 싶다고 늘 말해왔고 그러다 지금의 소속사와 인연이 닿았어요. 당시의 저는 한국에서 제가 쌓아놓은 게 대단하다고 생각하지 않았기 때문에, 그걸 두고 일본에 가서 활동하는 게 엄청난 결단이라고 생각하진 않았어요.

그리고 일본에서 보기 드문 사회 고발 영화 〈신문기자〉로, 한국인 최초로 일본아카데미 최우수여우주연상을 수상했죠. 쉽지 않은 작품을 어떻게 선택할 수 있었는지 궁금합니다.

    우리가 사회를 살아가면서 지녀야 하는 태도에 대해 말하는 영화라 좋았어요. 일본 사회 분위기에서 나오기 힘든 이례적인 영화였던 건 사실이지만, 부담스러웠던 부분은 오로지 일본어뿐이었죠. 한 사회의 시민으로서 응당 지녀야 하는 신념, 우리는 어떤 생각을 가지고 살아가야 하는가에 대해 물음을 던지는 영화였기 때문에 두려울 건 없었어요.

이 영화는 당신의 눈과 손을 자주 클로즈업해요. 그래서 심은경이란 사람이 갈색 눈동자를, 그리고 작고 정갈한 손을 가진 배우라는 걸 새삼 알게 됐죠. 그리고 눈빛과 손짓으로도 연기를 잘하는 배우라는 것도요.

    하하. 전 원래 손톱에 뭘 잘 안 해요. 고요한 영화잖아요. 그래서 눈빛과 손짓이 더 눈에 들어왔을 거예요.

이 작품으로 일본아카데미 최우수여우주연상을 탈 거란 예상은 조금이라도 했어요?

    전혀, 조금도요. 후보에 올랐다는 소식을 들을 때부터 너무너무 놀랐는 걸요. 이름이 호명돼서 깜짝 놀랐어요. 엉엉 울며 더듬더듬 수상소감을 말했는데, 그 모습이 일본분들의 마음을 건드렸는지 댓글이 많이 달리더라고요. 결국 진심은 사람의 마음을 움직이는구나, 알게 된 순간이었어요.

여성 비서들이 의기투합해 악당을 혼내주는 영화 〈7인의 비서: 더 무비〉는 원작 드라마부터 인기를 끌었죠. 유일한 한국인 비서 '박사랑'으로 감초 연기를 톡톡히 했어요. 돌이켜보면, 영화 〈써니〉 때부터 여성 '떼주물'에서 활약해왔네요.

과거 한국 영화엔 남성들 위주의 '떼주물'은 셀 수 없을 정도로 많았잖아요. 저는 감사하게도 〈써니〉, 〈7인의 비서〉처럼 여성이 중심이 되어서 우리들의 이야기를 하는 작품에 자주 참여할 수 있었어요. 일본에서도 여자들이 주도하는 드라마가 흔치는 않거든요. 동료 여성 배우들과 같이 호흡을 맞추고 연대해나가는 이야기에 참여한 것 자체가 제 연기 생활에 큰 도움이 됐어요. 연기라는 건 고독한 과정의 연속인데 〈7인의 비서〉와 〈써니〉를 연기하면서 모두가 함께 만들어나갈 수 있는 거구나, 연기란 게 외롭지 않을 수 있는 일이구나 느낄 수 있었거든요. 저는 힘들거나 고민스러우면 얼굴에 티가 나는데, 이들과 함께하면서는 웃음이 멈추지 않았던 것 같아요. 최근 여성 서사 작품이 많이 나오고 있잖아요. 사회적인 메시지를 전달하고 깊게 파고드는 작품이 있는 한편, 〈7인의 비서〉처럼 대중적이고 쉽게 볼 수 있는 작품도 나와야 한다고 생각해요. 일본에서도 많이들 봐주셔서 시청률이 20퍼센트 가까이 나온 회차도 있었죠.

일본 엔터테인먼트 업계는 한국보다 여권이 낮은 편인지 궁금해요. 여성 배우로서 일하기 힘든 점은 없나요?

여성 배우로서 일하며 마주하게 되는 고민은 어느 나라에나 존재하는 것 같아요. 어떤 면에서는 아직 보수적인 시각도 분명 남아 있지만, 제 경험상 일본은 의외로 진보적이고 열려 있는 부분도 있었어요. 이를테면, 저의 중성적인 슈트 패션을 그냥 하나의 개성으로 존중해주죠. 누구든 원하는 대로 입을 수 있고, 그런 스타일에 대해 왈가왈부하지 않는 문화가 있어요.

한국 영화에서 오랜만에 심은경을 볼 수 있었던 작품 〈더 킬러스〉는 시네마 앤솔러지로, 기획부터 영화에 대한 사랑 그 자체였어요. 또한 모든 작품에 심은경이 등장하는, 심은경에 대한 믿음을 볼 수 있는 기획이었죠.

이명세 감독님의 덕이 컸어요. 기획을 구체화하는 과정에서 감독님들이 각자만의 해석으로 '심은경'이라는 배우를 보여주자고 의견을 모았고, 가뜩이나 어려운 현재 영화 업계에서 쉽게 볼 수 없는 기획의 작품이 탄생해서 너무나 뿌듯하고 기뻤죠.

그중에서도 전 김종관 감독의 〈변신〉이 가장 좋아요. 바텐더 복장을 한 뱀파이어 심은경이라니, 짜릿했죠. 성별도 나이도 감이 잡히지 않는 존재로 표현해서 더더욱 매력 있었고요.

GV 때 관객에게 그런 질문을 받은 적 있어요. 제가 연기한 뱀파이어 캐릭터 말투가 중후한 아저씨 말투라고요.(웃음) 물론 평상시 제 목소리 톤을 쓰지 않았고 의도적으로 목소리 톤을 낮추긴 했지만, 그건 그냥 그런 톤을 가진 인물인 거죠. 아저씨만 그런 중후한 톤을 쓸 수 있는 건 아니잖아요. 단지 좀 느끼하게 얘기하는 여성일 수도 있는 거고요. 현장에서는 좀 더 능글맞아진 것 같긴 하지만.(웃음) 제가 이 캐릭터를 연기하면서 떠올린 건 영화 〈샤이닝〉에서 잭 니콜슨이 현실인지 환상인지 모를 바텐더와 대화하는 장면이었어요. 그 바텐더같이 모호한 존재처럼 보이길 바랐죠. 단편이라 3회차 촬영으로 끝났는데, 끝나는 게 너무 아쉬울 만큼 잔뜩 신나서 한 촬영이었어요.

세계관을 확장해서 장편영화 속 뱀파이어 심은경, 더 볼 수 없을까요?

김종관 감독님도 슬쩍 말씀하셨는데, 어떻게 될지는….(웃음) 저도 〈더 킬러스〉에서 제가 연기한 모든 캐릭터를 사랑하지만 그중에서도 유독 애착이 가는 캐릭터예요. 제가 주로 선한 역만 맡았다보니, 누군가를 해치거나 피를 얼굴에 묻히는 식의 연기를 해볼 기회가 없었잖아요? 너무 '업'되어 있어서 스스로를 좀 가라앉히려고 노력했을 정도로 신이 나 있었습니다.

노덕 감독의 〈업자들〉에서는 평범한 공무원 심은경을 볼 수 있어서 새로웠습니다. 이런 캐릭터도 처음 맡아본 것 아니었나요?

이 캐릭터는 원래 중년 여성 설정이었어요. 제가 대본을 보고 "저 이 역할 하고 싶어요"라고 하니 감독님이 의아해하다가, 그것도 재미있겠다며 맡겨주신 거예요. 인질이 되어 "엄마 사랑해"라고 울다가 확 돌변해서 "나 범인 아니에요, 그 새끼가 범인이에요, 그 새끼 죽여야 돼요"라며 감정의 극한을 오가는 대사를 연기하는 게 재미있겠다 싶었죠. 막상 촬영이 다가오니 과연 이 캐릭터가 저랑 잘 맞을지 걱정됐는데, 촬영 후 노덕 감독님은 "이렇게 잘할 거면서 뭘 걱정했냐"고 하시더라고요. (웃음)

이명세 감독의 〈무성영화〉는 심은경이라는 피사체가 흑백 무성영화의 미장센에 어떻게 녹아드는지, 그게 얼마나 잘 어울리는지 볼 수 있어 쾌감이 대단한 작품이었어요.

이런 분장과 의상을 하고 흑백 무성영화를 찍을 수 있다니, 저도 너무 좋았어요. 이명세 감독님이 무성영화에 대한 동경이 강하거든요. 이 영화는 그야말로 오마주의 오마주, 레퍼런스의 레퍼런스로 가득한 영화예요. 특히 찰리 채플린, 버스터 키튼, 자크 타티의 흔적이 가득하죠. 채플린의 〈위대한 독재자〉, 버스터 키튼의 〈셜록 2세〉, 자크 타티의 〈플레이타임〉과 〈윌로 씨의 휴가〉 등등을 닥치는 대로 보면서 무성영화의 매력에 눈을 떴죠. 제대로 영업당했어요.(웃음) 서른이 되고 이 작품을 찍었는데, 제 연기 인생이 이 작품을 기점으로 해서 이전과 이후로 나뉘겠다는 생각이 들었죠. 이정표가 되어준 소중한 작품이에요.

최근 몇 년간은 클래식음악에 푹 빠져 있잖아요. 당신을 보며 음악 '덕후'는 결국 클래식음악으로 귀결된다는 걸 체감했어요.

나이가 들면서 록보다 유독 클래식을 좋아하게 된 것 같긴 하지만, 클래식을 좋아한 역사도 길어요. 중학교 2학년 때 〈릴리 슈슈의 모든 것〉을 보고 그 영화에 계속 흐르는 드뷔시의 음악을 좋아하게 됐어요. 그러다 라벨도 듣게 되고, 인상주의 음악의 아름다운 심상에 푹 빠졌죠. 뉴욕에서 다니던 학교가 줄리아드음대 옆이어서 주변에 클래식음악을 전공하는 친구들이 많았어요. 그들 덕에 고전주의, 낭만주의 클래식음악에도 심취하게 됐죠. 모차르트를 특히 사랑했고, 리흐테르, 브렌델, 마리아 주앙 피르스 등의 연주자들도 좋아하게 됐어요. 물론 그러면서 재즈도 꽤 많이 들으러 다녔고요. 돌이켜보면 제 취향의 기반을 다져준 게 뉴욕 시절이에요. 어릴 때의 제가 록스타가 되고 싶었다면, 지금은 피아니스트라는 직업을 더 동경합니다. 다시 태어나면 피아니스트가 되고 싶어요.

원전을 해석해 실연한다는 점에서 배우와 피아니스트는 닮은 점이 있죠. 연주자로 치자면, 어떤 연주자가 되고 싶어요?

어릴 때부터 글렌 굴드 같은 연주자가 되고 싶었어요. 굴드는 어느 순간부터 공연을 그만두고 스튜디오 녹음만을 했죠. 비난을 받든 찬사를 받든 본인만의 스타일을 밀고 나갔어요. 괴팍하고 '마이웨이'라 해도, 범접할 수 없는 경지에 이른 사람이잖아요. 요즘엔 임윤찬 연주자 같은 마음을 가지고 살아야 한다는 생각을 자주 해요. 저는 평소 '나는 어떻게 보이고 있을까, 이대로 괜찮을까, 잊히진 않을까' 하고 고민하거든요. 어떨 때는 그 고민에 잠식될 만큼. 그런데 임윤찬 씨가 반 클라이번 콩쿠르에서 우승한 후 했던 인터뷰를 본 거죠. "제 꿈은 모든 것을 다 버리고 산에 들어가 피아노만 치면서 사는 거예요. 저는 커리어에 대한 야망은 0.1퍼센트도 없는 사람이고, 이 콩쿠르를 나온 이유는 단지 제가 성인이 되기 전에 제 음악이 얼마나 성숙해 있는지 확인해보고 싶어서입니다." 10대 예술가의 입에서 이런 말이 나오다니, 정말 많이 반성했어요. 남들에게 잘하는 모습을 보여주는 일이 중요한 게 아니라, 내가 얼마만큼 이것에 진심인지, 그 진심을 다하려면 어떠한 노력을 해야 하는지 고민하는 것이 진정한 예술가의 모습이구나. 마음이 부산스러워질 때마다 임윤찬 씨의 연주를 들으며 마음을 다잡습니다. 요즘은 임윤찬 씨가 추천해준 소프로니츠키 앨범을 샅샅이 찾아서 듣고 있어요. 혹시 시부야 타워레코드 8층 클래식 음반 매장에서 저를 마주친다면 인사해주세요.(웃음)

그랬군요. 임윤찬에게 음악이 있다면, 심은경에겐 연기가 있을 테니까.

돌이켜보면 저는 연기밖에 없는 삶을 살았어요. 그래서 부러 "저는 연기를 별로 안 좋아해요"라고 말한 적도 있고 "연기를 그냥 일이라고 생각해요"라고 한 적도 있어요. 어떤 면으론 사실이기도 하고요. 비유하자면 애증을 품은 연인 사이 같은 거죠. 널 사랑하지만 사랑하지 않아. 널 사랑하지 않지만 사랑해. 싫고 힘들어도 다시 마주하게 되는 건 결국 사랑하니까 그런 거겠죠. 너무 사랑하고 너무 잘하고 싶으니까.

23년 동안 연기를 한 배우의 살아 있는 말이네요.

저, 아역 배우 연차로 치자면 경력이 짧은 거예요. 요즘 아역 출신 배우들이 잘되는 모습을 보면 너무너무 기쁘고 축하해주고 싶어요. 아역 출신에게 꼭 따라붙는 편견이라든가 징크스 같은 걸 보란 듯이 깨는 배우분들이 많잖아요. 아역 출신 배우들이 제약 없이 일할 수 있는 환경이 되길 바라요.

최근 예능 〈놀면 뭐하니〉, 유튜브 채널 〈문명특급〉에 나와 단호하면서도 순수한 캐릭터로 좋은 반응을 끌어낸 게 의외였어요. 어쩐지 심은경답지 않은 방식이어서요.

맞아요. 저는 배우는 작품으로 대중을 만나는 것이 좀 더 정중한 방식이라고 생각해왔어요. 게다가 낯도 많이 가리니, 어릴 때는 정말 예능에 출연하지 못하겠더라고요. 그런데 나이가 들면서 사람이 좀 유해지고 예전엔 못하던 것도 이제는 받아들일 수 있는 여유가 생기나봐요. 거의 11년 만의 예능 출연이었을 거예요. 사실 〈문명특급〉 출연을 쉽게 승낙한 건 제가 재재님의 팬이어서이기도 해요. 영화 〈위키드〉 배우들을 만난 인터뷰를 보면, 아리아나 그란데와 신시아 에리보 앞에서 긴장하지 않고 노래를 막 불러요. 영어가 틀려도, 전혀 신경쓰지 않고 대담하게 말하죠. 아리아나가 재재님에게 반해서 내년에도 와달라고 하잖아요. 와, 저런 친화력은 어떻게 발휘하는 걸까. 제겐 정말로 없는 재능이죠.(웃음)

의외였지만 아주 재미있게 봤습니다.

사실 저는 정말 제가 뭐가 재미있는지를 모르겠거든요.

그런 점이 재미있는 거예요. 유재석 씨라든지, 재재 씨는 방송'꾼'인데 은경 씨는 그런 것에 면역이 없는 순수한 캐릭터니까.

그렇군요. 예상치 못한 것에서 케미스트리가 나왔군요..(웃음)

심은경이 생각하는 심은경은 어떤 사람이에요?

아웃사이더. 숫기 없는 사람. 지극히 평범한 사람.

사람들이 당신에게 갖는 편견이 있나요?

예전엔 착해 보인다는 소리를 정말 많이 들었죠. 그땐 저를 그렇게 보는 게 마냥 편하지는 않았어요. 왜 나를 겉모습만 보고 판단하지? 그래서 SNS에서 솔직하고 과감하게 표현했을 때도 있어요. 그런데 어느 순간 굳이 그러지 않아도 될 것 같다는 생각이 들었어요. 앤디 워홀이 그런 말을 했잖아요. "나를 알고 싶으면 내 작품을 보라"고. 그 안에 내가 있다고. 저도 그렇게 말하고 싶어요. 작품에는 확실히 제가 있으니까, 작품으로 봐주세요.

〈변신〉의 뱀파이어 같은, 심은경의 본격적인 악역이 보고 싶네요.

저도요. 제발 저를 써주시면 안 될까요?(웃음) 우라사와 나오키의 〈몬스터〉를 정말 좋아하는데, '요한' 같은 역할을 해보고 싶어요. 아직까지 제작자나 연출가분들께선 심은경에겐 악한 이미지가 없다고 생각하시는 것 같은데, 겉으로 보이는 게 전부는 아니잖아요. 저, 잘할 수 있어요.

고독한 심은경에게 사랑이란 어떤 건가요?

영화 〈헤어질 결심〉을 극장에서 네 번 보면서 사랑에 대해 많이 생각했어요. 사랑이란 건 뭘까요? 나쓰메 소세키의 《마음》

에서 '선생님'이 "사랑은 죄악"이라고 하잖아요. 그걸 읽었을 때 화살에 관통된 기분이었어요. 그 문장이 지금까지도 제게서 사라지지 않는 것 같아요. 전 그 문장을 잘 표현한 영화가 〈헤어질 결심〉이라고 생각해요. 사랑이라는 게 그렇잖아요. 스스로가 판 구덩이에 들어가 익사하더라도 나만 생각하고 봐줬으면 좋겠고, 영영 누군가의 미결 사건으로 남고 싶은, 그런 마음. 그게 계속 마음을 쳤어요.

심은경의 필모그래피를 봤을 때 로맨스에 크게 관심이 없겠다고 생각했어요. 틀린 추측이었네요.

과거엔 관심이 없었죠. 경험도 별로 없고, 그만큼 무르익지 않았다고도 생각했고, 저 스스로가 멜로에 어울리지 않다고도 생각했고요. 그런데 멜로 연기를 꼭 농익어야 할 수 있는 건가? 의사 자격증이 있어야 의사 연기를 할 수 있는 것도 아닌데?(웃음) 그런 생각이 들더라고요. 그래서 영화 〈별빛이 내린다〉를 택한 거예요. 사무치는 짝사랑을 하는, 순애보를 펼치는 캐릭터입니다. 왜, 드라마를 보면 '메인 남주'보다 '서브 남주'에게 더 열광할 때가 있잖아요? 열정적으로 임한, 행복했던 현장이었어요.

그래서, 연애에 대한 생각도 좀 바뀌었나요?

참 어려운 게, 제가 누구든 가볍게 만나는 게 안 되는 사람이에요. 어른이 되어갈수록 '우리는 서로를 얼마나 알고 만나는 걸까', 이런저런 고민이 깊어지더라고요. 관계에 있어 정말 신중한 편이에요. 어릴 때부터 상대방에게 상처주거나 피해주는 일은 되도록 피하고 싶었어요. 가벼운 말이나 행동으로 누군가를 다치게 하고 싶지 않으니까 더 신중해지는 것 같아요.

이렇게 신중한 사람은 곁에 누구를 두나요?

저랑 정반대인, 활발한 사람들이요. 하지만 나이들수록 혼자 놀기를 터득했어요. 예전에는 나는 외톨이라는 생각에 속상했는데, 이제는 외로움을 즐기게 됐어요. 혼자만의 생각에 잠겨 천천히 호흡하는 시간이 좋아요. 그걸 바탕으로 타인을 만나면 좀 더 좋은 대화를 나눌 수 있죠.

심은경은 아역 배우로부터 성인 배우, 미국 유학, 일본 활동, 스타일 변화, 여러 번의 터닝포인트를 거치며 자신만의 길을 개척하며 걸어왔어요. 어떤 힘으로 여기까지 올 수 있었어요?

두려워서 그런 것 같아요. 한계에 마주칠까 두렵고, 그런 자신에게 매몰될까 두려워서. 그런 두려움을 직면하면 고민과 우울감에 잠겨드는데, 그러다 다시 고개를 들고 보면 결국 그냥 또 해나갈 수밖에 없는 거예요. 살아 있는 한. 두려움에서 벗어나려면 계속 움직이면서 나아가야 해요.

머리를 자르고 싶지만 자르지 못하고, 화장을 하고 싶지 않지만 하는 이들에게, 어떤 말을 해주고 싶나요?

벗어나고 싶은데, 차마 두려워서 잘 안 될 수도 있어요. 그럴 때 스스로를 압박하면 오히려 사방이 벽으로 막혀요. 그 대신 계속 자신을 돌아보고 성찰하는 시간을 갖는 게 중요하다고 생각해요. 자기 자신에게 천천히 변화할 시간을 주는 거예요. 내가 누구인지만 잊지 않는다면, 원하는 자신의 모습을 찾을 수 있을 거예요.

차기작은 미야케 쇼 감독과 함께한 〈여행과 나날〉이죠. 미야케 쇼와 심은경의 만남이라니!

보기 드문 영화일 거예요. 기대하셔도 좋아요.(웃음) 주인공 '이'가 눈이 많이 오는, 어느 설국으로 무작정 떠나 허름한 여관에 묵게 돼요. 그 안에서 벌어지는 며칠간의 이야기예요. 촬영하려면 눈이 내려야 했어요. 눈이 올 때까지 대기하면서 감독님하고 영화 얘기만 했던 기억이 나네요. '이'와 심은경은 다를 바 없다고 여겨질 정도로, 그냥 저 자신을 연기한다는 생각으로 깊게 몰입했어요. 배우에겐 한 번쯤 자서전을 쓰듯 자기 이야기를 하고 싶어지는 때가 찾아오거든요. 이 영화가 제게 그러한 작품이라고 생각해요. 마치 제 자서전 같은 느낌이 드는 작품이었습니다.

심은경은 무엇을 믿어요?

저는 염세적인 사람이라 희망이라든가 행복이라든가 하는 걸 쉽게 믿지 않아요. 애초에 그런 것은 존재하지도 않는 게 아닐까 싶기도 하고요. 그런데 참 신기한 건… 그런 제게도 '진심은 통한다'고 느껴지는 순간이 있어요. 사람들에게 상처받고, 스스로에게 상처받고, 무너지고, 헤어나오지 못하는 순간들엔 타인의 진심을 믿는 내가 바보 같다는 생각을 하기도 했어요. 그런 걸 믿는 내가 바보지, 하면서요. 하지만 그럼에도 불구하고, 진심이라는 게 존재하고 사랑이라는 게 있구나, 라는 걸 느끼는 드문 순간이 있다는 거죠. 이를테면 누군가가 이유 없이 건네는 다정한 말 한마디, 혹은 예상치 못한 타인의 이타적인 행동. 무정한 세상 속에서 그걸 관조적으로 바라보면서… 희미하게 느껴요.

왜 그토록 회의적인 마음을 품었나요?

어릴 때부터 23년간 일을 해오면서 배우라는 업에 대한 회의가 들 때도 있었어요. 그러니까 애니메이션 〈에반게리온〉의 '신지' 같은 입장인 거예요.

"신지, 에바에 타라" 같은 압박을 받은 셈이군요. (편집자주: 〈에반게리온〉의 미성년 주인공 '신지'는 파일럿으로서 생체병기 '에반게리온'에 탑승하라고 아버지에게 명령받는다.)

그렇죠. 에바에 타라. 타기 싫은데, 탈 자신이 없는데, 그렇지만 에바에 타면 날 바라봐줘. 에바에 타지 않으면 내가 뭘 할 수 있어? 그런 자아의 충돌. 사실 지금도 없다고는 할 수 없어요. 사람의 마음은 좀처럼 알 수 없다고 생각해서, 늘 조심스럽게 대하게 돼요. 이를테면 저 사람은 나에 대해 별로 안 좋은 생각을 가지고 있을 거야, 같은 생각을 종종 해요. 인터뷰할 때도 어느 정도까지만 딱 선을 지키고 제 마음을 안 보여주려고 하고요. 그런데 〈더 킬러스〉를 찍으면서 응원을 많이 받았어요. "야 은경아, 괜찮아. 너 잘하고 있잖아. 너 하고 싶은 대로 해도 돼. 은경이 너니까 좋은 거야." 감독님들의, 스태프분들의 마음을 느낄 수 있었죠.

〈에반게리온〉의 명장면, '오메데또'(축하해)가 떠오르네요. (편집자주: 그런 신지를 둘러싸고 모두가 격려해주는 환상 속의 장면.)

맞아요, 그랬어요. 그런 기분이었어요.

심은경에게 음악은 어떤 의미인가요?

무궁무진한 상상력과 영감의 원천, 지금까지 버티게 해준 원동력, 저를 살게 한 힘. 저는 음악은 어떤 음악이든 회복과 복원,

즉 사랑과 평화를 노래한다고 생각해요. 음악엔 항상 낙관의 힘이 있죠. 그러니까… 제겐 음악이 러브 앤드 피스인 거예요.

내가 누구인지만
잊지 않는다면,
원하는 자신의 모습을
찾을 수 있을 거예요.

전소연은
숨기지 않는다

자체 프로듀싱 여성 아이돌 팀의 강력한 리더이자
히트곡 메이커, 노련한 프로듀서, 전소연이라는
유일무이한 한 인간.

INTRO

케이팝 역사상 이런 여성 리더가 있었던가? 자신이 이끄는 팀의 모든 앨범을 프로듀싱하고, 대부분의 노래를 작곡하고, 계획 및 전략 수립, 비주얼 콘셉트부터 퍼포먼스까지 관여하는 강력한 프로듀서이자 리더. 성과로 자신을 증명하고, 제일가는 자랑거리로 팀을 꼽고, 멤버 전원 재계약을 이끌어낸 전소연은 독보적인 젊은 여성 리더다.

신비롭고 열정적인 뭄바톤 장르의 데뷔곡 〈LATATA〉를 들었을 때, 케이팝에 새 바람이 불어오리란 걸 알았다. 힙합과 EDM이 대세이던 시절, 과감한 사운드로 1위를 차지한 이 곡이 큐브 엔터테인먼트 사내 블라인드 투표를 통과한 전소연의 작품이란 소식이 점차 퍼졌다. 이후에도 전소연의 독특한 트랙들로 캐릭터를 잡아나간 i-dle(아이들)은 서바이벌 방송 〈퀸덤〉에 출연해 〈LION〉이라는, 여왕의 대관식을 표현한 곡과 퍼포먼스를 선보이며 존재감을 과시한다. (여기서 다른 멤버에 비해 도드라지지 않았던 막내 슈화를 주인공으로 내세워 성장스토리를 만든 전소연의 스토리텔링 능력이나, 리더로서의 다정함도 내가 무척 좋아하는 대목이다.)

이후로도 전소연은 쉬지 않았다. 〈덤디덤디(DUMDi DUMDi)〉 등을 연달아 히트시키며 콘셉추얼한 정체성을 각인시킨 그때, 팀은 멤버 수진이 탈퇴하는 악재를 맞는다. 그러나 전소연은 주저앉지 않는다. 선언적인 제목

《I NEVER DIE》 앨범으로 컴백한 i-dle(아이들)은 "너의 하찮은 말에 미소나 지을 바엔 fxxking TOMBOY가 되겠다"는 직설적인 가사와 거친 사운드로 무장한 타이틀 〈TOMBOY〉로 차트를 올리키며 그야말로 메가히트했다. 위기를 기회로 도약한 전소연은 〈Nxde〉로 '외설'이란 여성의 신체가 아닌 보는 시선에 있는 것임을 지적하는 트랙으로 같은 해 또 한 번 차트를 올렸다. 이런 메시지를 담은 곡이 이토록 대중적일 수 있는가? 전소연은 그걸 해냈다. 〈TOMBOY〉와 〈Nxde〉를 선보인 2022년은 그녀의 대담성이 돋보인 해였다. 선명한 메시지를 던진 후, 전소연은 입에 붙는 대중적인 트랙도 얼마든지 만들어낼 수 있다는 듯 따라 부르기 쉬운 훅이 특징인 〈퀸카(Queencard)〉로 저연령층까지 너른 사랑을 받았다. 그러자 전소연은 〈Wife〉로 또 한 번 자신이 하고 싶은 대로 했고, 강인한 여성상을 앞세운 〈Super Lady〉와 괴짜 여성 화자를 그린 〈클락션(Klaxon)〉으로 연전연승을 거뒀다.

전소연이 그리는 여성상은 기존 케이팝에서 전개하는 여성상들과 달랐다. 때론 '찌질'하고, 때론 깊게 상처받아 원한에 사무쳤으며, 때론 여왕이 됐고, 때론 애욕에 사로잡히기도 했다가, 때론 시원하게 걷어차고, 때론 "변태는 너야"(〈Nxde〉)라고 일갈했다. "나는 나다운 나야" 같은 유의 캐치프레이즈 아래 무한 자가복제되는 케이팝 여성 아이돌의 트랙들 사이에서, 전소연의 스토리텔링과 캐릭터 조형은 얼마나 넓은 스펙트럼을 펼치며 다양하게 빛나고 있는가.

총 네 번, 전소연의 분기점마다 나는 그녀를 만났다. 그만큼 그녀에게 궁금한 게 많았다. 그때마다 그녀는 팀과 음악에 대한 자부심을 또렷하게 보여줬고, 더욱 강력한 리더로, 노련한 프로듀서로 성장했다. 문득 전소연을 방송에서 처음 마주했던 기억을 떠올린다. 101명을 모아놓고 순위를 매기던 〈프로듀스 101〉에서 실력으론 늘 A등급을 차지했지만 외모에 낙담하며 자신이 아이돌에 어울리는지 고민하던, 작고 깡마른 열일곱 살 소녀는 이제 어디서도 찾아볼 수 없다. 당시 데뷔에 실패했던 게 돌이켜보면 얼마나 다행인 일이었던가? 그녀의 그릇은 기획 그룹에 담기기엔 너무나 컸으니 말이다.

전소연은 자기가 하고 싶은 걸 한다. 솔직한 욕망과 직설적인 화법 탓에 논란의 도마에 오를 때도 있지만, 결국 그녀는 자신이 대중에게 호소하는 상업적인 감각 또한 갖추고 있다는 걸 안다. 나는 그녀의 왕성한 창작욕이, 뜨거운 야심이, 강력한 리더십과 노련한 전략이 어디까지 뻗어나갈지 오래도록 지켜볼 작정이다. 그녀와의 다섯 번째, 여섯 번째 만남을 계속 고대하며. 그러니까 이런 아이돌, 이런 리더, 이런 프로듀서, 이런 인간은 단 하나, 전소연밖에 없으므로.

네 번째 만남이네요.

    어느새요.

그만큼 저는 전소연에게 궁금한 게 항상 많다는 거죠.

    하하하.

대학 축제에서 선보인 i-dle(아이들)의 무대를 봤는데 호응이 뜨겁던데요. 히트곡이 많고 무대 매너가 좋은 팀임을 새삼 느꼈습니다.

    축제를 갈 때마다 느끼는 건, 가장 좋은 무대 매너는 히트곡이라는 거예요. 어떻게 하면 사람들을 더 신나게 해줄 수 있을지 항상 생각하는데, 결국 노래가 유명한 게 제일 중요하더라고요. 축제를 가면 더 좋은 노래를 만들어야겠다고 다짐하게 돼요.

전소연이 제시하는 여성상은 늘 매력적이에요. 〈LION〉의 마침내 왕관을 쓴 암사자, 〈TOMBOY〉의 끝내 주는 톰보이, 〈Super Lady〉의 압도적인 디바. 힘 있고, 어딘가 좀 삐딱하죠.

    저는 단지 솔직하고 다양한 인간의 모습을 자유롭게 표현하고 싶을 뿐이에요. 저는 저희에게 '걸그룹'이라는, '걸'이라는 단어가 붙는 것을 의식하고 그에 한정되고 싶지 않습니다. 저는 제 모습을 숨기고 싶지 않아요. 인간으로서 나에 대해 당당하고 싶고, 타인 또한 그러했으면 좋겠어요. 모든 이들이 인간으로서 누려야 할 것을 다 누렸으면 싶고요. 표현의 자유는 제가 늘 관심 있는 화두예요.

사람들이 전소연에게 하는 오해가 있다면 뭔가요?

    저는 제가 소설가라고 생각해요. 어떤 노래를 쓰면 '전소연'이 아니라 노래 속 캐릭터, 화자로서 어떤 가상의 상황을 전제하고 쓰는 거죠. 그런데 많은 분들이 제가 쓴 노래를 보며 "와 소연아, 너 진짜 이랬어?", "너 왜 이렇게 화가 많아?"라고 물어봐요. 〈Super Lady〉, 〈나는 아픈 건 딱 질색이니까〉, 〈Wife〉의 화자들 역시 다 성격이 다르잖아요? 그냥 제가 그런 캐릭터를 만들었고 그에 대해 노래했다고 생각해주셨으면 해요.

수행자나 실연자보다는 창작자로서의 정체성이 더 앞서 있군요.

오, 맞네요. 저는 가수로서 활동하는 2주, 월드투어하는 3개월을 빼면 1년 내내 창작자 모드거든요. 가수보다는 작곡가라는 자아가 좀 더 큰 것 같아요.

전소연은 어떻게 '펀치 라인'을 쓰나요?

입에 붙는 말을 찾는 게 멋진 말을 쓰는 것보다 어려워요. 입에 붙는 말을 찾기 위해 엄청 노력하죠. 저희의 데뷔곡 〈LATATA〉에서 "누가 뭐 겁나", 〈TOMBOY〉의 "Fxxking TOMBOY", 〈퀸카(Queencard)〉에서 "I'm a 퀸카(Queencard)"가 있을 수 있겠네요. '퀸카(Queencard)'는 한국에서만 쓰는 단어인 만큼 뜻을 모르는 외국인이 많았지만, 그런 그들 역시도 따라 부르기 좋은 가사였죠. 결국엔 의미보다 입에 붙는 게 중요한 것 같아요.

입에 붙는 말은 어떻게 찾아내려 해요?

그건, 방법이 없어요.

사실 직감 아닌가요? 전소연의 감이겠죠.

그렇진 않아요. 저는 모든 사람의 감은 비슷하다고 생각해요. 유행이라는 것은 우리가 다 비슷한 생각을 하며 살고 특정 시

저는 저희에게 '걸그룹'이라는,
'걸'이라는 단어가 붙는 것을
의식하고 그에 한정되고 싶지
않습니다.

기에 비슷한 걸 원하기 때문에 나타나는 거잖아요. 많은 사람이 뭔가를 보고 멋있다, 재미있다고 생각하면 그게 유행이 되는 거고요. 저도 그런 보통 사람 중 한 명이고, 순간의 유행을 즐기는 사람이죠. 저, 생각보다 마이너하지 않아요.(웃음)

하지만 애니메이션 '덕후'인데요?
저는 투니버스 세대고 제 세대는 다 만화를 많이 봤어요! 〈달빛천사〉라거나.(웃음)

대중에게 호소한다는 건 어떤 것일까요?
많이들 오해하시는 것 중 하난데요. 저는 사람들에게 엔터테인먼트를 제공하려는 거지, 저의 어떤 대단한 인생관, 예술관 같은 걸 얘기할 생각이 별로 없어요. 우리 인생은 때론 너무 재미없고 힘들고 속상한 일도 많아요. 저는 엔터테이너로서 그들에게 편하게 즐길 거리를 주고 싶어요. 심오한 해석이 필요한 대단한 것을 주는 게 아니라.

명쾌하네요.
하지만 뭐, 논쟁은 즐거운 거니까. 그런 것까지 하나의 총체적인 즐길 거리를 드리는 거죠. 제가 무언가를 제시했을 때 어떤 사람들은 이렇게, 또 다른 사람들은 저렇게 생각해서 서로 대화하는 것도 재미있는 일이잖아요. 제 생각을 사람들에게 주입하거나 맞다고 주장할 생각은 전혀 없습니다.

무엇도 의식하지 않고 어떤 것에도 포획되지 않고 겁없이 창작할 수 있는 힘은 어디서 와요?
그건 제가 편견이 없어서 그래요.

겁이 없군요.

    그건 아녜요. 저, 병 걸리거나 몸 상할까봐 약도 엄청 잘 챙겨 먹어요.(웃음) 그런데 뭔가를 표현하는 것에 대해선 별달리 의식하지 않는 거죠. 무언가를 겁내려면 무언가를 알아야 하고, 그것에 대한 편견도 있어야 하는데, 저는 그런 게 없는 상태라 그런 것 같아요.

유튜브 음악 예능 〈아이엠온더비트〉에서 스스로를 가장 잘 표현한 곡으로 〈Psycho〉를 택한 게 좋았어요. 스스로를 좀 미쳐 있다고 생각해요?

    흠. 그때는 그냥 그 노래를 부르고 싶어서 선택한 거고, 전 그렇게 미쳐 있지 않아요. 그렇게 모난 곳도 없고 특별하거나 특이하지 않아요. 저랑 같이 자주 작업하는 팝타임이라는 작곡가가 있는데, 단정하고 성실하고 늘 개근하는 회사원 느낌의 사람이죠. 전 저도 그렇다고 생각합니다.

보통 창작자는 비범한 면이 있을 거라 생각하는데, 의외의 답이에요.

    많이들 그럴 거라 생각하시지만, 저는 진짜 평범해요.

사실 전소연은 주류보다는 마이너리티에 가까운 사람이 아닐까 생각했거든요.

    저 음원 차트 톱100 듣는 사람이에요.(웃음) 대중적이고 상업적인 감각을 가지고 있죠.

예전에 〈덤디덤디(DUMDi DUMDi)〉에 대한 회사의 회의적인 반응에 맞서 "아니다, 이건 무조건 된다"며 타이틀곡으로 밀어붙였고, 좋은 성적을 거둔 적이 있죠. 확신을 가지면 밀어붙이는 스타일인가요?

    〈덤디덤디(DUMDi DUMDi)〉의 난이었죠.(웃음) 이전까지는 회사에서 어렵게 타이틀을 따냈어요. 제 의견이 안 통할 때가 많았죠. 데뷔곡 〈LATATA〉를 성공시켰다고 해서 〈한(一)〉이 쉽게 타이틀곡으로 선정된 건 아녜요. 회사에서 제 영향력이 없는 편이었고, 〈덤디덤디(DUMDi DUMDi)〉 때도 모두가 반대했거든요. 제 새끼가 안 좋은 평을 받으니 얼마나 속상해요. 제가 진짜 책임진다고, 한 번만 내게 해달라고 해서 간신히 타이틀곡으로 내게 된 건데 성공적인 결과를 거뒀고, 그 시기를 견뎠더니 더 많은 기회를 갖게 됐어요. 〈TOMBOY〉가 타이틀곡으로 선정되기까지도 그랬죠.

어떻게 그런 확신을 가질 수 있었어요? 내가 이게 좋다고 생각해도 남들이 "그거 아니야"라고 하면 '아닌가?' 회의하게 되잖아요.
저도 엄청 왔다 갔다 하고, 마음도 불안해요. 하지만 어떡해요, 시작했으면 해야지. 죽어도 성공시킨다, 그런 마음으로 해요. 제가 대단히 감이 좋은지는 모르겠지만, 〈LATATA〉도 〈LION〉도 해봤으니 나를 믿는 게 그래도 낫지 않을까, 다짐처럼 밀어붙이곤 했어요.

강하게 주장하면 그만큼 불호 의견도 따르는 게 한국 조직 문화잖아요.
어차피 잘되면 돈은 다 같이 버는 거니까, 그런 건 생각 안 해요. 저는 결과만 중요하다고 생각하는 타입입니다. 그걸로 모두를 행복하게 해주면 돼요.

단호하고 힘 있는 리더십이네요. 절대다수의 취향이 중요한 대중예술을 하고 있기 때문인가요?
그렇죠. 이 노래로 먹고사는 사람들이 생각보다 많아요. 멤버들도, 회사도 먹고살아야 하기 때문에 소수만 알아보는 예술

{ 전소연 }

을 하면 안 된다고 생각해요. 다수를 잡아야죠.

〈클락션(Klaxon)〉은 어떤 마음으로 준비했나요?

저희는 오래오래 이 일을 하고 싶어요. 그런데 그동안 차트 1위를 하는 노래만 할 수도 없고, 늘 팬들이 좋아하는 것만 할 수도 없을 거예요. 다양하게 이런저런 시도를 하는 것이 오히려 장수의 비결이리라 여기고요. 이번엔 여름에 운전하면서 틀어놓고 싶은 노래를 만들어야겠다는 마음이었죠.

쉽게 들을 수 있는 '서머 송'이군요.

맞아요. 편하게 들을 수 있고 신나게 여름을 날 수 있는 노래예요. 〈클락션(Klaxon)〉은 일종의 비유인데, 클락션을 '빵' 울리듯 내 마음을 대놓고 크게 표현한다는 말이죠. "차 떠나가라 소리칠 거야, I love you baby"라고 외치는 노래예요. 전 〈클락션(Klaxon)〉의 화자가 아주 매력적이라고 생각해요. 누군가 그 사람을 봤을 때 '왜 저래? 왜 저렇게까지 해?' 싶을 정도로 솔직하고 대담하죠. 이성한테 인기는 없을 것 같고, 누군가가 보기엔 이상하고 '찌질'해 보일 수도 있는 그런 여자. 삐죽빼죽한 짧은 폭탄 머리에 배가 살짝 보이는 슬리브리스 톱과 청바지를 입은, 아빠에게 물려받은 낡은 오픈카를 타는 여자. 저는 그 여자에게 무척 많은 매력을 느꼈어요. 소설을 보면 인물의 외형을 묘사하잖아요. 저는 가사를 쓸 때 그 곡의 화자가 무슨 옷을 입고 어떤 차를 타고 있을까 생각하곤 해요.

예쁘거나 잘나지 않더라도 자기감정에 솔직하고 나 자신을 보여주고 싶어 하는 여자들을 사랑스럽다고 생각하나봐요.

오! 그런 것 같아요. 그런 캐릭터를 되게 사랑스럽다고 느껴요.

제가 스스로에 대해서 높이 사는 점도 남들에게 솔직하게 대한다는 점이거든요. 사람들이 제게 오해할 수도 있을 것 같은데, 저는 능력주의자는 아녜요. 전 능력이 뛰어난 사람, 뭔가를 잘하는 사람보다 성격이 좋은 사람을 존경해요.

성격이 좋다는 건 뭘까요?

어른스러운 것. 입이 무겁고, 마음이 넓고, 기분이 태도가 되지 않는 사람을 어른스럽다고 생각해요. 전 그런 사람은 못 되지만.

어른스러운 사람이 되고 싶진 않나요?

아니요, 되고 싶지 않아요. 될 수 없다 생각해요. 그런 사람들을 좋아하고 존경할 뿐. 저는 〈클락션(Klaxon)〉 속 화자와 비슷하죠. 하하하.

전소연은 어떤 것에서 영감을 얻나요?

인물의 매력. 실제로 존재하는 타인일 수도 있고, 영화나 소설 속 캐릭터일 수도 있고. 결국 가장 매력적인 건 사람 아니던가요?

슬럼프가 올 때는 없어요?

저는 맨날 슬럼프고 맨날 번아웃이에요. '오케이, 타이틀 썼다!' 딱 이렇게 생각한 일주일 동안만 슬럼프가 아니죠. 하하. 그걸 이겨낼 수는 없어요. 대신 슬럼프를 핑계로 작업을 놔버리면 안 되죠. 작업이란 모름지기 그냥 하면, 하는 것인 거예요.

저작권 부자잖아요. 통장을 보면 뿌듯한가요?

오해가 좀 있는 게, 저작권료는 음원 수익률의 10퍼센트인데, 실연자, 비실연자, 저작권자, 다 나누기 때문에 사실 제게 들어오는 비율은 몇 퍼센트 되지 않아요. 그래도 받았을 때 정말 기분 좋고 뿌듯하긴 하죠. 열심히 일한 대가를 받는 거니까요. 사람들이 내 음악을 얼마나 들었나에 대한 수치이기 때문에 굉장히 기분 좋은 돈이에요.

전소연은 어떤 사람이 강하다고 생각해요?

최근에 강한 사람을 두 명 봤어요. 한 명은 같은 멤버인 미연 언니이고 다른 한 명은 지인인데, 그들은 생각이 복잡하지 않아요. 깊은 생각에 빠지지 않고, 자신이 잘 모르거나 아직 일어나지 않은 일들에 대해 상상하며 고민하거나 불안해하지 않죠. 저는 그런 사람이 굉장히 강하다고 여겨요. 그런 이들과 있을 때 가장 안정감을 느끼고요. 그래서 제가 미연 언니랑 있으면 그렇게 안정적이 돼요. 언니는 모든 일에 심플하고, 화를 냈다가도 오해를 풀면 바로 수긍하고 인정하거든요.

전소연은 강한가요?

저 완전 약해요. 상상을 너무 많이 해서 무서운 것도 많아요.

무엇이 가장 두려운데요?

죽는 게 제일 무서워요. 나와 내 주변 사람들이 죽는 것. 그게 가장 본질적인 두려움이라고 생각해요.

그럼에도 겁나지 않는 게 있어요?

겁은 많은데 할 건 해요. 담담한 척도 잘하고요. 외강내유죠.

남들은 모르는 나의 약한 모습을 스스로 어떻게 보듬나요?

안 보듬어요. 저는 슬픔을 치유해야 한다, 약한 나를 보듬어줘야 한다 같은 말들이 좀 어려워요. 왜 그래야 하는지 잘 모르겠어요. 약하면 약한 대로 잘 살면 되는 거예요.

당신이 가장 재미있다고 여기는 건 뭔가요?

타인과의 대화. 저는 항상 뭔가를 하고 항상 도파민을 발생시켜야 하는 사람이거든요. 그런데 대화는 앉아만 있어도 그 시간을 가게 해주잖아요. 아무것도 안 해도 즐거울 수 있는, 세상에서 가장 중요한 일인 것 같아요. 위로도 얻을 수 있고, 내가 못 했던 경험도 간접체험하고…. 전 예전에는 대화는 모든 사람과 할 수 있다고 생각했거든요. 그런데 살면서 느낀 게, 대화가 통하는 사람이 생각보다 세상에 별로 없어요. 친구든 선배든 후배든 대화가 통하는 사람을 만나면 정말 잘해줘야 해요.(웃음)

어떤 사람과 대화가 잘 통한다고 느껴요?

뭐라 표현하기 어려운데, 저는 사람에겐 부류가 있다고 생각해요. 세상에 천 가지 부류의 사람이 있다면 그중 딱 한 부류의 사람과 대화가 통해요. 1000분의 1 정도의 확률?

천 가지 부류 중 하나, 'One of a Kind'인 전소연의 가장 큰 자부심은?

아이들인 것. i-dle(아이들)이 제 자부심이에요. 제가 아이들이라는 사실 하나로 어디서든 자신감이 생겨요.

그럼 전소연이 가장 열망하는 것은요?

안정적인 인간관계. 그게 제가 마지막에 도달해야 하는 게 아닐까 해요. 마지막에 내가 꼭 가지고 있어야만 하는 것.

의외예요. 저는 커리어를 얘기할 줄 알았거든요.

아, 커리어요. 커리어는 늘 갈망하지만 내가 정말 다 가졌을 때도 헛헛하지 않으려면, 사람이 곁에 있어야 될 것 같아요.

창작자로서 전소연이 지향하는 바는 뭔가요?

대중에게 즐길 거리를 많이 주고 싶어요. 나 때문에 한 번 웃었으면 좋겠어요.

팀의 프로듀서이자 리더로서 기쁨과 슬픔이 있다면?

기쁨은 제가 표현하고자 하는 걸 표현할 수 있다는 것, 멤버들이 믿어주고 따라준다는 것. 슬픔이라면 저는 동시대 걸그룹들처럼 자주 컴백하고 소통하고 싶거든요. 그런데 그게 어려워요. 프로듀서라는 건 직업인데, 제가 가수와 프로듀서라는 두 개의 직업을 갖고 있으니 한번에 소화하기 쉽지 않아요. 활동할 때는 가수로서 노력하고, 활동하지 않을 때는 우리가 조금이라도 더 빨리 컴백할 수 있게, 멤버들을 더 많이 지원할 수 있게 노력해요.

리더로서 팀을 이끌며, 마음처럼 되지 않을 때는 어떻게 해요?

결과로 증명하려고 하죠. 뭐, 제 방식이 좋은 방향은 아닐 수도 있어요. 하지만 제가 7년 넘게 일하면서 느낀 것은 좋은 결과를 가져왔을 때 이 친구들이 제일 많이 웃는다는 거예요. 저는 멤버들을 항상 웃게 해주고 싶어요.

승부사 전소연이 절대 지고 싶지 않은 건 뭔가요?

음악에서만큼은 지고 싶지 않아요. 프로듀싱에서 비주얼, 콘텐츠, 많은 게 중요하지만 저는 가수의 본질은 음악이라고 생각하거든요.

신인 때는 모르고 지금은 아는 것이 있다면 뭔가요?

　서바이벌 방송 〈프로듀스 101〉 때가 생각나네요. 그때 저는 제가 가진 걸 다 보여줘야 하고, 그 프로그램 안에서 뭔가를 해내는 게 중요하다고 생각했어요. 하지만 지금은 버티는 게 더 중요한 것 같아요. 참고 버티고 견디는 것. 시간이 지나고 나중에 봤을 때 그건 정말 큰 의미가 있더라고요. 내가 당장 이걸 말하지 못하고 지금 바로 보여주지 못한다고 해도, 기다리고 버텨서 보여주면 돼요.

동의합니다. 모든 걸 그때그때 풀 순 없죠. 때론 묵혀둔 보석이 더 가치를 인정받곤 하고요.

　맞아요. 저 역시도 그래왔어요.

i-dle(아이들)이 할머니가 돼서도 활동해줬으면 좋겠어요.

　전 죽을 때까지 i-dle(아이들)을 하고 싶어요. 장르에 얽매이지 않고, '정말 이것까지 한다고?' 싶은 다양한 음악을 보여드리고 싶네요. 뭐, 언젠가는 트로트를 할 수도 있고.

전소연은 무엇을 믿나요?

　저는 운을 믿어요. '될놈될'(될 놈은 된다)이라고 하잖아요. 내가 안 될 거는 어차피 안 될 거였다고, 될 거는 어떻게 하든 될 거였다고 생각해요. 될 놈은 된다. 그러니까 열심히 하자. 그래서 무엇이든 후회가 없습니다.

운은 당신 편인가요?

어릴 때 그런 생각을 했어요. '나는 내 인생의 주인공이다.' 어린아이는 자신의 주변이 전부 나를 위해 존재하는 건 아닐까 생각하니까요. 지금도 그렇게 생각합니다. '그러니 난 뭐라도 되겠지. 내 삶인데.'

'나는 내 인생의 주인공이다.
그러니 난 뭐라도 되겠지.
내 삶인데.'

김은희는
더 나은 세상을
향한다

장르물의 대가이자 상식이 통하는 세상을 믿는 작가, 김은희. 그는 정의롭다기보단 투덜대는 사람이라고 자신을 소개하지만, 실은 자신의 이야기만큼이나 용감한 사람이다.

INTRO

장르물의 귀재, 김은희 작가는 한국 드라마 작가 중 특별한 입지를 점하고 있다. 그녀의 관심사는 사랑보단 사건, 일상보단 장르. 민속학과 오컬트에 다중인격 스릴러를 더한 〈악귀〉, 사극과 좀비물을 접목한 〈킹덤〉, 고전적 수사물에 SF를 더한 〈시그널〉 등 장르를 종횡무진하는 그녀는 자기만의 고유한 작품들을 선보인다. 김은희 작가가 그려낸 장르물들을 관통하는 주제는 다름 아닌 무너진 상식과 정의의 복원이다. 마을의 제물이 되어 굶어 죽은 가난한 소녀의 원혼이 등장하고(《악귀》), 소외된 소수민족의 원한에서 역병이 시작되며(《아신전》), 리더는 모두가 배고프지 않은 세상을 추구하고(《킹덤》), 형사들은 부패한 기득권이 파묻은 미제 사건의 진실을 밝히며(《시그널》), 법의학자는 죽은 이의 억울함을 풀어준다(《싸인》). 김은희 작가의 이야기를 추동하는 것은 '상식이 통하는 세상'에 대한 열망이다. 그 말인즉 약자들이 보호받고 소수자들이 존중받는, '당연한 것'에 대한 시민 간의 공감대가 형성되어 있는 세상. 날이 갈수록 당연한 것들이 당연하지 않아지는 각박한 사회에서 그녀의 드라마는 사람들의 욕망을 정확히 타격한다.

여기서 흥미로운 지점은 그녀의 작품 속 악당들이 복합적인 양상으로 드러난다는 점이다. 제물로 바쳐진 가난한 소녀 '향이'(심달기)의 원혼, 소외되고 차별받은 소수민족으로서 원한을 품은 안티히어로 '아신'(전지현), 여성은 높은 자리에 올라도 아들을 생산하기 위한 도구일 뿐이라는 현실에 누구보다 권력자가 되려는 '계비 조씨'(김혜준) 등, 미워할 수만은 없는 이 악역들은 체제의 희생양이다. 그러므로 그녀가 가리키는 것은 특별한 악인이 아닌 '체제'다.

그러나 김은희라는 곧은 작가는 '눈에는 눈, 이에는 이'라는 그녀들의 방식을 옹호하지만은 않는다. 그녀들 옆에 가난한 현시대의 청춘 '구산영'(김태리), 사람을 구하는 의녀 '서비'(배두나) 등 비슷한 상황이지만 다른 선택을 하는 여성들을 동시에 배치해 정의에 대한 신념을 선명하게 드러낸다. 그것을 통해 알 수 있는 건 김은희 작가는 세계를 무섭고 혹독한 곳, 부패한 기득권을 넘어설 수 없는 벽처럼 그려내지만, 그래도 사람을 믿는다는 것. 오직 사람만이 그걸 돌파할 수 있다는 걸, 사람이 다른 사람에게 손을 내밀 수 있다는 사실도 안다는 것.

서스펜스가 가득한 김은희의 세계 속에서 우리는 매번 긴장하며 손에 땀을 쥐지만, 결국 그녀의 주인공들은 빛이 비추는 방향으로 나아간다. 서스펜스만큼이나 휴머니즘이 넘치는 김은희 작가의 세상에서 우리는 길을 잃지 않는다. 그렇게 주인공들과 함께 한 뼘 자라난 다음에는 그녀의 세상 밖, 엄혹한 현실을 살아갈 힘을 얻는 것이다.

어린 시절, 밥 대신 라면으로 끼니를 때웠던 가난 속에서도 작가는 애거사 크리스티와 드라마 〈X-파일〉, 세계문학전집을 보며 영혼을 살찌웠다. '제발 나를 아는 척하지 말아줘'라는 마음으로 학교를 다녔던, 막막한 현실 속에서도 습작을 멈추지 않았던, 누군가의 아내가 아닌 작가로서 이름이 호명되고 싶다는 뜨거운 열망을 품었던 김은희 작가는 드라마 〈싸인〉의 성공 후 이렇게 말했다고 한다. "이 맛이다. 이 맛이 좋아." 그녀의 열정에 대해, 상식과 정의에 대해, 그리고 인간 보편에 관한 믿음에 대해, 그것이 고스란히 담겨 있는 그녀의 작품들에 대해 나는 늘 경애의 마음을 품고 있다.

드라마 〈두 번째 시그널〉 집필은 잘되어가고 있나요? 얼마 전 만난 이제훈 배우가 작가님은 천재라고 극찬하던데요.

　　사람들이 절 만나면 〈시그널〉 또 언제 들어가냐는 질문을 그렇게 많이 하더라고요.(웃음) 드라마가 대본만 있다고 되는 게 아닌데, 타이밍이 잘 맞아떨어졌어요. 기존 〈시그널〉이 추구했던 상식이 통하는 사회, 정의로운 세상에 대한 이야기가 좀 더 확장되어서 전개될 예정입니다.

과거 한국 드라마에서는 이성 간의 사랑은 빠지면 안 됐던 공식 같은 것이었죠. 그 와중에 작가님은 로맨스가 아니라 사건이 중심인 장르물을 꿋꿋이 써오셨어요.

　　사람은 사랑만으로 살지 않잖아요. 저는 누가 고백한다 치면 '내 보험을 노리나?' 같은 생각부터 드는 사람이어서요.(웃음) 〈킹덤〉을 예로 들면 나라에 역병이 퍼지고 있는데 일국의 왕자가 사랑 타령을 하면 되겠나요? 누군가는 전쟁통에도 사랑을 하겠지만 그게 주인공일 때 매력이 있을까? 하는 생각을 늘 하죠.

작가님은 늘 익숙한 장르들을 비틀어 신선한 기획을 내곤 합니다. 한국 민속학과 오컬트에 다중인격 스릴러가 이식된 〈악귀〉, 사극과 좀비물을 접목한 〈킹덤〉, 고전적인 수사물에 SF적 설정을 더한 〈시그널〉 등.

　　전 자기복제를 끊임없이 경계해요. 늘 새로운 이야기를 쓰고 싶죠. 그러니 기획부터 신선한 아이템을 찾는 거예요. 오컬트, SF, 다 제가 좋아하는 것들이지만 이 장르들을 전형적으로 풀기보단 어떻게 하면 다른 식으로 풀어볼지 늘 고민해요. 이 이야기가 새로운 시대에 맞는 건지도 계속해서 점검하고요. 결국 드라마에서 가장 중요한 건 아이템입니다.

자료조사를 치밀하게 하시는 것 같습니다. 어떤 방식으로 이야기의 초석을 닦으세요?

저도 이제 '짬바'가 있어서(웃음) 자문해주시는 정보원과 취재원들을 많이 알고 있어요. 형사님, 검사님, 법의관님, 수사관님…. 한 분이 섭외되면 그분께서 또 연결을 해주시는 식으로 자문받는 분들을 넓혀가죠. 어떤 신에서 막힌다면, 그건 자료조사가 불충분해서 그런 거예요. 자기 머리로만 쓰려고 해서 그런 거죠. 이런 건 엉덩이로 버틴다고 해서 나오는 게 아녜요. 취재가 필요한 순간입니다. 저는 그럴 때 현장에서 일하는 분들의 자문을 꼭 받아요.

갑자기 궁금해지는데, 12・3 계엄령이 떨어졌을 때는 뭐하고 계셨어요?

〈시그널〉 팀과 모여 다 같이 제 작업실에서 술 한잔하던 중이었어요. 다들 너무 놀랐고, 비현실적이었고, "미쳤구나" 하며 아연실색했죠. 역설적으로 계엄이 실패한 후 누구나 사회적으로 관심이 많아진 건 좋은 점인 것 같아요. 정치가 우리 실생활과 굉장히 밀접해 있다는 걸 피부로 느낄 수 있던 일이었으니까요. 무관심하던 사람들도 이제 사회에 어떤 정책이 필요하고 그 정책이 나에게 어떤 영향을 미칠 수 있을지에 대해 관심이 많아졌고, 좀 더 사회참여적인 태도가 됐어요. 다만 요즘 시대엔 어떤 사람들은 자기가 듣고 싶은, 편향적인 소식들만 취사선택해 듣는 경우가 많아져서 그 점은 굉장히 안타깝게 생각해요. 한국사회에 큰 숙제가 놓였다는 생각이 듭니다.

이런 혼돈의 정국이 〈두 번째 시그널〉을 집필하는 데 영향을 끼쳤을까요?

사실은 한동안은 못 쓰겠더라고요. 너무 혼란스러운 시기였고, 우리에게 내일이 있을 것인가 하는 불안감이 가득했으니까요. 그래도 당시의 울컥하는 마음이 담긴 것 같습니다.

작가님의 작품은 치밀한 장르물의 외피를 두르고 있지만 결국 더 나은 세상을 추구하고 정의를 회복하는 일에 근원적 관심을 두는 것 같습니다. 1958년 가난한 소녀의 원혼에서 시작된 〈악귀〉, 소외된 소수민족의 원한에서 역병이 시작된 〈아신전〉, 모두가 배고프지 않은 세상을 추구하는 〈킹덤〉, 미제 사건의 진실을 밝히는 〈시그널〉, 죽은 이의 억울함을 풀어주는 〈싸인〉 등.

> 저는 늘 선택받은 사람들보다 아픔과 고민이 많은 사람들의 이야기가 끌려요. 실제로도 그런 사람들이 훨씬 많잖아요. 저 역시 그런 배경에서 자랐고요. 그런 관점에서 인물들의 억울함을 풀어주고, 잘못된 일들을 바로잡다보면 늘 그런 이야기를 하게 되더라고요.

그 과정에서 주인공과 대립하는 안타고니스트는 늘 강력한 부와 권력을 가졌으나 부패한 자들이죠.

> 그게 리얼리즘이니까요. 세상은 발전이라는 미명하에 이윤을 추구하며 없는 자들의 희생을 강요하곤 하니까. 늘 반복되어 온 역사죠.

재미있는 건 작가님의 작품에서 최종 빌런은 기득권이 만든 희생자가 '흑화'하게 된 경우가 많다는 점이에요. 〈악귀〉의 '향이', 안티히어로인 〈아신전〉의 '아신', 〈킹덤〉의 '계비 조씨'… 억압 속에서 자신의 욕망을 좇는 이 여성들을 미워하기란 힘듭니다. 여성 안타고니스트를 만드시는 데 있어 어떤 의도를 담아내고자 하나요?

> 세상이 그렇게 살 수밖에 없게 만든, 자신의 방식으로 처절하게 산 여성 캐릭터들이죠. 이 마음 아픈 인물들을 통해 사회의

억압과 부조리를 보여주고자 했어요. 저희 윗세대만 해도 여성은 항상 희생하고 누군가를 위해 봉사하고 뒷바라지하고 자기 욕망은 내려놔야 하는 존재였잖아요. 저는 그럼에도 불구하고 자기 것을 내려놓지 않겠다고 생각한 여성 캐릭터들이 분명 있을 거라 생각했어요. 하지만 그렇다고 해서 그들처럼 '눈에는 눈, 이에는 이' 같은 태도가 옳다고 생각하지는 않아요. 그래서 비슷한 처지이지만 다른 선택을 하는 여성들, 〈킹덤〉의 의녀 '서비'나 〈악귀〉의 '구산영' 같은 인물들을 함께 그리곤 했죠.

동양이든 서양이든, 귀신들은 대부분 여자나 아이로 표현되잖아요.
맞아요. 약한 자들이 귀신이 되죠. 언제나 약자들이 억울한 일을 많이 겪으니까요.

욕망을 제대로 펼칠 수 없는 사회에서 억압받으며 '흑화'하는 것일 테고요.
그런데 그 욕망이라는 게 참 소소한 것이라 안타깝죠. 이를테면 '향이' 같은 경우는 그 욕망이 지금 시대에 보면 별거 아니에요. 그냥 그림을 그리고 싶었고, 동생을 뒷바라지하기보다는 내가 원하는 대로 살고 싶었을 뿐인 여자아이였죠. 재물에 눈이 먼 이들이 그런 아이를 제물 삼아 굶겨 죽인 것이고요.

〈악귀〉의 주인공, '구산영'은 참 멋졌어요. 가난 속에 알바를 전전하면서 어떻게든 살아보려고 하는 청년. '향이'의 악귀가 들렸어도 그녀의 방식에 동의하지 않고, 지지 않으려는 그 모습이요.
저희 보조 작가가 그랬어요. 말이 안 된다고. 너무 착한 인물 아니냐고. 그런데 저는 이게 '착하다, 못됐다'의 문제가 아니라 자기에게 '무엇이 가장 소중한가'의 문제 같아요. 산영이에겐 지켜야 할 엄마, 그리고 남을 해치지 않고 자기 방식대로 살아가고픈 뚝심이 있었잖아요.

하지만 사회는 그런 청년들에게 가혹합니다. 청년들 자살률도 너무 높고요.
정말 안타까운 현실이에요. 자살로 둔갑된 타살도 많다고 생각하고요. 자살을 생각하게 되는 건 당신이 약해서 그런 게 아니고, 누군가가 당신을 떠밀고 있는 거라고, 그러니까 조금만 더 기운을 내줬으면 좋겠다는 이야기를 '구산영' 캐릭터를 통해 전하고 싶었어요. 특히나 이 시대의 여성 청년들은 늘 유리 천장에 부딪히고, 어렵사리 육아 휴직이라도 다녀오면 승진에서 누락되거나 원치 않는 부서로 이동하거나 고과를 나쁘게 받고, 그 밖에도 사각지대에 있는 경우가 많잖아요.

작가님의 20대, 30대는 어땠나요?
돌이켜보면, 저도 지금 비록 늙고 몸도 힘들지만 젊은 시절로는 절대로 되돌아가고 싶지 않거든요. 가장 건강하고 빛나야 할 시기가 가장 힘든 시절이었어요. 앞이 보이지 않고, 내가 잘 가고 있는지도 모르겠고, 모든 게 날 괴롭히는 것 같았죠. 제가 스물여덟 살에 결혼을 했는데, 30대 초반까지만 해도 작가가 될 거라곤 생각지도 못했어요. 라디오 작가도 하고, 예능 작가도 했지만 장르물 드라마 작가가 될 거라곤 아무도 예상하지 못했죠. 남편인 장항준 감독을 따라 여기저기 다니면 누구도 제 이름을 물어보지 않았어요. 저는 그냥 '장항준 와이프'였으니까요. 저도 제 이름을 가져봤으면 좋겠다고 생각했어요. 그리고 드라마를 너무 좋아했으니까 습작을 계속했죠. 막막했고, 산다는 게 참 어려웠고, 그냥 이렇게 살다 죽는 건가 싶기도 하던 시절이었지만 그래도 습작을 하면 스트레스가 풀리곤 했어요. 요즘도 그때 알던 지인들은 "인생 모르는 거다, 네가

어쩌다 이렇게 잘됐냐"며 신기해하곤 해요.(웃음)

미디어에서 미화되곤 하는 청년기는 실은 아주 취약한 시기기도 하죠.

청년기엔 경제적으로든 정신적으로든 세상이 무너지는 것 같은 일이 많이 있잖아요. 그걸 대처할 수 있는 능력이 부족한 시기고요. 하지만 그렇게 느낀다고 해서 세상은 무너지지 않는다는 걸 말해주고 싶어요. 당장은 난리가 나고 수습이 불가해 보여도 어떻게든 그 상황은 지나가고 흘러갈 거예요. 청년들 주변에 그 시절을 같이 넘겨줄 수 있는 좋은 어른이 있었으면 좋겠어요.

좋은 어른이란 어떤 모습일까요?

젊은 시절, 제가 시댁에 속상한 일이 있으면 남편인 장항준 감독이 바로 제게 사과하고 중재하곤 했어요. 또 하나 장항준 감독에게서 제가 높이 사는 점, 팀에서 누구 한 명 모가 난 사람이 있다고 쳐요. 그러면 "얜 그래서 매력적이야"라면서 코믹하게 상황을 풀고 호감이 가는 캐릭터로 만들어요. 결국 그 사람이 팀에 녹아들고 다른 사람들도 그 사람을 좋아하게 만들죠. 장항준 감독의 그런 모습들을 볼 때, 어른다운 사람이라고 생각합니다.

〈시그널〉'이재한'(조진웅) 형사의 "거기도 그럽니까? 돈 있고 '빽' 있으면 무슨 개망나니짓을 해도 잘 먹고 잘살아요?"나 〈킹덤〉'서비'의 "그 애도 우리랑 똑같은 사람이었다고. 어떻게 사람이… 사람을 먹어?!" 같은 대사를 보면 '가장 희망을 걸어볼 만한 것도 사람, 가장 구제불능인 것도 사람'이란 생각이 듭니다.

세상엔 정말 다양한 사람들이 있죠. 부패한 기득권자들, 교제

폭력범, '묻지 마' 살인범 등등을 보면 얼마나 무서워요. 전 당장 우리 주변에서 오직 자기 생각만 하고 자기 말만 하는 사람들도 무섭거든요. 전 사람이 제일 무서워요. 반면 그럼에도 우리가 믿고 의지할 수 있는 것 역시 사람이라고 생각해요. 그걸 포착해서 쓰는 게 작가의 몫이고요. 드라마는 결국 사람 이야기니까요.

사람에 대한 근본적인 애정이 있군요.
인간에 대한 관심과 호기심, 애정이 없었다면 작가가 되겠다는 생각조차 하지 못했을 거예요. 이를테면 저는 지금 평일 이 시간에 저희와 함께 카페 안에 있는 사람들만 봐도 저들은 무슨 일을 하는 사람들일까, 어떤 생각을 하고 있을까 궁금하거든요.

어릴 때 김은희는 어떤 소녀였나요?
저는 정말이지 '초'내향인 어린이였어요.(웃음) 학교가 세계의 전부였던 시절이 참 힘들었죠. '제발 나를 아는 척하지 말아줘'라는 마음으로 숨만 쉬면서 그 시절을 지나갔어요. 그 와중에 책 읽는 걸 무척 좋아했는데요. 저희 집이 가난해서 배를 곯을 정도였는데도 아빠가 세계문학전집을 사주셨죠. 그때 읽은 문학들이 저의 기본 토대를 이루고 있는 것 같아요.

그때 작가님에게 양분이 된 것들은 뭐였어요?
《몬테크리스토 백작》,《장발장》,《로빈 후드의 모험》 같은 활극이나 복수극, 극적인 이야기들을 정말 좋아했어요. 좀 더 자라서는 드라마 〈여명의 눈동자〉, 〈서울의 달〉, 〈그대 그리고 나〉를 즐겨봤죠. 극장에서 처음 봤던 영화가 〈E.T.〉였는데, 눈물 콧물 다 빼면서 봤던 기억이 나요. 저는 늘 뒷이야기가 궁금한 이야기들을 좋아했어요. 지금은 소비할 수 있는 콘텐츠들이 굉장히 많지만, 제가 어릴 때는 TV 방송도 낮 시간, 저녁 시간 등 정해진 시간에만 해서 콘텐츠 하나하나를 소중하게 봤고 깊게 빠졌죠.

작가님 작품의 탄탄한 전개와 치밀한 '떡밥 회수' 능력을 보면, 추리물과 스릴러 마니아였을 것도 같은데요.

맞아요. 드라마 〈X-파일〉과 애거사 크리스티의 마니아였죠. 제가 '떡밥 회수'를 잘한다는 평을 듣는 건(웃음) 드라마가 퍼즐을 맞추는 시청자와 퍼즐을 만드는 작가와의 대결이라고 치면, 결국엔 작가가 유리한 싸움이잖아요? 그렇기에 이건 작가가 잘하는 분야일 수밖에 없어요.

어린 시절 작가님께 가난이란 어떤 것이었나요?

굶어 죽을 정도의 가난은 아니었지만, 밥 대신 라면을 자주 먹었고 영양실조로 쓰러진 적도 있어요. 그래서 지금도 엄마는 밥은 꼭 챙겨 먹으라 하세요. 제게 가난은 더 많은 걸 볼 수 있게 해준 경험이었어요. 그 경험이 사회에 대한 관심과 가난한 이들을 향한 애정으로 이어졌고요. 〈킹덤〉에서 민초의 삶이나, 〈악귀〉에서 어려운 청년들의 삶을 그릴 수 있던 것도 그 덕이었어요. 저는 배고픔이라는 건 인간의 가장 기본적인 본능이라고 늘 생각해왔고, 그 생각이 배고픔을 채우지 못했을 때 〈킹덤〉의 좀비가 되고 〈악귀〉의 악귀가 되는 상상으로 이어질 수 있었다고 생각해요.

그럼에도 우리가 믿고 의지할 수 있는 것 역시 사람이라고 생각해요. 그걸 포착해서 쓰는 게 작가의 몫이고요. 드라마는 결국 사람 이야기니까요.

'좀비'를 살아생전 먹지 못한 한에 시달린 존재로 해석한 시선이 흥미로웠죠. 정말 한국적인 해석이었다고 생각합니다.

얼마나 짠해요. 뭐 하나라도 먹겠다고 여기저기 찢겨가며 창자 부여잡고 뛰어오는 게. 오죽 배가 고프면 그럴까요. 다른 감정은 거세된 채 식욕만 좇는 존재니, 민중의 배고픔을 표현해 줄 수 있는 장르적 소재가 되겠다고 생각했죠. 최근엔 기아나 기근보다는 다이어트, 섭식장애가 더 두드러지는 시대이기에, 시대적 배경은 조선시대가 적절하겠다고 생각했고요.

제가 여태껏 봐온 김은희 작가는 소신과 정의가 있는 사람이에요. 스스로 생각하기엔 어떤가요?

실제의 저는 불의를 보면 피해갑니다. 정의롭다기보단 투덜대는 사람이죠.(웃음)

하지만 작가님의 글에는 늘 달려나가는 주인공이 있잖아요.

제가 못 하는 게 부끄러우니까, 제 작품의 주인공들에게 그런 일을 시키는 게 아닐까요? 세상엔 저와 비슷한 사람들이 대부분일 거라고 생각해요. 현실에선 자신이 나서진 못하더라도, 누구나 상상은 그런 식으로 해볼 테니까요. 〈시그널〉에서 첫 에피소드로 다룬 유괴범 이야기를 예로 들자면… 저는 박초롱초롱빛나리 양 유괴 사건 때 너무 안타까워서 관련된 꿈을 오랫동안 꿨어요. 제가 구해내는 꿈이기도 했고 다른 용감한 누군가가 구해내는 걸 뉴스로 지켜보는 꿈이기도 했죠. 저는 많은 사람들이 그런 공감 능력을 가지고 있을 거라고 생각하고, 그래서 제 작품을 좋아해주시는 게 아닐까 싶습니다. 제가 이런 이야기들을 자꾸 쓰게 되는 건 아직 더 나은 세상이 오지 않았기 때문이 아닐까요?

인간 보편에게 희망을 거시는군요. 작가님이 생각하는 좋은 세상은 어떤 곳인가요?

상식이 통하는 세상. 당연한 것이 지켜지고, 그에 대한 공감대가 형성돼 있고, 나와 다른 이에 대한 배려가 있는 세상이요. 개인으로도 눈을 감고 편하게 사는 것보다, 늘 긴장감을 지니고 세상을 지켜봐야 한다고 생각해요. 어떤 일이 벌어지고 있는지, 무슨 변화가 들이닥치고 있는지. 특히나 요즘 사회는 빠르게 시시각각 변하고 있으니 나는 어떤 생각을 하며 중심을 잡고 살아야 하는지 계속 점검해야 한다고 생각합니다.

새로운 의제가 쏟아지면서, 스스로의 윤리관도 업데이트해야 하는 지점들이 생기죠.

맞아요. 예전에는 생각지 못했던 것들을 새로운 관점에서 생각하게 되는 경우도 많잖아요. 여러 생각이 공존하고 다양성이 더 중요해진 요즘에는 더더욱 세계에 대한 관심을 가져야 해요.

작가님은 어떨 때 두렵나요?

나이가 들어 집중력이 흐려져서 더 이상 글을 못 쓰게 될 때가 두렵습니다. 그걸 최대한 늦추려고 하고 있어요.

당신을 앞으로 나아가게 하는 힘은?

계약과 칭찬. 계약은 저를 쓰게 하고, 칭찬은 저를 더 열심히 쓰게 하죠. "재미있다"는 주변 사람들의 피드백이나 기자님들의 평, 시청자분들의 감상을 들으면 더 빨리 다음 걸 쓰고 싶어져요.

어떤 여성을 멋지다고 생각하나요?

책임지는 여성. 저희 집은 엄마부터 언니들까지 여자들이 일을 다 하고 대신 살림은 잘 못하는데요.(웃음) 저희 엄마는 하루에 2만~3만 보씩 걸으면서 요구르트 배달원 일을 30여 년간 했고, IMF로 집안이 힘들 때 언니들은 생계도 아이들도 어떻게든 끝까지 책임을 졌어요. 큰언니는 애들 셋 다 대학도 보냈고, 좀 쉬어도 될 것 같은데 다시 요양보호사 자격증을 따서 부지런히 일하는 중이죠. 이렇게 우리의 실생활에서 꿋꿋하고 강한 여성들을 저는 멋지다고 생각해요.

김은희는 무엇을 믿나요?

제가 했던 노력들. 남들은 안 될 거라고 했지만 저 혼자 재미있어하면서 계속 습작했던 나날들. 드라마 〈싸인〉이 성공하고 나서 했던 혼잣말이 떠오르네요. "이 맛이다. 이 맛이 좋아."

제가 이런 이야기들을
자꾸 쓰게 되는 건 아직 더
나은 세상이 오지 않았기
때문이 아닐까요?

류성희는
당신의 기억에
패턴을 새긴다

'아름다움이란 무엇일까' 끊임없이 연구하고
찾아내는 치열한 예술가, 미술감독이란 개념조차
생소할 때부터 한국 영화 미술을 일궈낸 개척자.
우리를 영화와 드라마 속 세계로 데려가는
류성희 미술감독의 마법에 대하여.

INTRO

영화와 드라마의 스펙터클은 프로덕션 디자인, 즉 미술에서부터 시작한다. 다른 세계에 접속하기 위한 필수불가결한 첫 번째 마법. 이를테면 드라마 〈폭싹 속았수다〉의 3대가 살아온 손때 묻은 제주 집, 영화 〈헤어질 결심〉의 파도 같은 청록색 벽지, 드라마 〈마스크걸〉의 형광으로 빛나는 무대, 드라마 〈작은 아씨들〉 속 인형의 집, 영화 〈아가씨〉의 억눌린 관능이 묻어나는 적산가옥, 영화 〈암살〉의 총격전이 벌어진 화려한 결혼식장, 영화 〈국제시장〉의 1950년대 북적이는 국제시장, 영화 〈변호인〉의 정겨운 국밥집, 영화 〈만추〉의 황량한 시애틀 거리, 영화 〈괴물〉의 작은 은신처 같은 한강변 매점, 영화 〈달콤한 인생〉의 피로 물든 스카이라운지, 영화 〈올드보이〉의 싸구려 호텔방, 영화 〈살인의 추억〉의 어둠으로 물든 터널, 영화 〈피도 눈물도 없이〉의 나이트클럽과 투견장….

모두 한 사람의 작품이다. 한 분야를 맨땅부터 개척하고 지금도 영역을 넓혀가고 있는 그 이름, 류성희 미술감독은 박찬욱, 봉준호, 최동훈, 류승완, 김지운 등 기라성 같은 감독들과 함께해온 한편, 드라마 및 뮤지션과의 협업 등으로 경계를 넘어서며 활발히 활동 중이다. 그녀의 미술은 서사 속 세계의 구현에 충실할 뿐 아니라, 캐릭터의 내면과 긴밀히 조응하며 작품 속 인물들의 자리로 관객을 데려간다. 나아가 류성희 미술감독의 특기할 점은 숭고한 것이든 비속한 것이든, 풍요로운 것이든 누추한 것이든, 환한 것이든 어두운 것이든 고유의 아름다움을 찾아내고야 만다는 것이다. 영화 〈헤어질 결심〉이나 〈아가씨〉처럼 아름답기로 작정한 영화에서뿐 아니라, 영화 〈고지전〉의 살풍경한 최전방 애록고지부터 〈박쥐〉의 물이끼가 번진 듯한 그로테스크한 집까지, 영화 〈마더〉의 쿰쿰한 약재상이나 드라마 〈폭싹 속았수다〉의 때 묻은 장판에도, 그 어떤 남루함과 끔찍함 속에서도 그것의 미학은 있다. 세상만사와 그것들의 고유성에서 아름다움을 발견하고야 마는, 그리고 그것을 영화 미술이라는 형태로 정성스레 한 땀 한 땀 떠서 미학적 체험을 제공하는 류성희 미술감독을 사랑하지 않을 도리는 없었다. 나뿐 아니라 한국 영화를 사랑하는 이들이라면 당연하게도 그러했으리라.

10대 시절 류성희 미술감독은 데이비드 린치의 영화 〈엘리펀트 맨〉의 주인공, 추한 외모와 아름다운 영혼을 지닌 '존 매릭'(존 허트)에게 매혹된다. 그리고 '진정으로 아름다운 것이 무엇일까' 고민에 빠졌다. 질문을 안고 린치가 수학했던 미국영화연구소(AFI)로 훌쩍 유학을 떠났다가 한국에 돌아온 그녀는, 한국 영화에 미술감독이라는 개념이 생소했을 때부터 자신의 존재를 알리며 송일곤 감독의 영화 〈꽃섬〉으로 데뷔, 이후 류승완, 봉준호, 박찬욱, 김지운 등의 감독들과 함께 한국 영화의 르네상스를 꽃피운다. 선배도 동료도 없던 현장에서 남성 키 스태프 감독에게 '여성 스태프는 능력보다 성격'이라는 지적을 받으며, 강해 보이려 '유'로 표기하던 성씨를 '류'로 바꾸어 표기하며, 거친 현장에서 오직 일에만 집중하고 '나는 나랑만 싸우자'고 다짐하고 또 단련하면서 말이다. 이제는 명실공히 한국 영화 미술의 최고 권위자인 그녀는 드라마 작업으로 영역을 넓히고, RM, 바밍타이거 등 뮤지션들과 협업하며 경계를 넘어선 예술가로서 새로운 도전을 이어가는 중이다.

그런 면에서 류성희 미술감독과 그녀의 작업은 닮았다. 대담하고 우아하다. 어떤 어려움 속에서도 자신이 믿는 바를 밀어붙이며, 어떤 남루하고 누추한 것에서도 그것의 미학을 발견한다. 류성희 미술감독과 마주앉아 긴 대화를 나눈 영광을 누린 자로서, 그녀가 쓰는 어휘와 문장, 말투에서까지 그녀가 어떤 기품과 긍지를 갖추었는지, 얼마나 진정한 아름다움을 추구하는 사람인지 느낄 수 있었다. '무엇이 아름다운가?' 그리고 '무엇을 믿는가?' 이를 일생의 질문으로 가진 나에게 그녀와의 만남이 어떤 충격으로 다가왔을지는 독자분들도 가늠할 수 있을 것이다. 나는 류성희 미술감독이 작품을 통해 내놓을 답을 앞으로도 영영 뒤쫓을 생각이다.

정말 바쁘신 와중에 어렵게 인터뷰할 짬을 내주셨어요. 지금 어떤 작품을 작업 중인가요?

드라마 〈폭싹 속았수다〉를 함께한 김원석 감독과 드라마 〈눈물의 여왕〉, 〈사랑의 불시착〉 등을 집필한 박지은 작가가 뭉친 로맨틱코미디예요. 놀랍게도 제 인생 첫 로맨틱코미디죠.(웃음) 그동안 해왔던 것과는 다른 새로운 도전인데, 스케일도 커서 기대하셔도 좋을 거예요.

박찬욱 감독의 〈어쩔 수가 없다〉가 곧 개봉을 앞두고 있습니다. 박찬욱 감독의 초기작을 연상케 한다는 반응이 많은데, 미술적으론 어떻게 접근하셨는지 궁금해요.

초기 박찬욱 느낌에 연륜이 더해졌죠. 감독님이 오랜 시간 무척 하고 싶어했던 작품인 동시에 정서경 작가님과 작업하지 않은 오랜만의 작품이기도 해요. 해고된 중년의 남성 가장이 주인공인, 전작 〈헤어질 결심〉, 〈아가씨〉와는 다른 결의 이야기이기에 '브루탈(brutal)'이라는 단어를 키워드로 삼았어요. 거칠고 야성적이면서도 황폐한 느낌을 주고 싶었죠. 〈올드보이〉나 〈박쥐〉 같은 느낌을 주면서도, 그것들보다는 좀 더 정제된 '브루탈함'이랄까요. 제가 함께한 박 감독님의 작품 중 그 어떤 것과도 다른 미술일 거예요.

최근작 이야기를 해보자면, 넷플릭스 시리즈 〈폭싹 속았수다〉의 미술이 크게 화제가 됐어요. 제주가 아니라, 새로이 지은 세트에서 모든 걸 하나하나 창조해내셨다고요. 정말 제주도 같았고 그 시절 같았어요.

제가 이전에 작업했던 영화 〈외계+인〉이나 〈아가씨〉처럼 미술이 전면에 드러나지는 않는 이야기잖아요. 하지만 규모로 치자면 제가 했던 작품 중 역대 가장 큰 작품이 맞아요. 제주도는 많이 관광지화된 데다 제주에서 찍게 되면 예산도 달라지기 때문에, 내륙의 넓은 평지를 찾아서 모든 걸 만들었죠. '광례'(염혜란)와 '애순'(아이유)의 집이 있는 산자락, 구릉, 항구…. 토목공사만 해도 굉장히 오래 걸렸어요. 오픈 세트가 몇 개의 마을을 합친 하나의 섬 같은 규모였죠. 실제로 드라마에서 보인 것보다 더 거대해요.

3대에 걸친 시대극이라 인물들의 정서적 흐름이 중요했을 텐데, 그들의 내면과 감응하면서도 노스탤지어를 불러일으키는 공간들을 창조했어요.

리얼리즘을 기반으로 하되, 모두의 기억 속에 있는 마음의 고향 같은 느낌을 주고 싶었어요. 소박하고 누추할 수 있지만 향수를 불러일으킬 수 있도록요. 같은 시대극이어도 영화 〈국제시장〉 같은 경우는 가난 자체가 중요한 테마였기 때문에 톤다운해서 날것으로 표현했지만, 이 작품은 좀 더 화사한 터치가 들어갔죠. 과거의 벽지, 가구, 플라스틱 소품들은 색이 많아요. 그 색감들을 선명하게 드러냈어요. 어떻게든 살아가고자 했던 서민들의 생명력과 의지를 생생하게 담아내고 싶었거든요. 서사도 눈물을 자아내는데, 우리의 과거 시절이 너무 남루하게 느껴지면 그건 슬픈 일이잖아요. 과거의 우리를 응원하는 느낌으로 미술이 그 자리에 있길 바랐어요.

동시에 감독님만의 고유한 색채가 묻어난 디테일들을 발견하는 즐거움도 있었죠. 감독님이 가장 애착을 지닌 장소는 어디인가요?

'애순'과 '관식'(박보검)이 달아난 부산 남포동 시퀀스에 나오는 여관방과 그 주변들이요. 아마도 시청자분들이 보면서 '저게 류성희 미술감독의 스타일인가보다'라고 느꼈을 부분이 그곳들이었을 것 같은데요.(웃음) 저는 각본을 읽으면서 부산이 판타지 속 공간처럼 느껴졌어요. 주어진 삶을 수용하고 열심히 살아내던 청춘의 '애순'과 '관식'이 가장 멀리 달아난 곳이 부산인 거잖아요. 그들의 청춘을 응원하는 마음으로 환상성을 덧입혀 표현하고 싶었죠. 김환기 화백의 〈은하수〉라는 작품을 보면 많은 별들이 은유적으로 표현되어 있는데, 그 작품에서 영감을 받았어요. 여관방을 '애순'과 '관식'만의 우주로, 무수한 별들이 그들의 첫날밤을 축복해주는 느낌으로 작업했죠.

전작 〈마스크걸〉의 미술은 색감부터 오브제들까지 존재감이 확실하고, 서사를 확실히 살려준다는 느낌입니다. 여태까지 한국 영화 및 드라마에서 보기 어려웠던 불온하고 대담한 여성이 주인공인 작품인데, 어떻게 미술을 구상하셨나요?

저는 그 작품이 성인 우화라고 생각했어요. 계속 얼굴을 바꿔가면서 달아나고 추적하는 여성들이 나오는, '매운맛'의 우화요. 주인공 '모미'(이한별, 나나, 고현정)가 범죄를 저지르지만 안타까운 여성인 동시에, 마녀처럼 보이는 '김경자'(염혜란) 역시 아들에게 모든 걸 의지하는 왜곡된 모성을 지닌 불쌍한 여성이잖아요. 잔혹 동화 같죠. 그래서 공간들도 너무 현실적이기보다는 우화처럼 표현하고자 했어요. 한편으로는 이 작품이 고급문화를 다루기보다는 서브컬처와 날것의 이야기를 보여주는 만큼 쓰는 팔레트 자체가 달랐어요. 전체적으로 색의 농담이 짙고 조명된 듯한 형광빛 색조가 자주 쓰이죠. 그걸 대표적으로 보여준 게 '모미'가 처음 살인을 저지르는 모텔방이었어요. 노을과 야자수 오브제가 있고, 유리가 많죠. 마치 유리로 된 섬처럼 표현하고자 했어요. 마지막 장소인 '김경자'의 외딴 산장은 그야말로 마녀의 집처럼 만들었고요. 흥미로운 작업이었죠. 제가 소외된 이들의 이야기를 좋아한다는 걸 〈마스크걸〉

작업을 하면서 다시 한번 느꼈습니다.

한동안 여성이 주연으로 나서는 이야기를 자주 맡으셨네요.
    그랬죠. 배우 고현정, 나나, 이한별이 한 여성을 연기하는 〈마스크걸〉, 자매의 이야기인 〈작은 아씨들〉까지 계속해서 여성 서사를 하면서 즐거웠어요. 시대가 변하고 있고 그 작품들의 미술을 맡을 수 있어 좋아요. 과거 제가 했던 범죄 장르물 〈살인의 추억〉, 〈올드보이〉 등은 당연한 듯 남성들이 주연을 맡곤 했는데요. 〈마스크걸〉이나 〈작은 아씨들〉도 스릴러와 범죄물의 형식을 취하는데, 여성들이 주연으로 나서는 걸 보면 많은 게 변했구나 싶어요. 영상을 하는 입장에서는 확실히 시대가, 시청자와 관객들이 여성 서사를 요구하고 있다고 느끼고요.

〈작은 아씨들〉은 기존 드라마에서 보기 힘든, 퀄리티 높고 호화로운 프로덕션 디자인으로 영화를 보는 것 같다는 평이 이어졌죠.
    〈작은 아씨들〉은 제 첫 드라마예요. 영화는 티켓값을 지불한 관객들이 보기 때문에 표현 방식과 수위에 대한 허용도가 높지만, 드라마는 어쩌다가 혹은 우연히 보는 시청자도 많기 때문에 취향을 너무 드러내기보단 균형을 잡아야 한다는 게 도전이었죠. 드라마에서 흔히 보이는 스타일이 아니다보니 시청자들이 거부감을 가지면 어쩌나 생각했는데, 잘 받아들여주시더라고요. 그만큼 보는 이들의 안목이 높아진 거겠죠.

'상아'(엄지원)의 집, 푸른 난초, 자매들의 집, '화영'(추자현)의 집 등 한국의 공간이면서 동화 속 공간 같은 묘한 환상성이 느껴졌어요.
    바로 그 지점이 중요했어요. 현실과 환상 사이의 밸런스를 잡는 것. 이 작품은 환상 문학에 가까운 지점이 있는데, 정서경 작가님의 고유한 세계를 보여주면서도 시청자들이 거부감 없이 받아들이도록 해야 했죠. 푸른 난초는 멀리서 보면 그냥 예쁜 난초처럼 보이지만, 자세히 들여다보면 사람 얼굴이 보여요. 이게 작품 전체를 관통하는 미술적 주제예요. 멀리서 봤을 때는 화려하고 아름답지만, 가까이 들여다보면 어두운 일이 벌어지고 있는. '상아'의 집은 그의 연극적인 성격에 따라 정교하게 꾸며진 연극 세트처럼 구현하려고 했어요. '혜석'(김미숙)의 집은 옛날 멋쟁이가 사는 모던한 집으로 만들었고요. '화영'의 집과 닫힌 방의 벽지는 같은 벽지고, 카펫도 같은 푸른색을 써서 서사의 연결성을 줬어요.

영화 〈헤어질 결심〉의 파도 같고도 산 같은 미술은, 말할 것도 없이 큰 사랑을 받았죠.

처음 각본을 보고 느꼈던 건 이 작품에서 음성이 아주 중요하다는 거였어요. '서래'(탕웨이)는 '해준'(박해일)의 목소리를 녹음해 끊임없이 듣고, '해준'은 '서래'의 말을 번역기 음성으로 듣죠. 언어로는 완벽하게 소통되지 않지만 음성이 가진 파장이 누군가의 마음을 계속 울리고 있는 거예요. 그걸 미술로 표현해보고 싶었어요. 밀려오는 파도, 이어지는 산의 능선, 그런 걸 보면서 '서래' 집의 벽지를 디자인했죠. 사랑한다는 말을 직접적으로 하지는 않아도, 벽지는 계속 그 말을 하고 있었으면 했어요. '서래' 집 벽지의 많은 버전이 있었고, 박찬욱 감독님께서는 이 최종 버전을 무척 마음에 들어 하셨어요.

〈폭싹 속았수다〉부터 〈헤어질 결심〉, 〈아가씨〉, 〈박쥐〉, 〈올드보이〉까지 감독님의 벽지는 특별합니다. 윌리엄 모리스가 떠오르는 정교하고 화려한 벽지들이죠.

박찬욱 감독님이 제일 좋아한 건 〈박쥐〉의 '라 여사'(김해숙) 집 벽지였어요. '태주'(김옥빈)가 '상현'(송강호)에게 "너는 병균이야"라고 이야기하듯 병균은 이 영화의 중요한 키워드죠. 그리고 남편 '강우'(신하균)를 물에 빠뜨려 죽이는 데서 물이끼를 떠올렸어요. 그렇게 물이끼와 병균을 모티브로 디자인했죠. 〈아가씨〉의 벽지는 윌리엄 모리스풍의 화려함이 있지만 들여다보면 여성의 성기처럼 보이기도 하고 그로테스크하면서도 야해요. 〈올드보이〉의 접근법은 좀 다른데, '대수'(최민식)의 거칠고 뜨거운 감정 그 자체를 표현하고자 했어요. '우진'(유지태)이 설계한 지도 속 공간들에 벽지가 등장하는데, 영화가 클라이맥스로 갈수록 색깔도 진해지고 패턴도 강해지죠. 감정의 표현 그 자체예요. 벽지 디자인은 영화의 미술적 표현을 가장 작은 단위에서부터 담아내는 재미있는 작업입니다.

칸 영화제에서 만장일치로 벌컨상(편집자주: 촬영, 편집, 미술, 음향 등을 통틀어 가장 뛰어난 기량을 선보인 기술 아티스트에게 수여되는 상)을 받은 〈아가씨〉의 미술을 말하지 않고 넘어갈 수 없겠어요. 고아하고 정교하며 웅장한 〈아가씨〉의 세계를 만든 건 어떤 경험이었나요?

〈아가씨〉는 오랫동안 협업해온 팀의 소통이 절정에 이른 결과였죠. 박찬욱 감독님, 정서경 작가님, 정정훈 촬영감독님, 조상경 의상감독님, 송종희 분장감독님, 조영욱 음악감독님, 김상범 편집감독님까지 서로의 마음을 다 알아 안심할 수 있었어요. 단지 예쁘기 위해서뿐이 아닌, 촬영을 염두에 둔 공간 설계를 했죠. 하나의 기쁨이 열이 되는구나 느꼈고, 시네마를 함께 만들어나간다는 즐거움이 컸어요. 영화는 감독만의 예술이 아닌 여러 사람이 모여 협업하는 것이고, 박찬욱 감독님은 탁월한 지휘자예요.

시상자 클로드 를루슈 감독은 말했습니다. "흔히 영화를 감독의 예술이라고들 말한다. 아니면 시나리오 작가 혹은 배우들을 말한다. 그들이 마치 이 장르를 장악하거나 소유한 예술가들인 것처럼 이야기되기 쉽다. 하지만 우리 영화인들은 눈앞에 존재하는 것 이상을 헤아릴 수 있어야 한다. 영화의 테크니션들로 인해 하나의 작품이 탄생하며 감독의 창의성은 현실로 구현될 수 있다. 이 예술은 개별적인 기술이 집약적으로 결합해 완성된다는 걸 잊어서는 안 된다. 나는 오늘 이렇게 놀라운 영화를 우리에게 가져다준 류성희 감독에게 상을 줄 수 있어 무척 기쁘다. 류성희 감독은 미술감독의 존재로 인해 이렇게 훌륭한 예술적 성취를 이룬 영화가 완성됐다는 것을 증명해 보인다."

> 제가 정말 존경하는 영화 〈남과 여〉의 감독님께 이런 극찬을 받다니, 너무 영광이었어요.(웃음)

박찬욱 감독의 거의 모든 작업을 함께하면서 공유하는 미감이 있을지도 궁금합니다.

> 저희의 공통점은 작고 초라한 것부터 극단적으로 화려한 것까지, 그것들이 가진 괴괴한 고유성에 집중하고 아름다움을 확장하고 싶어한다는 겁니다. 저희는 못나고 비루한 것에서도 의미를 찾아요. 무엇이 아름답다면, 단지 예뻐서 아름다운 게 아니라 그것이 자신의 고유성을 드러내는 방식에서 아름다움이 비롯된 것이죠. 영화 〈헤어질 결심〉에선 시체의 눈동자에 개미가 기어가거나, '해준'의 집 벽에는 온갖 살인 사건의 증거 사진이 붙어 있는데요. 저는 그 패턴이나 색감이 아름답게 보이길 바랐어요. 무섭고 추해도 삶과 세계의 단면이니까요. 전 존재감을 가진 것들은 충분히 아름답다고 생각해요. 또한 감독님은 '미'에 대해 규정하려들지 않고, '이 상황은 뭔가 이상하다'거나 '이 만남은 낯설다'는 느낌을 주는 것에서 아름다움을

찾는데, 그런 점 역시 저와 비슷하죠. 했던 거 또 하는 것도 저희 둘 다 병적으로 싫어해요.(웃음) 설사 성공했던 것이라도 되풀이하는 건 싫어요.

추하고 못난 것이라도, 우아하게 보여주시는 특기가 있으세요.

영화 〈아가씨〉에 고문 의자가 나오는데 그런 것도 저희는 우아하게 만들고 싶거든요. 추한 것, 벌거벗은 상태로 있는 사물, 그런 걸 어디까지 우아하게 담아낼 것인가, 어느 정도로 모호하게 두어야 할 것인가, 그런 고민을 많이 해요.

감독님 개인으로서는 어떤 걸 아름답다고 생각하나요?

저는 개개인의 고유성이 드러날 때, 그것들이 하나의 세계에 조화롭게 담길 때 아름답다고 느낍니다. 일관된 톤으로 맞춰지는 것보다는 어딘가 부족한 듯한 것, 징그러울 정도로 화려한 것, 각기 다른 것들이 이상하지만 교묘히 어우러져 섞여 있는 모습이 제가 생각하는 세계의 단면이죠. 한편 보편적인 아름다움이란 건 정의될 수 없다고 생각해요. 시대마다 상황마다 다르고 선하고 숭고한 것이 아름다울 때도 있지만, 악하고 퇴폐적인 것이 아름다울 때도 있죠. 그렇기에 제 일은 끊임없이 아름다움을 공부하고 발견하고 제안하는 일이에요. 이를테면 〈폭싹 속았수다〉를 통해 '이들은 참으로 고단한 삶을 살았지만 때로는 이렇게 때묻은 장판도 아름답지 않아?'라고 묻듯이.

감독님이 만들어낸 것엔 스스로의 어떤 일면이 담겨 있나요?

담대함과 우아함이 담겨 있기를 바랍니다. 영화 〈고지전〉에 대해 말하자면, "나는 귀신 나오는 공포영화나 전쟁영화는 안 할 것"이라고 얘기하고 다녔어요. 프로덕션 기간 내내 무서운 생각만 해야 할 테니까요.(웃음) 그런데 〈고지전〉을 제안받고 실제 공중에서 찍은 자료 사진을 봤어요. 이쪽이 이겼다, 저쪽이 이겼다 해서 벌레 먹은 사과나 할머니의 손금처럼 쪼글쪼글해져 있는 당시 고지 사진을 보니 눈물이 툭 떨어지더라고요. 그 하나의 비주얼이 저로 하여금 전쟁영화를 하게 했어요. '지옥 같은 산을 어떻게 표현할까? 땅을 조각해보자'라고 생각했죠. 아주 담대하게 접근해야 했어요. 세트를 만드는 작업과는 달리 이 영화는 땅과 씨름해야 하는, 그야말로 맨땅에 헤딩이었거든요. 나무 하나 없는 황무지라 쉴 수 있는 공간이 하나도 없었는데, 흙을 파고 갈아엎으며 형상을 만들었죠. 산의 형상에서 숭고미가, 비장미가 느껴지길 바라면서. 거친 작업도 담대하게 택하고 그 안에서 어떠한 우아함을 이끌어내는 것. 그게 제 지향점이에요.

원래 홍익대학교에서 학부와 석사까지 도예를 전공하셨죠?

스물일곱 살 때까지 도예를 했어요. 여전히 전 도예가 멋있다고 생각해요. 이를테면 한국의 분청사기나 달항아리는 완벽하지 않아서 완벽하죠. 대칭도 맞지 않고 어떤 부분은 비어 있고 어떤 부분은 차 있어요. 앞서간 미학이고, 과감한 현대미술처럼 느껴지기도 해요. 언젠가 도예의 아름다움을 지닌 한국적인 SF영화 미술을 해보는 게 꿈입니다.

도예를 전공하면서도, 마음 한편엔 영화가 자리했나봐요. 데이비드 린치의 〈엘리펀트 맨〉을 보고 영화를 꿈꿨다는 오래된 〈씨네21〉 칼럼을 본 기억이 있습니다.

고등학생 때 저는 반항심도 있고 대학도 가기도 싫어 친구 무리와 함께 몰려다녔지만, 사실 그 누구와도 깊게 소통이 되지 않고 껴 있을 뿐인 사춘기 소녀였어요. 그때 한 괴상한 영화가 대륙을 지나 바다를 건너 어린 소녀의 영혼을 만진 거죠. '엘리펀트 맨'으로 불린 '존 메릭'은 외형은 추하지만 아름다운 영혼을 지닌 사람이에요. 모두가 추하다고 손가락질할 때 셰익스피어의 시를 읊고 자기만의 종이 성당을 완성하는 그는 추한 존재일까, 아름다운 존재일까? '어떤 것이 아름답고 추한 것인가' 하는 질문과 함께 예술이 제게 온 거예요. 그리고 미대 진학을 결심했죠. 대학 진학 후에는 도예에 빠져 있었는데, 하다보니 저는 하나의 작품을 만들지 않고 시리즈를 만들고 있더라고요. '나는 시간성이 있는 작업, 스토리텔링을 좋아하는구나' 깨닫고, 작은 전시를 한 번 하고서는 제게 불특정 다수의 대중에게 다가서는 일이 얼마나 중요한지 알게 됐어요. 그렇게 제가 진짜로 하고 싶은 건 영화 미술이란 생각에 유학을 결심했죠.

그렇게 홀연히 미국영화연구소로 떠난 건가요?

제가 영화를 꿈꾸게 한 장본인, 데이비드 린치가 나온 학교로 갔어요. 오랫동안 꿈꿔왔던 일을 하는 건 너무나 행복하더라고요. 학교를 졸업하고 나서는 미국에 남아 일할지, 한국에 돌아갈지 고민해야 할 순간이 왔어요. 서부극을 작업하며 웨스턴바 세트를 만들다가 갑자기 '내가 왜 남의 걸 하고 있지'라는 생각이 들더라고요. '서양의 시대극과 역사극을 만드는 게 나의 평생을 잘 쓰는 일일까? 꼭 내가 해야만 하는 일은 아니지 않을까? 그러면 나는 어떻게 쓰여져야 하지?' 그런 고민 끝에 와인을 사 들고 비디오테이프 가게에 갔습니다. 미국이 아닌 동양에서 벌어지는 액션들, 영화 〈동사서독〉, 〈백발마녀전〉, 〈소나티네〉, 〈인정사정 볼 것 없다〉 테이프를 사와서 보기 시작했죠. 서부극의 여자는 늘 술집에서 일하거나 보호받아야 할 존재였는데, 거기엔 칼을 휘두르고 무공을 자랑하며 호리병에 든 술을 벌컥벌컥 마시는 임청하 같은 여자들이 있었어요. 가슴이 뛰었고, 뿅 갔죠.(웃음) 한국은 아직 미국처럼 영화가 발전되지 않은 곳이었지만, 제 열정과 에너지를 다 쏟고 싶다는 생각이 들어 바로 귀국했어요.

대단한 결단력입니다. 그렇게 한국에 프로덕션 디자이너라는 개념조차 생소했던 시절부터 영화 미술을 시작하셨죠.

오긴 왔는데 아는 사람이 없었어요.(웃음) 기존 영화계는 아무래도 인맥이 필요한 곳이다보니 진입이 힘들었죠. 미국에서 만든 단편영화들로 포트폴리오를 만들어 '프로덕션 디자이너' 명함을 팠고, 제작사를 찾아다니면서 대표님들과 미팅하자고 졸랐어요. 당시엔 세트팀에서 거의 모든 걸 하던 때고, 영화 미술이란 것에 그렇게 예산을 들일 수 없던 시기였는데, 진지하게 열성적으로 찾아다니니 들어주는 사람들이 생기더라고요. 그러다 한 영화제 GV에서 임필성 감독님에게 질문을 던지다 통성명을 했는데, 임 감독님이 다른 감독님들에게 제 존재에 대해 전해준 거예요. "어떤 이상한 사람이 미국에서 영화 미술을 공부하고 한국 영화계에 왔다더라" 하고.(웃음) 그렇게 송일곤 감독님과 류승완 감독님이 연락을 줘서 드디어 한국 영화를 하게 됐습니다. 그 시절 새로운 영화를 펼쳐갈 준비가 된 봉준호·박찬욱·김지운 감독님과 일하게 됐고, 한국 영화의 르네상스 시기에 동참할 수 있는 영광을 누리게 됐네요.

한국 영화의 르네상스 시절, 봉준호 감독과 〈살인의 추억〉, 〈괴물〉, 〈마더〉를, 박찬욱 감독과 〈올드보이〉, 〈박쥐〉, 〈아가씨〉, 〈싸이보그지만 괜찮아〉를, 김지운 감독과 〈달콤한 인생〉을, 류승완 감독과 〈피도 눈물도 없이〉를

함께했습니다. 뚜렷한 인장을 지닌 감독들의 개성을 미술로 구현한 건 어떤 경험이었나요?

제가 정말 인복이 있어요.(웃음) 감독마다의 고유성, 각자의 스타일에서 많은 걸 배웠습니다. 봉준호 감독님은 〈살인의 추억〉을 할 때 "1980년대의 공기를 디자인해주세요"라며 현장 사진을 보여주셨죠. 봉 감독님은 사전에 굉장히 많은 리서치를 하고, 머릿속에 구체적인 그림이 그려져 있는 분이에요. 그의 세계를 온전히 구현하기 위해서는 정확한 목표를 찾아 땅을 캐는 광부처럼 작업해야 하죠. 로케이션 베이스로 리얼리티를 구현하는 게 중요하고요. 한편 박찬욱 감독님은 형식과 내용을 분리해 생각하지 않아요. 둘을 동일시하시죠. 그림을 가지고 시작한다기보다는 오지로 함께 모험을 떠나듯이 작업해요. 김지운 감독님은 감성이 풍부하고 장면의 무드를 중요시하세요. 디자인 전공한 사람들이 〈달콤한 인생〉을 많이들 좋아하는데, 이 작품은 제가 한 것 중 가장 우아한 누아르입니다. 가장 아름다운 시절의 남성 배우 얼굴을 담아냈고, 저도 화폭에 차곡차곡 담듯 디자인했죠. 류승완 감독님의 〈피도 눈물도 없이〉는 제 첫 상업영화였는데, 그 시기 우리는 쿠엔틴 타란티노에 미쳐 있었고 젊은 혈기로 즐겁게 일했어요. 배우 전도연과 이혜영이 투톱인, 당시엔 보기 드문 여성 서사기도 했어요.

한국에서 미술감독이라는 직종이 낯설었던 시절, 어떤 어려움을 겪었나요?

지금에 비하면 한국 영화판 분위기가 자체가 여성에게 상당히 거칠었어요. 여성 스태프는 프로페셔널한 능력보다 "분위기를 좋게 하는 고분고분한 성격이 환영받는다"고 키 스태프 감독에게 지적당하기도 했죠. 제 성은 '유'와 '류'로 표기할 수 있는데, 처음엔 '유성희'라는 이름을 쓰다가 세 보이려고 '류성희'로 바꿨어요. 현장에서 아무리 살벌한 말이 들려도, 친분을 중요시해도, 저는 제 일에만 집중하며 한 귀로 듣고 한 귀로 흘려버렸어요. '나는 지금 당신들과 그런 다툼을 하고 있을 시간이 없다. 나는 할 일이 너무 많고, 프로덕션 디자이너라는 것이 뭔지 사람들에게 보여줘야만 한다. 그러기 위해 미국에서 한국으로 왔고, 한국에도 훌륭한 영화 미술이 있다는 걸 보여줄 거다. 저런 말을 들을 시간이 없다'라는 마인드로 자기최면을 걸듯 자신감을 주입했죠. '나는 나랑만 싸우자'고 생각했어요. 어떤 육두문자나 편협한 말들이 들려도 저 사람이 하는 말은 '그냥 외국어다'라고 생각하면서.(웃음) 좌절하려면 끝이 없지만 저는 당시 아는 사람도 없고, 물어볼 선배도 동료도 없었기에, 스스로를 사랑해주지 않으면 버틸 수 없었어요. 오로지 성장하는 데만 힘을 쏟았죠. 얼른 전문가가 되고 싶었거든요.

이젠 현장에서 성평등 교육부터 시행하니, 확실히 세상이 한 발짝 나아가고 있네요.

너무 좋은 일이죠. 그리고 이젠 현장에 여자들이 많습니다.(웃음)

영감을 견인해오는 원천이 있나요?

프로덕션 디자이너가 건축가나 인테리어 디자이너와 다른 점은, 영화 디자인의 주요한 목적이 캐릭터 내면을 시각화하기 위한 것이라는 거예요. 그저 멋진 공간을 만드는 게 아니라 인물이 느끼고 있는 감정을 표현하기 위한 공간을 구성하죠. 틈이 요만큼 뚫렸다면 틈에서 끝나는 게 아니라 거기서 바람이 들어오고, 빛이 들고, 빗물이 떨어지고, 그런 게 중요한 거예요. 빛이 들어오는 방향, 바람에 비닐이 펄럭대는 형상, 빗방울이 뚝뚝 떨어지는 소리, 그 모든 게 디자인적 요소가 되죠. 영감은 시각적인 레퍼런스에만 있지 않다는 거예요. 시네마는 오감을 통해 체험하는 것이고, 저는 멀리서 아스라이 들려오는 소리, 스스로의 심장박동 같은 것에서도 영감을 받아요. 그렇기에 계속해서 사물을 관찰해야 하죠. 제가 어느 새벽 멀리서 들리는 소리에 잠에서 깼다면, 창문을 열었을 때 느껴지는 차갑고 파릇한 공기, 서리의 질감 같은 감각이 기억에 남겠죠? 이렇게 우리가 이야기를 나누는 순간도 제겐 이 스튜디오 조명의 색깔, 조도, 분위기, 기자님이 말하는 톤, 그런 것들이 뒤엉켜 기억될 거예요. 이렇게 쌓인 오감의 기억을 적재적소에 꺼내어 효과적으로 배치할 수 있는 이가 좋은 미술감독입니다. 이건 단순한 디자인 실력과는 달라요. 〈헤어질 결심〉의 두 배우 목소리가 참 좋지 않던가요? 저는 그들 음성의 파장이 벽지의 패턴이 됐다고 생각해요.

미술이 훌륭하다고 생각하는 영화는 무엇인가요?

스탠리 큐브릭의 모든 영화. 요즘엔 요르고스 란티모스 감독, 드니 빌뇌브 감독의 프로덕션 디자인이 뛰어나다고 생각합니다. 란티모스는 기이한 영화 속 세계를 미술로도 설득력 있게 구현해요. 빌뇌브의 〈듄〉은 말할 것도 없고, 〈컨택트〉를 보면 미술적으로도 굉장히 용감하죠. 우주선도 그렇고, 여태까지 보지 못한 기이한 문어 같은 크리처 디자인의 외계인과 주인공 사이에 막 하나를 두고 이야기를 이끌어가요. 심플한 세트인데 서사와 에이미 애덤스의 절절한 연기가 모든 걸 다 하도록 돕니다.

미술감독으로서 생각하는 좋은 영화 미술은 어떤 건가요?

영화의 세계와 적합하게 맞는 미술. 같은 시대극이어도 〈아가

오감의 기억을 적재적소에
꺼내어 효과적으로 배치할 수
있는 이가 좋은 미술감독입니다.
〈헤어질 결심〉의 두 배우
목소리가 참 좋지 않지
않던가요? 저는 그들 음성의
파장이 벽지의 패턴이
됐다고 생각해요.

씨〉의 미술이 〈암살〉이거나, 〈암살〉의 미술이 〈아가씨〉면 이상할 거예요. 디자인의 아름다움과 완성도보다는 이야기가 지향하는 바와 함께 가는 게 중요합니다. 벽의 색깔, 패브릭의 종류, 수백 가지 선택에 대한 기준은 '이 영화에 맞는가, 아닌가'이죠. 기자님이 진행한 박찬욱 감독님의 인터뷰를 보니, 감독님이 "디테일에 모든 것이 있다"고 하셨더라고요. 작업하시면서도 종종 하는 말씀이에요. 전체 미술에서 딱 하나의 소품만 집어 들어도 그 소품에 그 영화의 지향이 담겨 있어야 하죠. 배우의 디테일한 손동작 하나도 영화다워야 하듯이. 하나의 순간들이 모여 전체를 이루니까요.

영화 미술 또한 동시대 다양한 분야의 예술과 영향을 주고받을 것 같은데요. 분야를 막론하고 눈여겨보는 아티스트가 있나요?

러시아 작가 막심 제스트코프. 디지털아트 작업을 하는 작가인데, 살아 있는 유기체처럼 혹은 파도처럼 움직이고 쏟아지고 팽창하는 구체들을 만들어요. VR의 세계로 가면서 영화 미술이 과연 그 안에서 어떤 역할을 할 수 있을까 고심하는데, 이런 미래적인 작품들을 보면서 실마리를 찾아가려 하고 있습니다. 시대를 불문하고 변치 않고 좋아하는 건 작가 프랜시스 베이컨입니다. MoMA와 내셔널갤러리오브아트에서 베이컨의 작품과 맞닥뜨렸을 때, 압도적인 고독감이 공간 가득 팽팽하게 느껴졌어요. 존재 자체로 느껴지는 고독의 양감에 사로잡혔던 기억이 지금도 생생해요.

최근 바밍타이거의 〈비둘기와 플라스틱〉 공연에 미술감독으로 참여해 무대를 하나의 영화 세트로 구현하셨죠. 경계를 넘나드는 이 작업은 어떠했나요?

바밍타이거의 산얀과 실리카겔의 김한주가 음악감독인데, 제가 미술감독이라는 게 재미있지 않나요?(웃음) 음악에서 영감도 많이 받았고, 젊은 친구들과 작업하며 확실히 배운 게 많았어요. 비둘기 날개와 플라스틱이라는 이질적인 것의 조합도 새로웠고, 주류가 아닌 인디의 정신을 지닌 이들과 열정적으로 작업할 수 있어 즐거웠습니다. 한편, 관객들은 영화를 통해 결과물을 볼 뿐 현장에서의 세트라는 것을 직접 볼 기회가 없잖아요. 세트를 지어놨을 때 세트 자체가 지니는 아우라가 또 있거든요. 무대 위에 직접 영화 세트를 지어 관객들에게 이것이 실제 배경이 아닌 세트라는 걸 계속 환기시키는 작업도 신선하더라고요.

RM의 〈Come back to me〉 뮤직비디오에서 미술을 맡기도 하셨어요. 영화 및 드라마 속 캐릭터를 미술적으로 구현하는 작업을 해오셨는데, 실존하는 아티스트와 감응하는 공간을 만들어내는 것도 흥미로운 작업일 것 같습니다.

영화나 드라마는 많은 가상의 캐릭터들을 다루는 반면, 뮤지션들은 독자적인 정체성과 캐릭터가 자리 잡은 상태에서 뮤직비디오나 공연을 연출하기 때문에 그 실존하는 인물들을 해석하는 과정이 또 새롭고 재미있더라고요. 바밍타이거는 인디의 에너지가 넘치고, RM은 사색적이죠. 바밍타이거 작업에선 리얼하고 손때 묻은 듯한 복고적인 세트를 만들었고, RM의 경우엔 'sophisticated(복잡하고 세련된)'라는 키워드가 자꾸 떠오르더라고요. 그래서 관념적이고 철학적인 공간으로 시작했어요. 네모를 가운데 두고 계속 공회전하는 모습으로요. 앞으로도 이런 작업에도 계속 도전하고 싶습니다.

다양한 예술이 경계를 넘나들고, 한편으론 AI가 이미지를 자동 생성하는

시대에 영화 미술을 한다는 것은 어떤 의미일까요?

SNS가 이토록 활성화되지 않았을 때부터 영화 미술은 영화관 안에서 관객과 만나왔죠. 그런데 이제는 모두가 자기 마음에 드는 한 장면을 캡처해 공유하며 분석하고, 의미를 재생산하며 향유하는 시대예요. 영상의 영향력이 그만큼 커졌다는 뜻이고, 영상을 제작한 이들이 책임져야 할 부분이 많아졌다는 뜻이기도 해요. 결국은 윤리가 중요해졌다는 거죠. 검열을 말하고자 하는 건 아니에요. 하나의 작업이 수없이 재생산되는 이 시대에 원본을 만드는 사람은 충분한 고민과 윤리적 판단을 토대로 하여 만든 작업물을 세상에 내놔야 하는 책임감이 점점 커져가는 것 같습니다.

당신은 무엇을 믿나요?

제게 하나의 기도문 같은 것이 있어요. 신학자인 라인홀트 니부어의 기도인데요. "바꿀 수 없는 것을 받아들이는 평온함과 바꿀 수 있는 것을 바꾸는 용기와 그 둘의 차이를 아는 지혜를 주소서." 많은 이들이 바꿀 수 없는 것을 바꿔보려고 무진 애를 쓰고 끌탕을 치기도 하며 고통스러워하잖아요. 반면 용기만 있다면 바꿀 수 있는 것 또한 존재하는데 그 둘의 차이를 모르는 경우가 많죠. 예를 들어 나이가 들면 노화한다는 건 바꿀 수 없는 것이에요. 어릴 적 몸이 부서져라 돌파했던 날것 같은 본능과 야생성, 애가 닳을 듯한 집착이나 열정, 비판적인 사고, 반항정신 같은 건 조금씩 사그라들죠. 하지만 그럼에도 여전히 용기를 지니면 바꿀 수 있는 것들이 있어요. 나이가 들면서 바꿀 수 없는 것과 있는 것의 차이를 아는 지혜가 필요하다고 느낍니다. 그래서 저는 늘 이 문장을 마음에 품고 나아가려 해요.

정보라는
투쟁한다

디스토피아 소설을 쓰며 유토피아를 꿈꾼다.
여성과 성소수자, 비정규직, 모든 다양성을
포용하는 세상을 위해 쉬지 않고 쓰며 온몸으로
나아가는 정보라 작가의 투쟁 일기.

INTRO

"그러니, 데모를 합시다." 장장 세 시간 동안 나눈 정보라 작가와의 인터뷰에서 가장 많이 돌아온 답변이다. 마치 함께 식사를 하자거나 나가서 산책이라도 하자는 듯, 담담하고 일상적인 말투로 그녀는 말했다. 불의를 참지 않는 태도, 낮은 곳으로 흐르는 마음, 세상이 더 나아져야 한다는 믿음, 그리고 그 모든 것을 기름기 한 방울 없이 담백하게 전하는 화법. 나는 그날, 정보라 작가의 이야기에 묻어 나오던 그녀의 신념이나 성정 같은 것들을 똑바로 마주한 듯했다.

  부커상, 전미도서상에 이어 필립K딕상 최종 후보로 연달아 지명된 정보라 작가는 한강 이후 주요 해외문학상 수상자로 가장 많이 점쳐지는 작가다. SF, 호러, 환상문학을 넘나들며 장르소설을 쓰는 그녀는 "많은 경우, 화가 나서 글을 쓴다"(단편집 《아무도 모를 것이다》에 수록된 '작가의 말' 중)고 말한다. 즉 정보라 작가의 글들은 국가, 정부, 기업, 자본주의, 가부장제 등 세상의 모든 체제에서 그녀가 포착한 부조리와 분노를 공포와 블랙유머, 어두운 환상과 함께 버무려낸 결과물이다. 장인의 기술을 탈취한 기업에는 저주가 내려지고(《저주토끼》), 성관계 없이 임신한 여자에게 세상은 빨리 아빠가 될 남자를 찾으라고 독촉하며(《몸하다》), 인육을 먹는 전염병이 돈 세상에서 인간은 마지막까지 서로를 의심하고(《여행의 끝》), 원전 오염

수 방류와 핵 실험으로 오염된 바다에 사는 해양 생물들의 입장이 밝혀진다(〈해파리〉).

그녀의 상상력은 디스토피아의 잔혹함을 고발하는 데서 멈추지 않는다. 소설집 《여자들의 왕》에서는 전통적인 여성과 남성의 자리를 바꾸어 여성들을 포식자이자 권력자로 그려내고, 이 소설집 중 '공주, 기사, 용' 3부작에서는 용에게 납치된 줄 알았지만 알고 보니 용과 한패였던 공주의 이야기로 고전적인 동화의 전형성을 비튼다. 체제 전복의 판타지로 쾌감을 누렸다면, 이번엔 고 변희수 하사가 죽지 않은 평행선의 미래를 펼쳐낸 〈그녀를 만나다〉를 볼 차례다. 어두운 상상을 전개하는 정보라 작가가 희구하는 유토피아가 어디에 있는지, 어떠한 모습인지 짐작해볼 수 있는 작품. 웃음기 싹 가시는 블랙유머를 구사하다가 간혹 이토록 찬란한 무지갯빛 희망을 심어놓는 그를, 작가이자 동료 시민으로서 어떻게 사랑하지 않을 수 있겠는가?

모든 예술은 필연적으로 정치적이다. 때론 그것만으로 충분할지도 모른다. 하지만 정보라 작가는 작품의 뒤에 서지 않는다. 그는 다수의 언론 인터뷰에서 "취미가 데모"라고 밝힐 정도로 베테랑 운동가다. 이태원 참사 희생자 추모를 위한 오체투지, 한국옵티칼하이테크(이하 '한국옵티칼') 투쟁, 아사히글라스 비정규직 투쟁, 전국장애인차별철폐연대(이하 '전장연') 집회 및 지하철 선전전, 차별금지법 제정 촉구 오체투지, 세월호 참사 진상규명 서명 운동과 농성, 쌍용차 해고노동자 복직 투쟁 등에 참여했다. 그리고 한국비정규교수노동조합 조합원으로서 강사들의 권리를 지키려 투쟁 중이며, 모교이자 일터였던 연세대학교를 상대로 퇴직금 및 연차수당 지급 소송을 제기해 일부 승소했다.

정보라 작가는 작가로서 작품을 통해 발화하는 행위를 넘어, 살아 있는 육체로서 땀 흐르는 여름에나 살이 에이는 겨울에나 맨바닥에서 오체투지를 하고 삼보일배를 한다. 여성들, 성소수자들, 노동자들, 장애인들, 유가족들의 권리를 위해 팔뚝질을 하고 온몸으로 싸운다. 그토록 많은 작품을 창작하고, 번역하고, 강의하고, 암 투병 중인 가족의 간병을 하면서도, 그는 투쟁을 멈추지 않았고 끊임없이 연대하며 희망을 모색했다.

　운동을 하는 이유를 묻자, 자신은 그저 운동가들의 팬이고 좋아하는 사람들의 공연을 보러 가듯 데모에 참여할 뿐이라는 겸손한 답이 돌아왔다. 그렇다. 누군가의 신념은 누군가를 감화시킨다. 정보라 작가가 운동가들의 팬이라면, 나는 그런 정보라 작가의 팬이다. 자신의 글로, 그리고 자신의 온몸으로 소외된 사람들의 편에 서서 부조리에 맞서는 작가를 사랑하지 않는 법을 나는 모른다.

필립K딕상 후보에 오른 것 축하드려요. 2022년 부커상, 2023년 전미도서상 최종 후보에 이어 세 번째네요.

    최종 후보 전문 작가입니다. 딱 중간만 가는 이런 것도 안정적이고 좋은 것 같아요.(웃음)

오늘 들고 오신 가방에 온갖 배지와 키링이 달려 있네요. 힘 있는 문구들이 눈에 띄어요. 이를테면 "차별에 저항하라".

    이번에 여성노동자대회, 여성대회 둘 다 가서 전리품을 꽤 많이 건졌죠. 방금 보신 "차별에 저항하라"는 전장연에서 팔기에 얼른 사왔어요. 저건 변희수 하사님이 돌아가셨을 때 서울광장에서 한 추모행동에서 샀고요. 이건 무지개점에서 샀습니다.

지난 3월 8일은 여성의 날이었죠. 한국여성단체연합에서 개최한 40주년 한국여성대회에 참여하셨는데 어땠나요?

    1964년 강제로 키스한 남자의 혀를 깨물었다가 19세의 나이로 징역 10개월에 집행유예 2년을 선고받고, 2020년 5월 재심을 청구해 현재 대법까지 간 최말자 님이 나오셨어요. 여성들이 "최말자는 무죄다"라는 피켓을 한 글자씩 들고 나왔고, 최말자 님이 "여성들이 아니었으면 내가 이 자리에 오늘 서지도 못했을 거고 재심은 시작도 못했을 것"이라 소감을 밝히셨죠. 그 모습을 뵐 수 있어 매우 좋았습니다. 한편 재치 있는 깃발이 많았는데요, 깃발이 실제로 들어보면 상당히 무겁거든요. 저는 힘이 달려서, 친구와 "팔 힘 약한 사람들"이라는 조그마한 깃발을 만들까 하고 있습니다.(웃음)

지난 2월 15일에는 차별금지법 제정 연대 데모를, 3월 1일에는 한국옵티칼 박정혜·소현숙 노동자의 고공농성을 응원하는 마지막 날 행진에 참여했죠. 운동가로서 선생님의 정체성은 작가로서의 정체성 못지않게 중요해 보입니다.

> 전 제가 대단하게 투쟁한다고는 생각하지 않아요. 어디 가서 운동가라고 하기엔 창피하죠. 저는 그냥 운동가분들이 좋을 뿐이에요. 김진숙 동지, 한국옵티칼에서 고공농성하시는 동지, 쌍용차 동지, 세월호 부모님들, 전장연 동지들…. 그러니까 저는 그들을 쫓아다니는 걸 좋아하는 '운동가의 팬'이에요. 주말마다 누군가의 공연을 보러 가는 사람이 있듯이, 저는 주말마다 제가 좋아하는 분들이 데모를 한다고 하면 그걸 보러 가는 거예요.

단편집 《아무도 모를 것이다》에 수록된 '작가의 말'에 이렇게 쓰셨지요. "많은 경우, 화가 나서 글을 쓴다." 작가님을 쓰게 하는 원동력은 여전히 '화'인가요?

> 맞아요. 여전히 화가 나는 일들이 많죠. 이를테면 왜 내란 수괴를 풀어주는가. 왜 비정규직 노동자를 차별하는가. 왜 여성에게는 중요한 업무를 주지 않고 승진에서 누락시키는가. 이게 과거의 문제라고 생각한다면 착각입니다. 구미에 KEC라는 일본계 회사와 한국옵티칼은 여성에겐 단순 업무만 주고 남성에게는 중요한 기계 장비를 다루게 해요. 남성들은 기계를 다룬 경력이 쌓이니 승진이 빨라지는데, 불량품 검수 같은 단순 업무만 배당받은 여성들은 승진에서 누락되는 거예요. 아직까지 군 가산점도 존재하고요. 그렇게 5년쯤 지나면 임금이 두 배 이상 차이가 나죠. 여전히 구조적 문제가 존재해요. 한편 외국계 회사들이 정부의 혜택을 받고 단물만 빼먹은 뒤, 노동자들을 다 해고해 수백 명 실업자를 양산하고 도망가는 일도 부지기수입니다. 이런 사건들에는 이야기가 있어요. 이렇게 부

조리하고 불합리한 일들의 기승전결을 알게 됐잖아요? 그럼 거기서 받은 영감이 글을 쓸 때 영향을 주기도 하죠.

당신은 늘 국가, 정부, 기업, 자본주의, 가부장제, 성별 이분법 등 모든 체제와 권위와 정상성에 항거하고 투쟁하고 있는 것 같아요. 작가로서도, 운동가로서도요.

전 어릴 때부터 이상하다고 생각한 게 많았어요. 이를테면 저는 어릴 때 한국 여자치고는 키가 큰 편에 바지 입는 걸 좋아했고 머리가 되게 짧았거든요. 여자화장실에 들어가면 여자분들이 소리 지를 만큼. '나는 여자로서 부족한 사람인가? 그럼 나는 레즈비언이거나 남자가 되고 싶은 사람인가?' 나를 무엇으로 규정해야 하는가에 대한 생각을 항상 했죠. 그러다가 성별 이분법이 잘못되었다는 사실을 알게 된 후 눈이 확 떠진 느낌이었어요. 저는 비장애인 이성애자 여성이지만, 장애인과 성소수자분들에겐 아직 산적한 문제가 훨씬 더 많죠. 대학 시절에는 총여학생회에 들어가서 대자보를 썼어요. 이런 세상에서 어떻게 함께 살아나갈 것인가, 하는 고민은 계속됐어요. 쌍용차 데모할 때 알게 된 친구가 성폭력 전문 상담원 수업을 꼭 들어보라며 추천하더라고요. 장애여성공감에서 그 수업을 들었는데, 눈에서 비늘이 떨어지고 우주가 환하게 열리는 경험을 하게 됐죠.

그렇게 싹튼 문제의식이 세계를 제대로 마주하게 한 것이군요.

맞아요. 그리고 제가 전업작가로 살기 시작한 건 한 3년 정도밖에 되지 않았거든요. 그전에는 강사였죠. 학생들 중에는 항상 일정 비율로 성소수자, 장애인, 외국인 학생들이 있어요. 전공 특성상 고려인 3세들도 많았고요. 스토킹을 하는 남자친구가 자취방 앞에서 문을 두들기는 바람에 수업에 못 들어온 학생도 있었죠. 강사로서 여러 상황에 대비할 수 있어야 했어요. 어떻게 해야 그들 모두에게 제대로 된 교육을 제공할 수 있을까, 하는 고민도 따랐고요. 특히 고려인 학생들은 한국에 정착하기 위해 노력하는데 학교 차원에서 어떻게 도울 수 있는가, 혹은 왜 안 도와주는가 하는 생각을 많이 했죠. 학교는 다양한 존재들이 공존하는 작은 세계였고, 학생들에게 많이 배웠어요. 그러니까 제 투쟁은, 어릴 적부터 뭔가 이상하다고 여겼던 것들의 문제를 하나씩 알아가고 마주하는 과정이었다고 볼 수 있겠네요.

당사자성이 없는 이슈에 대해서는 관심이 크게 가지 않을 수 있잖아요. 하지만 당신은 이성애자이자 비장애인으로서 타인의 고통에 잘 공감한다는 생각이 들어요. 체질적인 것인가요?

제가 하는 게 문학이니까요. 작가는 타인의 고통에 공감할 수 있어야 하는 일이라고 생각해요.

페미니스트로서의 정체화는 언제부터였나요?

오래됐죠. 저희 외할머니는 일제 강점기에 고등여학교를 나오셨고, 엄마는 1948년생인데 서울대학교 치대를 나오셨어요. 〈여성신문〉을 구독했고요. 여자도 교육을 받고 싶은 만큼 받아야 한다는 집안 분위기 속에서 자랐어요.

여성주의 판타지 소설집 《여자들의 왕》은 매혹적인 책이었습니다. 전통적 상상에서 여성과 남성의 자리를 바꾸고 질서를 전복해, 여성들을 포식자이자 권력자로 그려내죠.

요즘은 히어로도 여자, 빌런도 여자를 보고 싶다는 의견이 대세잖아요. 남자는 예쁜 남자 하나 세워놓고.(웃음) 이 글을 쓸 때는 '최대한 섹시하게 써야지'가 목표였습니다.

용에게 납치당한 줄 알았는데 알고 보니 용과 한패였던 공주 이야기, 일명 '공주, 기사, 용' 3부작도 재미있게 읽었어요.

러시아 전설과 민담에는 늘 용이 나와요. 주로 왕의 명령을 받아 농민 출신의 용사가 용을 물리치는 내용이에요. 그리스도교를 기반으로 피지배자들에게 읽히기 위한 장르의 이야기였거든요. 한국에서 용이 늘 지혜롭고 선한 동물로 등장하는 것과는 딴판이죠. 하지만 공통점이 있다면, 용이 여성형의 이름을 가진 경우가 있다는 거예요. 《삼국유사》를 봐도 용이 여성으로 표현되는 이야기가 많아요. 조선시대 성리학이 들어오면서 여성 산신령과 여성 용의 이야기가 싹 사라졌지만요. 그런 호기심에서 용을 여성으로 그려보고 싶었어요.

성관계 없이 임신한 여자에게 빨리 아빠가 될 남자를 찾으라고 독촉하는 세계를 그려낸 〈몸하다〉, 실화를 기반으로 가정폭력의 참상을 다룬 〈Maria, Gratia Plena〉 등 많은 작품에서 여성으로 살아간다는 것의 취약성을 드러내요.

그거야 당연하죠. 저는 여성이고, 여성으로서 살아가는 일이 얼마나 취약한 일인지 잘 알고 있으니까요.

《너의 유토피아》에 수록된 〈그녀를 만나다〉를 보면서는 많이 울었어요. 바흐친의 이론을 응용해 사람들이 자신이 상상한 모습을 투사한 '그녀'의 모습을 보게 하는 설정이 인상적이었고, 무엇보다 고 변희수 하사가 살아있는 평행선을 볼 수 있어 좋았죠.

실존주의에서 주체와 타자를 나누는 오래된 이분법이 있잖아요. 바흐친은 주체와 타자가 구분되는 게 아니고, 둘은 계속해서 영향을 주고받는다고 말해요. 자신이 보고자 하는 타인의 모습, 상대가 보고자 하는 나의 모습, 내가 생각하는 나의 모습 같은 것들이 영향을 주고받으며 변화하는 역동적인 존재라고요. 그 이론을 통해 사람들은 자신이 상상하는 모습대로 트랜스젠더를 본다는 점을 짚은 거예요. 요즘 트랜스젠더에 대한 혐오가 더욱 심해졌는데, 이건 다 그분들이 퀴어퍼레이드를 안 와봐서 그래요. 실제로 살아 있는 그들을 만나보지 않아서요.

최근 인권을 파이 나눠먹기나 땅따먹기처럼 생각하는 사람들을 보며, 저는 꽤나 절망하고 있는데요. 작가님은 어디서 희망을 찾으시나요?

그런 식으로 보면 세상이 점점 좁아지죠. SF에 대해 수업할 때 늘 나오는 화두는 '인간성이란 무엇인가', 그러니까 '인간만의 특징은 무엇인가'인데요. 이런 이야기를 하면 매번 도달하는 결론은, 인간성을 규정하기 시작하면 결국 차별할 수밖에 없게 된다는 거예요. 이를테면 팔다리가 있어야만 인간이라고 하면 장애인은 인간이 아니게 되겠죠. 생각하는 존재가 인간이라고 하면 의식을 잃은 사람은 인간이 아니게 되는 것이고요. 인간은 문명을 만들기도 하고 파괴하기도 하며 서로를 살해하기도 하고 애도하기도 해요. 인간성이란 정의하기 힘들고, 정의하지 않는 편이 낫다는 결론에 도달하죠. 여성성도 마찬가지인 것 같아요. '화장을 하는 것이 여성성이라면 바지를 입는 것도 여성성이다. 달리기를 잘하는 것도, 스케이트를 잘 타는 것도 여성성이다.' 어떤 식으로든 여성성을 한정지어 정의하면, 그 전형성에서 벗어난 여성들은 여성이 아니게 되는 건가요? 그런 건 아닐 테죠.

여성성을 한정지어 정의하면, 그 전형성에서 벗어난 여성들은 여성이 아니게 되는 건가요?
그런 건 아닐 테죠.

사실 저는 이런 흐름이 이어져 우경화되지는 않을까 두렵기도 합니다.

너무 두려워하진 마세요. 젊은 여성들은 '이대남'과는 근본적으로 달라요. 남성들은 기득권을 잃을까 두려워서 그렇게 생각하기 시작하는 데에 반해, 여성들은 자신이 당한 차별과 혐오에 대한 반응 중 하나로 그렇게 생각하게 되는 것이니까요. 저는 항상 여자 편이거든요.(웃음) 여성의 인권에 대한 인식이 더 보편화되고, 세상이 좀 더 느긋해지면 여성들도 긴장을 더 풀 수 있게 될 거예요. 지금 딥페이크부터 시작해서 사방이 다 위협인데, 어린 여성들은 모두가 다 그들을 무시하기만 하잖아요. 계속해서 괴롭힘을 당했기 때문에 경계심에 가득차 있는 건 당연해요. 자신이 기득권자라 그걸 잃지 않으려고 하는 움직임과는 근본적으로 차이가 있어요. 그러니 결국, 우선 젊은 여성들이 좀 더 존중받고 한숨 돌릴 수 있는 세상이 되어야 하는 거예요.

좋은 통찰이네요. 그래야 다른 의제도 이야기할 수 있는 것일 테고요.

맞아요. 지금 자기 발밑이 점점 좁아지고 있다고 생각하니까 화를 내게 되는 거잖아요. 소수자들끼리 갈라치기하게 만드는 건 아주 전형적인 기득권의 방식이죠. 이런 시대에서 희망을 찾으려면, 데모를 하면 됩니다.(웃음)

후쿠시마 오염수 방류나 미사일 발사로 인한 해양 생물들의 고통을 다룬 《지구 생물체는 항복하라》를 읽으면서는 놀라웠습니다. 바다 밑, 심해의 생물들에게까지 공감의 시선이 닿은 것에 대해서요.

그 작품을 쓸 때 시베리아학 수업을 하고 있었어요. 당시 러시아가 발트해를 맞댄 스웨덴 앞바다에서 원인 불명의 핵 관련 문제가 있던 것으로 추정되었는데요. 스웨덴 과학자들이 물고

기에서 검출되는 세슘 농도가 갑자기 높아졌다고 따지자, 러시아는 자체적으로 조사했는데 오염도가 0퍼센트다, 심해 생물 다양성에 아무런 영향을 끼치지 않았다고 주장하는 거예요. 그때 러시아의 한 학자가 양심선언을 했어요. 자국에서 핵실험을 했고 정부는 해저가 오염된 사실을 감추고 있다고. 그런데 그 발언을 하고 쥐도 새도 모르게 죽어버렸죠. 저는 심해의 생물이 나와서 "아니거든?"이라고 증언할 수 있으면 좋겠다는 생각을 진심으로 했어요. 아니, 러시아 정부가 해양 생물인가요? 그걸 어떻게 확신해요? 그러던 중 일본이 후쿠시마 원전 오염수를 방류한다고 하니, 이게 남의 일이 아니란 생각이 들었어요. 데모를 하러 부산에 갔죠. 어업을 하거나 시장에서 해산물을 파는 분들, 아이를 키우는 부모님들이 많이 나왔더라고요.

작가님이 맞닥뜨리는 현실에 상상과 환상은 어떤 식으로 틈입하나요?

《지구 생물체는 항복하라》 중 〈문어〉는 모 대학교에서 농성하면서 쓴 거예요. 실제로 제 남편이 노조 위원장일 때 이야기도 섞어 넣었고요. 농성 자체가 비일상적 경험이잖아요? 거기에 있으면 같이 투쟁하는 선생님들끼리 이런저런 이야기를 나누면서 딴생각을 할 여지가 많아요. 그러니까 농성장에 갑자기 문어가 등장하는 것쯤은 상상해볼 법한 일이죠. 《붉은 칼》과 《여자들의 왕》을 쓸 때는 제가 검도를 배우는 중이었는데, 관장님이 여성이셨거든요. 검도 대회에 가서 여자부가 시합하는 걸 보면 정말 멋있어요. 여성들이 경기장에 들어서면, 그분의 동생이나 친구로 보이는 여성이 조그마한 아기에게 "엄마 싸우는 거 봐"라고 말해주는데 그 광경이 얼마나 보기 좋던지요. 한번은 60대로 보이는 여성분과 젊은 남성분이 같이 왔기에,

저는 가부장제에 찌든 선입견으로 남성분이 선수이고 같이 온 여성분이 어머니인 줄 알았거든요. 그런데 반대로, 60대 여성분이 선수였고 남성분이 "엄마 파이팅"을 외치고 있었죠. 그런 멋진 광경을 보면서 여성이 칼싸움을 하는 이야기가 쓰고 싶어진 거예요.

에세이집 《아무튼, 데모》를 비롯해 여러 책의 서문을 '투쟁'이란 단어로 끝맺었죠. 당신에게 투쟁이란 어떤 의미인가요?

앞서 말씀드린 한국옵티칼 고용승계로 가는 희망뚜벅이 운동에서 김진숙 동지의 마무리 발언이 기억나네요. 김진숙 동지는 누가 고공농성을 한다고 하면 본인이 하셨을 때의 트라우마가 떠오르시나봐요. 여름에는 햇빛에 쇠가 쪄지는 냄새가 머리칼까지 배어들고, 겨울에는 크레인의 냉기가 뼛골까지 파고든대요. 그래서 차라리 감옥에 들어갔더니 벽도 있고 바닥도 있고 물도 나와서 너무 좋았다고 하실 정도로요. 그런데 세종호텔 고진수 동지, 한국옵티칼 박정혜·소현숙 동지, 거제통영고성 조선하청지회 김형수 지회장이 또 고공에 올라 농성 중이니 너무 속상하신 거예요. 그래도 내란 사태 이후 희망뚜벅이를 비롯해 연대가 필요한 광장에 2030 여성들이 정말 많이 나와주는 게 참 좋다고 하시더라고요. 당신은 감옥 징벌방에 거꾸로 매달려 떨어지는 핏방울을 세면서 "이런 건 청춘이 아니다"라고 생각하셨는데, '다음 세대 여성들이 내가 꿈꾸었던 광장을 내 앞에서 열어가는 모습을 보니 나의 청춘도 의미 있었다'고 하시는 걸 들으면서 줄줄 울었어요. 김진숙 동지 같은 분들이 두들겨 맞고 잡혀가며 싸워준 덕에 우리가 지금 '바삭한 군만두 권익위원회' 같은 깃발을 들고 나와서 목소리를 낼 수 있는 거잖아요. 저도 무릎 관절을 잘 관리해서, 다음 세대 여성들이 어떤 세상을 펼쳐주실지 보고 싶어요.

데모, 집회, 행진, 연대서명뿐 아니라 오체투지도 자주 하셨죠. 이건 정말 힘들 것 같은데, 몸이 축나지 않나요?

오체투지는 오히려 전신운동을 한 것 같고, 근육 우먼이 된 것 같은 기분이에요. 2021년 차별금지법 제정 오체투지를 했을 때는 한창 코로나였는데도 인원이 너무 많아서 다 못 한다는 걸 저는 꼭 하겠다고 우겨서 했죠. 그보단 삼보일배가 힘들어요. 2023년 8월 이태원 참사 100일 때 더위와 습기 속에서 하니 두통 때문에 괴로웠죠. 하지만 제게 유난히 힘든 거라곤 생각하지 않아요. 연세가 많으신 세월호 부모님들도, 쌍용차 노동자들도 다 삼보일배, 오체투지를 하시는 걸요. 옆에서 보고만 있으면 정말 괴로워서 도저히 참을 수 없어요. 그냥 제가 고개를 처박고 오체투지를 하는 게 낫지, 남들이 하는 걸 지켜만 보는 건 더 괴로워요.

수많은 죽음들을 겪어낸 우리에게 애도란 어떤 의미일까요?

애도는 굉장히 중요해요. 넷플릭스 다큐멘터리 〈네안데르탈인의 비밀〉을 보면, 동굴 안에서 네안데르탈인과 호모사피엔스의 중간 정도 시기의 유골을 발견해요. 그런데 그 유골을 보면 장례가 치러졌다는 걸 알 수 있죠. 뼈가 누운 상태로 고스란히 매장돼 있었고, 손에는 돌도끼를 쥐고 있었고, 뼈가 매장된 곳까지 벽에 길을 표시한 흔적이 있어요. 그 다큐멘터리에서 해설하는 바는, 죽은 이의 손에 돌도끼를 쥐여준 것은 저세상에 가서 또 이 물건을 쓰라는 의미이고, 그 사람을 사랑했던 사람들이 애도를 했다는 증거, 곧 문화가 발생했다는 증거라는 거예요. 즉 애도는 인간을 인간답게 하는 것이죠. 그런데 이태원 참사를 두고 왈가왈부하는 걸 보면 세월호 참사 때랑 똑같아요. 보상금이 얼마고, 이젠 지겹다느니…. 원시인도 했던 애도를, 현대인으로서 안 하고 있다는 건 자신이 인간임을 잊어버리고 있다는 거예요.

많은 노동자들이 일터에서 목숨을 잃어도, 달라지는 게 없다는 사실 또한 슬프죠.

애도할 일 자체가 없어야 하는데, 그런 일을 자꾸 만들면서 애도하지 말라는 건 폭력이에요. 그리고 애도에도 차별이 있다는 게 참 속상한 일인데요. 이주 노동자는 산업재해 통계가 없대요. 그들이 얼마나 다치는지, 얼마나 죽는지 알 길이 없는 거죠.

런던 킹스칼리지에서 열린 한국학 학술대회에 가서 세월호 추모방식에 대한 발표를 하기도 했죠. 영향력이 닿는 한, 작가님은 세상을 나아지게 하기 위해 모든 방식을 동원하는 것 같아요.

그때는 방법이 없었어요. 당시 저는 정말 화가 나 있었고요. 제가 사회학 전공이 아니기 때문에 한국학 연구를 하는 다른 나라 교수님과 함께 논문을 썼죠. 이론은 그분이 쓰시고, 저는 실제 사례를 썼어요.

데모, 번역, 그리고 포항에서 배우자분 간병까지 하시면서 어떻게 이토록 왕성한 창작활동을 하세요? 궁금하고 신기합니다.

전 그냥 열심히 사는 사람이에요. 남편이 입원을 하면 간병을 하면서 글을 쓰죠.

타고난 스토리텔러가 아니고는 이럴 수가 없다는 생각이 들어요.

그건 쌓인 게 많아서 그래요.(웃음)

예술은 필연적으로 정치적이라고 생각합니다. 당신의 신념은 작품에 어떤 방식으로 담기나요?

사실 저의 삶은 안온해요. 일반 회사나 공장을 다녀본 것도 아니고, 제가 현실에 대해 뭘 알겠어요. 그러니 저는 대단한 투쟁을 하고 의식적으로 이야기를 써야겠다고 생각해서 글을 쓴다기보단, 노동을 하다 손가락이 잘리고 눈이 실명된 분들, 투쟁하는 분들의 이야기를 듣고 제가 받은 충격을, 깨달음을 스스로 정리하는 의미에서 쓴다고 보는 게 맞는 것 같아요.

안온한 일상을 보낸다고 말씀하셨지만 작가님도 노동자로서 투쟁 중이죠. 모교인 연세대학교에서 12년 동안 러시아 문학과 문화를 강의했고, 퇴직 시에 퇴직금 및 주휴수당과 연차수당을 지급하지 않는 학교를 상대로 소송을 제기했습니다. 법원은 일부 인용해 퇴직금과 수당을 지급하라는 판결을 내렸고요.

그 판결에 연세대학교도 항소했어요. 제가 환갑 정도 되어야 대법원까지 가고 끝날 것 같습니다. 남편이 저 휠체어 태워서 대법원 들어가기로 했어요.(웃음)

같은 졸업생임에도 한강 작가가 노벨문학상을 탔을 때는 그토록 자랑스러워하던 학교가, 정작 세계적인 문학상의 강력한 차기 수상자로 점쳐지는 작가님에게 이런다는 사실이 참 아이러니합니다.

저는 최종 후보 전문 작가로서 굉장한 자부심을 가지고 있습니다. 또한 연세대학교에서 '빛의 한강 작가님, 어둠의 정보라 작가'가 된 것 같아 아주 만족합니다.(웃음)

어릴 땐 어떤 아이였어요?

책을 많이 읽는 아이. 핸드폰도 인터넷도 없던 시절이라 책밖에는 엔터테인먼트가 없었죠. 저희 할머니가 애거사 크리스티 팬이셔서 전집을 탐독했고, 또 〈전설의 고향〉을 좋아하셔서 함께 이불을 뒤집어쓰고 "내 다리 내놔!" 같은 장면을 보곤 했어요. 그리고 어릴 때부터 키가 커서 운동회 같은 데 선수로 불려 나가곤 했죠. 막상 운동은 별로 잘하지도 않았는데 그 사실에 꽤나 오만해지곤 했네요.(웃음)

어쩌다 동구권 문학과 문화에 관심을 가지게 됐나요?

저는 냉전시대의 어린이였기 때문에 반공 교육을 철저하게 받으며 자랐어요. 그러다 베를린 장벽이 무너지고 공산주의가 망했잖아요. 이제 러시아도 갈 수 있고, 공산주의 국가의 문학이나 문화를 배워도 되고 읽어도 된다는 거예요. 드라마 〈모래시계〉에서도 러시아 노래가 나오고, 드라마나 영화에서도 그쪽 문화를 다양하게 보여주기 시작했죠. 이렇게 세상이 갑자기 바뀌었다는 게 너무 신기했고, 궁금했어요.

그러다 예일대학교에서 석사, 인디애나대학교에서 박사까지 하게 됐군요.

사실 좋은 학교에서 석사를 하고 오면 취직이 잘될 거라는 생각을 막연히 했어요. 당시 많은 회사들이 너도나도 러시아에 공장을 세우던 때였거든요. 그런데 IMF가 터졌고, 여자는 학력이 높을수록 취업이 어려워졌죠. 그래서 취업은 포기하고 박사까지 하게 된 거예요.

유학 시절 동양인 여성으로서 외롭진 않으셨어요?

같은 학교 출신인 언니들이 있어서 서로 도우며 지냈죠. 다만 예일대학교는 어마어마한 엘리트주의라, 예일에 올 만한 사람만 인간이라는 식의 태도가 힘들었고요. 인디애나대학교는 지리적으로 정말 극우의 한가운데에 위치한 곳임에도 불구하고, 굉장히 진보적이고 개방적인 곳이라 행복했어요. 외부가 그러니까, 다양한 인종과 국가의 학생들을 보호하기 위해서라도 학교만큼은 안전한 곳이어야 한다는 위기감이 있어서 그랬던 것 같아요.

작가님이 생각하는 동구권 문학의 아름다움은 어떤 건가요?

저는 1920년대에서 1930년대의 공산주의 문학을 전공했는데, 혁명 직후부터 토지를 국영화하기까지 모든 자유가 허용되던 때가 있었어요. 러시아제국의 황실 검열이 없어지니 불온서적을 읽어도 감옥에 가지 않고, 비판적인 논문을 써도 죽지 않는 시기가 온 거예요. 황제군과 공산군과 농민들 간의 삼파전 때문에 혼란스러운 시기였음에도 불구하고, 예브게니 자먀찐의 《우리들》 같은 빛나는 디스토피아 문학들이 나왔죠. 또한 문학 비평에서도 형식주의라는, 비평의 관점을 완전히 바꿨고 지금의 비평에서도 널리 쓰이는 방식이 등장했어요. 다들 총 들고 혁명하고 사흘쯤 굶고 눈 퍼먹던 시기였는데, 검열을 받지 않는다는 게 정말 어마어마한 힘이었나 봐요. 그 시기에 폭발한 창의성, 역동적인 혁명성이 정말 재미있어요. 러시아제국이 무너지니 자유를 찾은 폴란드에도 정말 미친 것 같은 훌륭한 작품들이 쏟아졌죠. 그리고 모든 것을 이겨낸 정말 다이아몬드처럼 빛나는 여성 문학가들이 있었어요.

그중 어떤 여성 작가들을 특히 사랑하나요?

지나이다 기피우스라는 무진장 섹시한 시를 쓰는 상징주의 여성 작가를 좋아해요. 그 뒤를 이은 마리나 츠베타예바도 좋아하고요. 그들은 마녀 같은 보법의 시를 씁니다. 예를 들어 늦은 밤 으슥한 골목에서 마치 매춘부인 양 남자를 기다리다가, 수작을 부리는 남자가 오면 바로 잡아먹는 식이에요.

좀 다른 얘기를 해볼까요. 작가님은 한국 문단이 아니라 세계에서 먼저 주목받은 케이스죠. 한국에서는 웹 위주로 활동하시는 장르소설가로 인식됐는데, 부커상 최종 후보에 오르면서부터 문단의 관심이 시작됐어요.

저는 환상문학 웹진 〈거울〉의 필진으로 있으면서 김보영 작가, 전혜진 작가, 박애진 작가와 가깝게 지내는데요. 제가 한국 장르문학을 일으키고 이런 게 아니라, 이분들께서 다 깔아두신 판에 제가 묻어가는 거예요. 김보영 작가님이 2021년에 전미도서상 후보에 먼저 오르셨잖아요. 곽재식 작가님은 본업을 하시면서 한 달에 한 편씩 단편을 발표하고 계시고요. 〈거울〉에 올라온 중단편들을 모아서 책을 내는데, 《저주토끼》도 그 과정에서 쓰게 된 거죠. 장르문학을 발표하고 이야기할 곳이 있다는 게, 그리고 동료들이 있다는 게 굉장히 힘이 돼요. 〈거울〉이 장르문학의 산실인 셈이죠.

혹시 전통적인 방식으로 등단해보고자 하는 마음은 없었나요?

해봤는데 까였어요.(웃음) 당시 저는 유학 중이었기 때문에 그냥 '아, 상금을 못 타는구나. 그럼 상금이 나올 다른 곳을 알아봐야겠다' 정도로 받아들였죠.

순문학과 장르문학의 경계가 무너지는 요즘이 반갑습니다. 작가님은 어떻든 간에 마이페이스이실 것 같지만요.

저희가 사는 현실이 SF와 다를 바 없어서, 현실에 대해 쓰려면 SF가 안 나올 수 없다고 생각해요. 팬데믹을 겪고 나서는 더더욱 디스토피아 SF소설을 쓰지 않을 수 없죠. 현시대에선 순문학과 장르문학을 가르는 게 큰 의미가 없다는 거예요. 어쨌든 저는 전업작가가 아니었고 강의나 번역 일을 늘 하고 있었기 때문에, 좀 더 제가 하고 싶은 대로 써왔던 것 같습니다. 그리고 지금은 에이전시가 있으니, 제가 좀 이상한 걸 쓰더라도 에이전시에서 잘 팔아주시겠죠.(웃음)

작가와 글이 비슷한 성격을 지닌다면, 쿨하고 단호한 성격이실 것 같아요. 결정이 빠르고, 감정에 끌려다니지 않고, 뒤도 안 돌아볼 것 같고요.

정답과 오답이 있는 세계에서 선생님으로 오래 일했기 때문에 그럴 수도 있겠네요. 하지만 실제로 저는 감정에 많이 끌려다닙니다. 현재는 항상 미완의 상태잖아요. 그러니 제가 미래까지 완결할 수 있는 소설이라도 시원하게 끝나는 맛이 있어야 될 것 같아요. 제 정서적 안정을 위해서도 말이죠.

SF 작가로서의 견해가 궁금합니다. AI가 소설을 쓸 수 있을까요?

저는 이게 AI의 문제가 아니라 자본주의의 문제라고 생각해요. AI 트레이너라는 직업이 있는데, 멋있게 들리지만 시간제 비정규직이에요. 이를테면 로봇청소기가 찍은 사진에다가 부엌, 거실, 베란다처럼 태그를 일일이 붙여서 로봇청소기가 인식하게 하죠. 그러면 아기가 기어다니는 모습, 변기에 앉은 여성의 모습 같은 사적인 모습이 그대로 다 찍히는데 그걸 미국 본사가 수집해 제3세계 저임금 노동자들에게 태그를 붙이게 한 거예요. 나중에 그게 문제가 된다는 사실을 알고 본사는 AI 트레이너들의 접속을 죄다 차단하고 그대로 해고했어요. 문학도 비슷해요. 이를테면 AI 트레이너가 환상문학 웹진 〈거울〉에 있는 글들을 AI에 로봇, 디스토피아 등 태그를 붙여서 입력하겠죠. 그러면 AI가 짜깁기를 해서 창작품이라고 내놓는 거예요. 이게 문제가 되는 게 1번은 도둑질이라는 것, 2번은 비정규직 저임금 노동자의 불안정한 노동이 개입된다는 것. 결국 그건 창작이 아니고, 저작권법과 근로기준법을 싹 무시하는 행위죠. 미국 출판사 펭귄랜덤하우스에서는 모든 책에 '이 책은 AI 트레이닝에 사용할 수 없다'고 명시하기로 했대요. 한국에서도 그런 대처가 필요합니다.

특이점이 온 후 창작물의 미래가 두려워지네요.

특이점은 이미 왔어요. 극단적인 디스토피아가 되어가고 있고요. 다들 의식을 지니시고, 데모도 좀 하셔야 합니다.(웃음)

역시 디스토피아를 점치시는군요.

사람들은 AI의 미래를 서비스업과 제조업을 중심으로 한 임금노동만 생각하는데, AI에 정보를 입력하고 태그하는 노동을 하는 사람, 서버를 관리하는 사람, 그 서버를 돌리기 위해 전기를 생산하는 사람, 냉각시키기 위해 물을 생산하는 사람이 있을 거예요. 그 모든 게 기계화된다고 해도 적어도 기계를 설치해주는 사람은 있을 거고요. 그들의 존재와 노동을 무시하고 버튼을 누르면 다 해결되는 세상이 온다고 생각해선 안 된다는 거죠. 무엇보다 가사노동을 AI가 완전하게 대체할 수는 없을 거예요. 지금도 모든 노동 중 가장 인정받지 못하는 게 인간을 돌보는 노동이기에 여성들이 차별받고 노인들이 빈곤한 건데, 정책을 만들거나 미래를 예측하는 사람들은 아이 기저귀도 자기가 안 갈고 부모 간병도 스스로 안 하니까 그런 소리를 하고 있는 거고요. 인간이 몸을 버리지 않는다면, 우리는 계속해서 움직이고 뭔가를 해야 할 거예요.

지금 당신이 꿈꾸는 유토피아는 어떤 모습인가요?

김진숙 동지가 말씀하셨듯, 내가 꿈꾸던 혹은 꿈꾸지도 못했던 세상을 저와 제 세대 이후의 동지들이 계속 만들어갈 것을 믿고 있습니다. 지금의 한국은 다양성을 포용하는 사회를 만들 수 있는 수준을 갖고 있음에도 불구하고, 사람들은 자꾸 적을 만들어서 안심하고 싶어해요. 내 파이만, 내 밥그릇만 챙겨야 한다고 생각하지 않아도 괜찮은데 말이죠. 저는 1980년대 말에서 1990년대 초에 경제가 호황이었을 때 청소년기를 보냈는데, 그때 사람들은 다들 여유가 있고 느긋했어요. '친구사이'라는 성소수자 단체가 처음 만들어졌고 지금보다 진보의 물결이 거셌죠. 개방적이고 포용적인 자세가 쿨한 것이라는 생각이 젊은이들 사이에서 통용되는 시대를 다시 만들고 싶습니다.

스스로가 강하다고 느낄 땐 언제인가요?

행진할 때요.

그럼 약하다고 느낄 때는요?

데모한 다음 날이요.(웃음)

정보라는 무엇을 믿나요?

동지들을 믿어요. 물론 그건 양날의 검이에요. 확증편향을 계속 강화하는 존재가 될 수 있으니까요. 하지만 나와 생각이 같은 게 아니라, 나와 비슷한 삶의 방식과 지향성을 가진 사람들을 만나는 건 중요해요. 노조, 무지개행동, 여성단체 등등. 혼자서 고립되면 정말 힘들거든요. 그리고 다른 하나는 버티면 좋은 날이 온다는 것. 김진숙 동지는 40년을 버텼잖아요. 쌍용차 동지들도 오랜 투쟁 끝에 11년 만에 복직이 결정되었고요. 그러니 버텨보자고요. 언젠가는 우리 모두에게 좋은 날이 올 테니까요.

모니카는
쓰러져도
다시 일어난다

모니카는 강한가요? 그녀는 망설이지 않고 답했다. "네, 강해요. 쓰러져도 다시 일어나기만 하면 됩니다. 그러면 강합니다."

INTRO

모니카는 뭇 여성들의 사랑을 독차지하리라. 춤과 댄서에 대한 패러다임을 바꿔놓은 〈스트릿 우먼 파이터〉(이하 〈스우파〉) 첫 화가 공개됐을 때, 바로 알아봤다. 트레이닝팬츠에 박시한 흰 셔츠를 걸친 모니카가 서태지의 〈Come Back Home〉에 맞춰 무브를 선보인 순간, 이 판의 주인공은 그녀라고 말이다. 카리스마 넘치는 태도, 승부사 기질, 단호한 리더십과 폐부를 찌르는 화법, 내뱉은 말은 지키는 책임감과 절도, 그냥 '멋'이 줄줄 흐르는 춤, 여성적 보디라인을 강조하기보단 자신이 전하고자 하는 감정과 서사를 뼈와 살로 전달하려는 몸짓, 그리고 잘생긴 외모까지. 모니카는 여자들이 사랑하는 여자들이 가진 모든 걸 갖춘 필승 캐릭터였다.

그녀가 수장으로 있는 '프라우드먼'의 이름은 '프라이드'와 '우먼'을 합쳐 지은 것이다. 모니카는 정말이지 그 이름값을 했다. "어떤 결과가 나와도 책임을 지는 것이 어른"이라며 내내 의연했고, 탈락하는 순간까지도 "오늘 저는 집에 가지 않습니다. 제가 있던 곳으로 돌아갈 뿐입니다. 끊임없이 할 거고, 하던 대로 살 거예요"라는 또렷한 말을 남기면서 말이다. 서바이벌 내내 모니카는 부러질지언정 숙이지 않는 대나무 같은 존재였다. 그녀의 태도는, 자신의 왼팔 안쪽에 새긴 타투 '강의목눌근인'(剛毅木訥近仁, 강직한 것과 의연한 것과 질박한 것과 어눌한 것은 인에 가깝다,《논어》)의 뜻처

{ 모니카 }

럼 살겠다는 듯 보였다.

이런 대쪽 같은 캐릭터를 방송가는 필요로 했던 것 같다. 자극적인 서바이벌 방송인 〈여왕벌 게임〉에 출연한 모니카는 진흙투성이가 된 얼굴로 "저는 방송이 지겹습니다. 이 게임이 그렇게 재밌습니까? TV를 보는 사람들이 무엇을 느껴야 합니까?"라며 일갈했다. 주변 출연자들이 눈치를 살피는 와중에도, 모니카는 "정신 차려라"며 제작진에게 끝까지 자신이 해야 할 말을 했다. 그러니까 이런 게 모니카다. 어떤 극한 상황에서도 할 말을 하는 사람.

나는 〈스우파〉를 본 순간부터 모니카가 궁금했고, 그녀가 팔에 새긴 《논어》의 문구를 알게 되자 그녀를 만나고 싶었다. 모니카의 굽히지 않는 강인함, 그리고 그 속에서 엿보이는 묘한 연약함의 실체를 확인하고 싶었다. 마침내 인터뷰 당일, "당신은 강한가요?"라는 질문에 모니카는 답했다. "네, 강해요. 쓰러져도 다시 일어나기만 하면 됩니다. 그러면 강합니다." 그걸 의연하게 해내는 게 쉽지 않다는 딴지에, 그녀는 말을 이어갔다. "의연한 척하는 거겠죠, 모두가. 강하다고 해서 무서울 게 없는 건 아니거든요. 무서워서 눈물이 나도, 의연한 척 그냥 걸어가면 되는 거예요."

무협만화 속 정파의 맹호 같은 이 여성과의 대화 속에서, 나는 한없이 약하다고만 생각했던 나 또한 강하다는 사실을 비로소 알 수 있었다. 겁이 나서 덜덜 떨며, 무섭다고 줄줄 울며, 그럼에도 기어이 내가 갈 수 있을 데까지는 가려고 한다는 점에서 말이다. 모니카의 강인함 역시 그런 데서 비롯된다고 생각하니, 부쩍 그녀와 가까워진 기분이었다. 팬의 한 사람으로서 왜 모니카에겐 여성 팬이 많은지에 대해 묻자, 그녀는 빙그레 웃으며 답했다. "그건 아마 저와 비슷하기 때문일 거예요. 제가 되고 싶어서가 아니라, 모두가 저와 닮은 사람들일 거라서. 저처럼 결핍이 있거나 겁이 많거나, 그럼에도 용기 있게 살고 싶은 분들일 거라 생각합니다." 그랬구나, 그래서 그랬구나. 내가 왜 그토록 그녀를 만나고 싶었는지 어렴풋이 알게 된 순간이었다.

실례지만, 정말 잘생기셨네요.

하하하. 잘생겼죠? 저도 제 얼굴이 좋아요.

저희 행사에서 우연히 만난 적이 있어요. 초면이었는데, 손톱을 뜯어놓은 제 손을 잡으며 걱정해주셨던 생각이 나요.

네, 기억나요. 제가 "다음에 또 봬요" 이랬죠?

그리고 이렇게 만났네요. 오늘도 먼저 스태프들 식사를 챙기고 밝고 활기차게 촬영에 임하는 모습을 보면서, 첫인상처럼 좋은 사람이구나 싶었어요.

저는 댄서와 안무가로 활동하면서 아티스트들의 스태프로 일해왔잖아요. 그래서 제가 스태프일 때 받고 싶었던 것들을 자연스럽게 하게 돼요. 저도 그런 분들이랑 일할 때 좋았거든요. 동시에 저는 저 역시 여전히 스태프라고 생각합니다. 작품을 만드는 데 하나의 일원인 사람이요.

2023년에는 '대한민국 대중문화예술상'에서 문화체육관광부장관 표창을 받고, 2024년에는 CJ ENM에서 선정한 '2024 비저너리' 7인 중 한 명으로 선정됐죠. 축하합니다.

어우, 감사해요. 받아보니, 이런 상들이 춤이 얼마나 중요한지 알릴 수 있다는 걸 깨달았어요. 과거에 상을 수상했던 안무가 분들에게 뒤늦은 축하와 존경을 보냅니다.

댄스부터 서바이벌 예능에서까지 활약하는 당신을 보며 궁금해졌어요. 모니카는 어떤 것에서 재미를 느끼나요?

설레는 모든 일들. 그런데 설렌다는 게, 새로운 일만을 말하는 건 아녜요. 같은 걸 매일 해도 매번 다르게 느껴진다면 설레거든요. 이를테면, 저는 제가 매일 하는 개인 연습을 굉장히 좋아해요. 아무도 보지 않는, 영상으로도 남기지 않을 제 개인 연습이요. 매일 운동을 하듯 보이지 않는 적금을 붓는 마음으로 열심히 하는데요. 나와 춤만이 있다는 것은 매번 설레는 일이죠. 때론 귀찮아도 막상 하고 나면, 내가 살아가는 이유가 거기에 있다는 것을 새삼 깨달아요.

그렇다면 무엇이 용감한 것이라고 생각해요?

당장 시작하는 모든 것들. 사소한 예를 들자면, 저는 후방 주차만 잘하는데 어느 날 평행 주차할 수 있는 자리밖에 남지 않은 거예요. 평소라면 1분도 안 걸리는 주차를 10분에 걸쳐서 했어요. 막 식은땀을 흘리면서. 하하. 전 그런 작은 것들을 해내는 것도 용기라고 생각해요. 그런 사소한 게 모여 큰 용기를 낼 수 있게 해주거든요. 크게 보면, 저는 저를 싫어하는 사람들 앞에 서서 당당히 제 얘기를 할 수 있어요. 그러면 그 사람도 조금은 절 좋아해주더라고요? 여태까지 살면서 그런 것들에 용기가 있었다고 스스로를 칭찬해주고 싶네요.

모니카는 용감하네요.

네, 저 용감해요. 겁은 많은데, 겁나도 울면서 하거든요. 막 무섭다고 소리지르면서 해요.

어떤 게 겁나나요?

전 많은 걸 두려워해요. 누가 절 쳐다보면 긍정적인 생각보다 '내가 뭘 실수했나?' 하는 부정적인 생각부터 해요. 눈치를 좀 많이 보죠. 그런데 '아닐 거야' 하고 용기 내서 그 사람한테 다가가보면, 대부분 안 좋은 의도가 아니었어요. 아무 생각 없었거나, 싫어했다 해도 가벼운 감정이거나. 말 몇 마디면 인연이 시작될 수 있는 거죠. 겁나는 마음을 깨부수고 누군가에게 다가가 먼저 웃으며 말을 걸 때, 스스로가 용감하다고 느껴요.

모니카가 리더로 있는 '프라우드먼'은 팀명에서부터 여성으로서의 자부심이 느껴져요. 당신의 자부심은 어떤 것인가요?

인덕이요. 제 주변에는 정말 좋은 사람만 있거든요. 문제를 일으키는 사람이 한 명도 없죠. 만약 문제가 있다면 접니다.(웃음) 돌이켜보면 저는 늘 먼저 사랑을 받았어요. 그렇기 때문에 갚을 수 있는 거고, 그러기 위해 최선을 다하고 있는 거예요. 팀 동생들도 제가 어리고 멋모를 때부터 저를 순수하게 따르고 사랑해줬죠. 모든 일은 상호작용이지만 먼저 사랑을 건네준 분들에게 항상 고마운 마음을 지니고 있습니다.

초등학생, 중학생 때부터 모니카에게 춤을 배운 케이데이와 원지 얘기도 들어봐야 할 것 같은데요. 그들은 자신들이 먼저 모니카에게 사랑을 받았다고 하지 않을까요?

어머, 저 울어요.(웃음) 그 애들 덕에 제가 잘 큰 거예요.

〈스트릿 우먼 파이터〉에서 리더이자 맏언니로, 〈스트릿댄스 걸스 파이터2〉에서 멘토로 보여준 모습을 보며 좋은 어른이란 생각이 들었어요.

저는 나이는 그저 상대적인 거라고 생각해요. 롤모델을 나보다 나이 많은 분 중에서 찾아야 된다고 생각지도 않고요. 제게 영감을 주는 사람이라면, 나이가 적든 많든 배울 점이 있다고 생각해요. 이를테면 헤일리는 절대 지각을 안 해요. 집이 연습실에서 제일 먼데도요. 시간 약속은 비즈니스의 룰일 뿐 아니라 자신과의 첫 번째 약속이잖아요. 그걸 지키는 헤일리를 보며 어른이라 느끼죠. 케이데이는 가족을 되게 잘 챙겨요. 어머니와 외식하는 시간이 굉장히 중요해서 "이 시간은 꼭 비워야 합니다"라고 똑부러지게 자기 의견을 말하곤 해요. 그 모습을 보며 저도 가족을 챙겨야겠다고 반성하죠. 전 어떤 사람에게서든 배울 점이 있다고 생각해요. 모든 사람은 다 다르고 장단점이 있기에 어떤 관점에서 보느냐가 중요한 거예요. 그래서 저는 어떤 편견도 없이 인간을 바라보고 싶어요. 그걸 잘하는 게 어른이란 생각이 들고요.

2023년 MAMA에서 선보인 림킴의 〈MAGO〉 퍼포먼스가 유독 기억에 남아요. "Women born strong"이라고 노래하는, 프라우드먼과 딱 맞는 곡이었죠. 모니카의 춤을 보면 항상 전달하고자 하는 이야기가 느껴져요.

우먼파워에 대한 퍼포먼스였기 때문에 적절한 선곡이었죠. 제가 원래부터 좋아하던 곡이었어요. 닭살 돋는 얘기지만, 저는 춤을 추기 위해선 먼저 음악과 연애하듯 사랑에 빠져야 되더라고요. 그래야 동기부여가 돼요. 이 음악이 무슨 이야기를 하려는지 자꾸 듣고, 그 감정에 빠지는 거예요. 거기서부터 이야기가 시작되는 거예요. 저는 비언어적 표현인 춤을 사랑하고, 보이지 않는 메시지를 몸짓으로 전하는 데 매혹되곤 해요.

당신에게 춤이란 무엇인가요?

의외의 답일 수도 있겠어요. 제게 춤이란 인생의 전부가 아닌 일부예요. 인생은 한 번뿐이고, 다양한 경험을 하고 싶어요. 여러 경험을 해야 춤도 발전할 수 있고요.

어릴 때는 어떤 아이였나요?

그림 그리는 걸 좋아하는 조용한 아이였어요. 평범했고, 딱히 꿈도 없었고, 남들처럼 취업해서 살겠지 생각했죠. 그러다 고등학생 때 살 빼려고 방송 댄스와 스트리트 댄스를 시작했다가 신세계를 접했어요. 단박에 빠져들었죠. 그때의 저는 춤을 좋아한 게 아니라, 춤으로 연결되는 커뮤니티를 사랑했던 것 같아요. 학교를 떠나 새로운 공간에서 네트워크를 만들었는데, 춤추는 사람들은 굉장히 다양하고 자유로워 보여서 무척 설렜죠. 그들과 어울리기 위해 춤을 잘 추고 싶었어요. 그리고 진짜 '춤' 자체를 좋아하게 된 건, 남들처럼 대학에 진학하고 취직해서 일하다가 회사를 그만두고 '이제 내가 좋아하는 게 뭐가 남았지?'라고 생각했을 때, 춤밖에 없다는 사실을 깨달았을 때예요. 20대 중반이었죠.

댄스 신에 대한 애착이 강하다고 느꼈는데 오랜 애정이었군요.

제 본명 '정우'가 정치 '정'에 도울 '우' 자예요. 그 이름이 가진 언명이 아닐까요. 오래전부터 댄스 신을 동경하고 사랑했고, 지키고 싶었죠. 제 마음을 알아주든, 알아주지 않든. 모든 댄서가 그럴 거예요. 그렇기 때문에 지금도 댄스 신이 유지되고 있는 거고요. 참 애틋한 마음이죠. 댄서들에게 많은 선택권이 있는 세상이 되었으면 좋겠어요.

그나저나, 의외의 어린 시절이네요.

춤이 절 바꾼 거예요. 성격부터 모든 게 많이 바뀌었죠.

어찌 보면 남들보다 조금 늦게 시작한 셈이에요. 어떻게 업으로 삼을 생각을 했어요?

전 춤에 재능이 없는 게 재능이라고 생각했어요. 제가 못 추니까, 어떻게 해야 잘 출 수 있는지를 계속 고민하게 되고, 그 고민들이 남들을 곧잘 가르치게 하더라고요. '나는 왜 춤을 못 추지?' 이게 제 레슨의 원천이었죠. 저는 춤을 추고 싶어하는 사람들에게 필요한 이야기들을 해주려 노력했어요. 그게 후배들과 제자들에게 동기부여가 됐고, 프라우드먼이 결성될 수 있는 토대가 됐죠.

춤을 추면서 슬럼프도 있었나요?

힙합을 할 때 매일매일 슬럼프였어요. 힙합 문화가 가진 많은 속성 중 제가 좋아하는 것도, 안 좋아하는 것도 있었는데 제겐 그 모두를 좋아해야만 한다는 강박이 있었거든요. 선배들은 힙합은 문화니까 먼저 문화를 좋아해야 한다고들 했어요. 그래서 저도 그 문화에 물들고 싶었는데 쉽지 않았죠. '나는 왜 힙합이 아닐까' 고민하면서 제 본연의 개성들을 외면했어요. 지금도 그 힙합에 대한 슬럼프는 통과하지 못했어요. 대신 다른 답을 찾았죠. 문화는 계속해서 새롭게 융화되고 변화하며 태어나는 것이고, 제가 어떤 문화에 속하든 제가 좋으면 그만인 것이고, 제가 제 춤을 춘다는 건 변함없더라고요. 한때 저는 제가 힙합 문화에 속하지 못할까봐, 다른 문화로 옮겨갔을 때 변했다고 느낄까봐 겁을 냈던 거예요. 지금 제 춤은 힙합과 여러 장르가 융합되며 제 개성을 살린 춤이 됐죠.

그런 모니카의 춤이 좋아요.

지금은 저 같은 캐릭터가 많아요. 유튜브 등 다양한 SNS 플랫폼이 발전하면서 간접경험하는 것들이 많으니, 다양한 것에서 영감을 받아 각자 가진 색깔이 다르죠. 요즘엔 저 같은 사람들을 '프리스타일러'라고 부르더라고요? 저는 그 말이 마음에 듭니다.

모니카는 때론 보수적이고 때론 진취적으로 보여요. 그걸 관통하는 기질은 '대쪽 같다'는 거고요. 맞게 봤나요?

맞게 보셨어요. 융통성이 없고 흑과 백이 강한 성격이거든요. 하지만 어떤 사람이 누군가에겐 나쁜 사람일 수 있지만 누군가에게는 좋은 사람일 수 있듯이, 모든 건 때와 상황에 따라 달라질 수도 있다는 걸 점차 깨달았죠. 그래서 지금은 많이 유연해졌어요.

그럼에도 여전히 타협할 수 없는 게 있다면?

남을, 그리고 자기 자신을 해치는 것. 누구에게든 돌이킬 수 없는 상처를 주어선 안 돼요.

현대인들은 남에게도 그렇지만 자신에게도 참으로 박하고 자학적이죠. 중독에도 취약하고요.

맞아요. 사람들이 자기 자신에게 상처 입히는 일이 없었으면 좋겠어요. 그건 저도 굉장히 노력하는 부분입니다. 스스로에게 주는 상처는 대개 무의식중에 일어나곤 하니까요.

지인들은 모니카를 어떤 사람이라고 해요?

내뱉은 말은 지키는 사람이요. 약속한 건 반드시 책임지려 하고, 그걸 어쩔 수 없는 상황이 생겨서 저버리게 되면 빠르게 용서를 구합니다.

모니카를 잘 모르는 사람들이 당신에 대해 갖는 편견이 있었다면 뭔가요?

제가 말이 빠르고 성격이 급하니까 공격적일 거라고 생각한 분들이 많았어요. 그런데 막상 저를 만나면 '신기하다, 이 사람이 왜 이러지?' 싶을 정도로 친절해서 의아한 부분이 많대요.

생각했던 이미지와는 전혀 다른 사람 같다고.(웃음)

저도 오늘, 모니카를 처음 만난 사람들과 비슷하게 느꼈어요. 카리스마 있을 거라 생각했는데, 오히려 사람들을 굉장히 편하게 해주네요.

사실, 본업을 할 때 엄하긴 합니다. 하하. 조금만 집중하면 되는 것들에 집중하지 않을 때, 일이 비효율적으로 흘러갈 때는 따끔하게 말하죠. 사적인 관계에서 그러는 일은 거의 없지만.

때론 엄하게 할 줄도 알아야 좋은 리더더라고요.

그럼요. 뭐든 적재적소에 하는 게 중요하죠.

스스로 생각하는 모니카는 어떤 사람인가요?

모니카가 생각하는 모니카는 굉장히 결핍이 많은 사람이에요. 외로움과 고독을 두려워하고, 누군가와 연결되어 있지 않다는 걸 죽음과 비슷하게 인식하죠. 이런 결핍을 알기에 더더욱 발버둥치면서 열심히 살아요. 일에 매진하고, 좋은 사람이 되려 노력하고, 약속을 지키고, 책임을 다하려 하면서.

결핍이 있는 사람들이 더 일에 매진하고 성취하고 싶어하곤 하죠.

맞아요. 그런 면 때문에 제가 인생을 즐기지 못하는 건 아닐까 하는 의심이 들 때가 있었거든요. 그런데 지금은 확신해요. 결핍이 저의 힘이라고요. 그 힘으로 매일 아침 일어날 수 있다고요.

결핍은 타고나는 것일까요, 환경적으로 생기는 것일까요?

사실 결핍이 없는 사람은 없을 거예요. 인간 모두가 그렇죠. 결핍은 인간의 본질이에요. 그렇기에 결핍이 있는가보다, 자신의 결핍을 잘 찾아내고 그것을 잘 사용하는 게 중요하다고 생

지금은 확신해요.
결핍이 저의 힘이라고요.
그 힘으로 매일 아침
일어날 수 있다고요.

각합니다.

팔 안쪽에 새긴 '강의목눌근인'은 강하고 의연한 군자가 되라는 뜻이라고요.

군자는 절대 될 수 없겠지만, 그게 저희 집 가훈입니다. 스물아홉에서 서른으로 넘어가는 때에 새겼어요.

당신이 생각하는 강함이란 무엇인가요?

쓰러져도 다시 일어나기만 하면 됩니다. 그러면 강합니다.

그걸 의연하게 해내는 게 쉽지 않죠.

의연한 척하는 거겠죠, 모두가. 그런데 이건 자기최면이에요. 의연한 척을 계속하면 자기가 의연한 줄 알아요. 거기에 속으면 되는 거예요.

모니카는 강한가요?

네. 강하다고 해서 무서울 게 없는 건 아니거든요. 무서워서 눈물이 나도 의연한 척 그냥 걸어가면 돼요. 전 이렇게 생각하는 것 자체가 강한 거라고 생각해요.

모니카에게 유독 여성 팬이 많은 이유는 뭘까요?

그건 아마 저와 비슷하기 때문일 거예요. 제가 되고 싶어서가 아니라, 모두가 저와 닮은 사람들일 거라서. 저처럼 결핍이 있거나 겁이 많거나, 그럼에도 용기 있게 살고 싶은 분들일 거라 생각합니다.

팬들을 '대단이들'이라고 부르죠. 모니카의 팬들은 어떤 의미로 대단한가요?

칭찬을 남발하면 안 된다는 얘기가 있잖아요. 저도 한때는 그렇게 생각했지만, 이젠 생각이 바뀌었어요. 칭찬은 남발해도 됩니다. '대단이'들이 제게 대단하다고 해주면서 저는 변화했고 크게 성장했어요. 비판과 분석 역시 도움이 되지만, 결국은 객관적인 평가보다는 무한한 믿음이 사람을 더욱 성장시킨다는 걸 깨달았죠. 어떻게 얼굴도 직접 보지 않은 아티스트를 이토록 변화시킬 수 있을까요. 그래서 팬들에게도 '당신은 대단하다'는 믿음을 돌려주고 싶었어요.

절친한 친구, 립제이와의 우정도 많은 여성들이 동경하는 부분이에요.

립제이는 제가 선택한 가족이죠. 가족이라는 말을 함부로 쓸 수 있는 사람이에요. 엄마보다 제 비밀을 더 잘 알고 있고 저를 더 잘 이해하는. 서로 누구에게도 말하지 못할 것들을 이야기하면서 많이 의지해요. 15년 지기끼리 매일 밤 할 만한 얘기가 있지는 않을 거잖아요? 근데 저희는 같이 사는 내내 이상하게 매일 밤 수다를 떨었어요. 늦은 밤 집에 들어와 씻고서 자려고 누웠는데, 더 늦게 들어온 효원이(립제이)가 들어와서 말을 툭 건네요. 그러면 마음이 편안해지죠. 그렇게 매일 밤 이야기를 나누면 스트레스가 풀리며 마음 상태가 리셋되곤 했어요.

서로의 어떤 점이 그렇게 좋고 잘 맞아요?

저는 효원이 느린 거 빼고 다 좋아해요. 효원이는 제가 급한 거 빼고 다 좋아할 거예요. 하하하.

그간 여느 '베프'들이 그렇듯 굴곡이 있진 않았어요?

충분히 삐질 수 있는, 심지어 떠날 수 있는 일들도 있었죠. 그럴 때마다 저와 효원이는 서로의 진심을 들으려고 했어요. 다 풀어놓고 나면, 결국 서로가 서로를 너무 좋아하니까, 너무 아끼니까, 너무 의지가 되니까 생긴 일이더라고요. 섭섭한 감정이든, 더 같이 잘 살아보려고 한 것이든. 몇 시간 동안 울면서 서로 얘기한 적도 있었어요.(웃음) 한편, 일할 때는 립제이는 따뜻하게 일하고 저는 정확하게 일하는 타입이다보니 부딪힐 때가 있는데요. 아무리 서로 노력해도 평생 안 맞춰지는 마지막 한 조각이 있더라고요. 지금은 그걸 서로 인정했어요. 우린 서로 다르다고. 그래서 이젠 오히려 괜찮고, 정말 단단해졌어요. 서로 투덜거리면서도 잘 지내요.

립제이와 7년 넘게 동거한 것으로 아는데, 같이하는 생활은 어땠어요?

저희는 '반반' 한 적이 없어요. 하하하. 그때그때 좀 더 잘 버는 사람이 내곤 했죠. 내가 필요해서 산 거라도 서로에게 필요해 보이면 그냥 건네주고요.

이상형은 자가, 자차, 자아 없는 남자라는 말이 인상적이었어요.

하하. 비약적인 표현이었는데 무한하게 다정한 사람을 좋아한다는 뜻이었어요. 다정이라는 건 자신을 낮추고 상대를 위안해주는 힘이니까요.

지금 모니카의 꿈은 뭐예요?

댄스 팀 중에 70대, 80대까지 간 팀은 없잖아요? 팀원 중 누가 결혼해서 아이를 낳거나 일이 생겨서 잠시 쉬게 되더라도, 프라우드먼은 언제든 복귀해서 활동할 수 있는, 돌아올 수 있는 든든한 울타리가 되고 싶어요. 한평생 댄서로 살 수 있는 팀이요. 커리어 외적으로는, 좋아하는 사람들과 한동네에 살면서 어떻게 사는지 들여다보고 싶어요. 일주일에 한 번씩은 꼬박꼬박 같이 만나서 밥을 먹고 싶고요.

꿈꾸는 소녀들에게 해주고 싶은 말이 있나요?

꿈은 무조건 크게 가져라. 이루지 못할 만큼 무한대로 늘려놓고, 그 근처까지만이라도 가라. 그것은 이미 성공일 테니. 꿈을 너무 현실적으로 잡아버리면 스스로를 한정짓는 셈이죠. 인생은 짧지만, 또 깁니다. 우리 크게 꿈을 꾸자고요.

뮤지션 김윤아 같은 여성들을 좋아한다고요. 모니카가 생각하는 멋진 여성이란?

김윤아 님은 자기 일에 있어 한결같아요. '롱런'의 개념을 바꿨다고 할까요? 보통 롱런이라고 하면 미적지근하게 오래가는 걸 생각할 수 있는데, 그분은 지금도 여전히 뜨겁잖아요. 그분을 보면서 반짝하고 사라지는 혜성이 아니라 계속 불타오르는 항성이 되고 싶다고 생각했어요.

미래의 신정우에게 바라는 건?

따듯해져라. 사람들에게 용기를 주는 사람이 돼라. 결국엔 좋은 사람이 돼라, 정우야.

당신은 무엇을 믿나요?

운명은 있습니다. 그런데 그 운명은 바꿀 수 있습니다. 만약 제가 운명대로 살았다면 이렇게 살 수 없었을 거예요. 그런데 제가 무언가를 바꿨어요. 뭔가 꾸준히 쌓이다가 뭔가 변했는데, 돌이켜보면 있을 수 없는 일이에요. 그래서 믿게 됐죠. 사람에게 주어진 환경이라는 건 존재하지만 그 환경을 벗어나는 것 또한 가능하다고, 저는 믿어요.

씨엘은
자기 자신에 대한
권위자다

세상 앞에서 태어나 세상 앞에서 자랐다.
아시안, 여성, 아웃사이더… 어떤 경계에도
포획되지 않고 자유롭게 흐르는 단독자,
씨엘의 초상.

INTRO

밀레니얼의 시대, 씨엘은 아이콘이었다. 대부분의 여성 아이돌이 귀엽거나 청순하거나 섹시한 콘셉트로 활동할 때, 그녀는 모히칸 헤어를 하고 선글라스를 쓴 채 나타나 핸드마이크를 쥐고 "내가 제일 잘나가"(2NE1, 〈내가 제일 잘 나가〉)라 선언했으니, 그 사이는 마치 한 은하와 다른 은하의 사이처럼 아득했다. 한국엔 때 이르게, 그러나 트렌드를 바꿔놓기엔 적절하게 등장한 씨엘은 2NE1이란 팀의 리더로서 독보적인 개성을 과시했다.

　씨엘은 때론 "박수쳐"(2NE1, 〈박수쳐〉)라고, 때론 "날 따라해봐요"(2NE1, 〈날 따라해봐요〉)라며 우리를 한껏 부추겼고, 1980~1990년대생 여자들은 한국에서 여태까지 접해보지 못한 새로운 종류의 '멋있는 여자'에 열광하게 된다. 그렇다고 씨엘이 나르시시즘에만 빠져 있던 아티스트였던 것은 아니다. 그녀는 동시에 "I think I'm ugly, and nobody wants to love me(난 내가 못생겼다고 생각해. 그리고 아무도 날 사랑하지 않아)"(2NE1, 〈Ugly〉)라 노래하며, "네가 나로 살아봤으면 해"(2NE1, 〈살아봤으면 해〉)라고 절절히 외치며 스스로에 대한 비애감을 토로해, 누구나 마음속 한편에 하나씩은 품고 있을 자기혐오의 심금을 울렸다. 그녀가 표현하는 감정들은 자기애와 자기혐오의 양극단을 아주 솔직하고 팽팽하게 오갔는데, 그토록 진솔한 여성상을 그려낸 뮤지션은 그때도 지금도 보기 드물다. 여전히 2NE1

{ 씨엘 }

대부분의 노래가 노래방에서 자주 불리는 노래의 순위에 있다는 것은, 그만큼 그들이 때론 아픈 속엣말을 토로하고, 때론 자신을 잔뜩 뽐낼 수 있는 노래를 불러왔고, 그 모든 노래들이 우리들이 따라 부르고 싶은 이야기였다는 방증이리라.

이윽고 씨엘은 '나쁜 기집애'라 스스로를 명명하며 성공적인 솔로 아티스트 데뷔를 치른다. 스스로를 '언니'라 칭하는 '디바'의 탄생이었다. 하지만 내가 '언니' 씨엘에게 가장 궁금했던 것은 그녀의 강력한 '언니다움'과는 좀 달랐다. 스스로에 대한 긍지와 미움을 어떻게 그토록 깊게 파내려가고, 또 노래할 수 있었는지, 그 탐구력과 과단성이 궁금했다. 그러자 씨엘은 'TCK'(Third Culture Kids·제3문화 아이들)로서 자라며 키워온 아웃사이더로서의 정체성, 동시에 자유분방하게 형성된 감수성, 그 복합적인 자신에 대해 말하기 시작했다. 나는 물었다. "당신은 그런 당신을 사랑하나요?" 씨엘은 잠시 생각하더니 답했다. "저는 저 자신에게 관심이 많아요. 그렇게 표현하고 싶네요." 이 질문에 나올 수 있는 많은 답 중 드물게 담백한 동시에, 많은 콘텍스트를 함축한 우아한 답변이었다.

씨엘은 세상 앞에서 자랐다. 미성년이던 YG 연습생 시절부터 사람들은 온갖 미사여구로 찬양을 퍼붓기도, 차갑게 외면하기도 했다. 쓴맛과 단맛을 봤고 비상하기도 침잠하기도 했다. 그녀와 인터뷰 후 귀갓길에 나는 긴 생각에 잠겼다. 나 자신을 탐구하기, 미워하기, 사랑하기, 부정하기, 자랑하기, 그 모든 '나'에 대한 전문가. 가장 취약한 모습을 드러내면서도 자신의 '디그니티'를 강철처럼 지키는, 이 불가항력의 매력을 지닌 여성에 대하여.

당신에게선 무대 위에서든 카메라 앞에서든 품위가 느껴져요. 이 힘은 어디서 비롯되는 건가요?

무거운 단어네요.(웃음) 저는 어떤 환경 속에서도 항상 저 자신을 돌아보며 충전하려 해요. 제가 통제할 수 없는 환경도 경험으로 삼고, 계속해서 도전하죠. 그러면서 계속 저 자신을 비춰보고, 제 것으로 만들려고 해요. 제게서 품위 비슷한 것을 느끼셨다면, 거기서 나오는 에너지일 거라고 생각합니다.

작가 헬렌 걸리 브라운은 그런 말을 했어요. "착한 여자는 천국에 가지만 나쁜 여자는 어디로든 간다." 수많은 '나쁜 기집애'를 거느린 씨엘에게 나쁜 여자란?

솔직하고, 자기가 누구인지 알고, 도전적이며, 아니라고 말할 수 있는 용기가 있는, 자기만의 '규율'을 가진 여자들. 저는 용기 있는 여자들을 좋아해요.

많은 이들의 멋진 '언니'죠. 씨엘의 노래에도 자주 등장하는 단어인데, 당신이 생각하는 '언니'는 어떤 존재인가요?

한국말로 '언니'라고 할 때, 많은 의미가 내포되죠. 의리, 든든함, 강력함…. 저는 실제로도 여동생이 있어서 언니라는 단어가 익숙해요. 일단은 제 안에 있는 그 언니를 제일 먼저 꺼내쓰고, 제가 주변에서 봤던 언니들을 떠올리며 가사를 쓰죠. 제가 노래하는 '시스터후드' 속 언니는 누구보다 다정하고, 파워풀한 존재예요.

어린 시절, MTV로 팝스타들의 무대를 보며 꿈을 키웠다고 알고 있어요. 그 시절 당신이 힘을 얻은 언니들은 누구였어요?

여성 래퍼들과 뮤지션들. 미시 엘리엇, 로린 힐, 릴 킴, 에리카

바두 등등. 개성이 강한 '언니'들을 좋아했어요. 자기가 누구인지 음악과 춤, 패션으로 보여주는 아티스트들. 가수가 되는 건 생각지도 못하던 시절부터 그녀들에게 푹 빠졌죠. 어릴 땐 춤을 더 좋아했지만, 결국 랩과 노래를 해야 저런 퍼포먼스를 완성할 수 있다는 생각이 들어 가수를 꿈꾸게 된 거예요.

어릴 때 일본과 프랑스에서 자란 TCK이죠.

그랬죠. 어린 시절 씨엘은 굉장히 '샤이'하고 내성적이었지만 동시에 씩씩한 애였어요.(웃음) 그때그때 다양한 친구들을 만나며 외로움보단 새로움을 즐겼죠. 언어와 문화가 계속 달라지는 환경에 있으니, 저 자신을 위해 꾸준히 할 게 필요했는데요. 거기서 찾은 게 춤이었어요. 언어는 바뀌어도 몸으로 하는 춤은 바뀌지 않잖아요. 춤을 추며 안정감을 느꼈어요.

여러 문화권의 경험과 4개 국어 구사는 아티스트로서의 활동에 어떤 영향을 미쳤나요?

열려 있는 마음과 태도를 지니게 된 것. 어릴 때부터 다양한 인종과 문화를 접하다보니 모두가 다르다는 걸 일찍부터 알게 됐어요. 그게 자연스러운 것이라는 사실도요. 제 직업은 매번 새로운 사람들을 만나 함께 뭔가를 만들어나가는 일이 자주 있거든요. 굉장히 좋은 연습이 됐다고 봅니다.

데뷔 16주년이에요. 씨엘의 첫 등장을 떠올려보면 정말 대단했죠. 자기만의 개성과 목소리를 가진, 완전히 뉴타입의 아티스트였어요.

사실 저는 그 당시 뭔가 새로운 걸 보여주겠다는 마음이 없었어요. 한국 가요계에 대해 잘 몰랐으니까요. 프로필 촬영할 때도 주변에 있는 친구들이 디자인한 옷을 입고, 제게 익숙한 방식대로 저를 표현했죠. 제게는 항상 해오던 것을 한 건데 새롭게 받아들여주시니 오히려 신기했죠. 닭머리나 모히칸 같은 헤어스타일조차, 그게 당시 케이팝 신에서는 실험적인 건지 모르고 했습니다.(웃음)

팀 활동 때 〈Ugly〉 같은 자기혐오부터 〈내가 제일 잘 나가〉 같은 자기애와 자부심까지, '나 자신'에 대한 다양한 감정을 노래했죠. 당신은 스스로를 미워하는 비련의 아티스트 같기도 했다가, 한없이 프라이드가 넘치는 디바 같기도 했어요.

저는 늘 솔직하고 싶었어요. 저 자신의 어떤 면도 외면하지 않고 제가 누구인지 알고 싶었고요. 사실, 스스로에 대한 미움과 사랑은 저희 모두가 누구나 겪는 감정이잖아요? 저는 스스로에 대한 감정에 항상 솔직했어요. 저 자신에 대한 부정적인 감정, 긍정적인 감정 모든 걸 온전히 느끼는 건 버겁기도 하지만, 동시에 큰 선물이에요. 저는 뭔가를 소화하는 데 시간이 걸리는 타입이거든요. 그렇게 오랜 시간을 들여 스스로를 관찰하고, 인정하고, 받아들이면 나 자신에게 가졌던 감정들이 정화되더라고요.

씨엘은 스스로를 사랑하나요?

저는 저 자신에게 관심이 많아요. 그렇게 표현하고 싶네요.

사람들이 씨엘에게 하는 가장 큰 오해가 있다면?

교포이거나 혼혈일 것이다.(웃음) 사실 저는 그런 것에 관심 없어요. 그들이 오해하는 것들도 모두 저일 거예요. 차가울 때도 있고, 따뜻할 때도 있고, 모든 건 상대적이고 상황에 따라 다른 것이니까. 남들의 판단과 감정은 제가 어떻게 할 수 없는 거니,

저는 늘 솔직하고
싶었어요. 저 자신의
어떤 면도 외면하지 않고
제가 누구인지 알고
싶었고요. 사실, 스스로에
대한 미움과 사랑은
저희 모두가 누구나 겪는
감정이잖아요?

그들이 그렇게 느꼈다면 그런 거죠.

그렇다면 '씨엘'다운 건 뭔가요?

전 제가 누군지 정의내리지 않으려 해요. 그렇게 하면 괴로워지거든요. 새로운 환경에서 새로운 사람을 만났을 때 또 다른 저를 발견할 수 있는데, '사실 난 이런 사람인데'라고 단정지어 생각한다면 그 환경에서는 왜 저 자신이 아닌지 괴로울 거예요. 아마도 전 누군가에겐 든든한 언니일 거고, 다른 누군가에겐 좋은 친구일 거고, 또 다른 누군가에겐 적일 수도 있겠죠. 모두가 그렇듯이. '나'는 계속 업데이트되는 거예요.

동의해요. 사람은 상황에 따라, 혹은 시기에 따라 좀 다른 사람이 되니까요.

제가 10년 전에 했던 생각에 지금의 저는 동의하지 않을 수도 있는 거예요. 이런 인터뷰들이 쌓여가면 '10년 전 내가 이런 말을 했다니!' 하는 순간이 오기도 하죠.(웃음) 인간은 계속 공부하고, 스스로를 들여다보면서 나아지는 존재니까요.

케이팝 특유의 연습생 시스템 속에 있었다보니 일상을 영위하는 사소한 것들에 서툴렀다고요. 1인 기획사를 만들어 YG로부터 독립한 후, 일상을 처음부터 배워나가는 시기를 가졌다고 알고 있어요.

한창 활동할 당시엔, 혼자 편의점에 가서 뭘 사본 적도 없었죠. 그런 생활을 하다보면 너무 익숙해져서 그게 편한 것처럼 느껴지거든요? 그런데 저는 계속 이렇게 살다보면 용기를 잃을 것 같았어요. 정말 사소한 거라도, 이를테면 혼자 산책을 하거나 혼자 비행기를 타는 것부터 해봐야겠다고 마음먹었죠. 어릴 때는 당연하게 혼자 씩씩하게 해내던 것들이 두려워진 저 자신을 보고, 어느 순간 이런 건 멋진 어른이 아니라는 생각이 들더라고요. 그 후 숨지 않고 혼자서 길을 걷고, 혼자서 조금씩 일상생활을 해나가기 시작했어요. 그래도 저는 너무 어리지 않은 나이에 연습생이 됐는데, 아주 어릴 때부터 연습생 생활을 시작하면 놓치고 가는 게 많은 것 같아요. 그런 시스템 속에서도 행복하다면 그만이지만, 저는 그런 걸 답답해하는 부류의 사람이었던 거죠. 케이팝 기획사는, 그러니까, 졸업하기까지 아주 오래 걸리는 학교 같으니까요. (웃음)

그렇게 생활인으로서 이채린은 어른이 됐군요.

맞아요. 1인 기획사를 차리면서부터요. 인간 채린이는 뮤지션 씨엘에게 영혼 같은 것이거든요. 그렇게 영혼을 가끔은 채워줘야 씨엘도 계속 일을 할 수 있기 때문에 채린이에게 관심을 줬습니다.

첫 정규 앨범 《ALPHA》 소개글에 "걸어보기도 전에 달리기 시작해 걷는 법도 쉬어가는 방법도 모른 채 13년 동안 많은 걸 이루고, 또 많은 걸 잃기도 했다"라고도 썼죠. 돌이켜보면 어떤 걸 잃었고, 어떤 걸 이뤘나요?

달릴 땐 제가 달리고 있는지도 몰랐죠. 걷기 시작했을 때에서야 제가 쉼 없이 달렸다는 걸 깨달았고요. 제가 이룬 건 여러분 모두가 다 같이 봤어요. 또한 제가 잃은 것들도 모두가 보고 느끼시지 않았을까 싶네요. 저는 세상 앞에서 컸잖아요.

불현듯 씨엘을 처음 본 순간이 생각나요. 2007년 〈SBS 가요대전〉에서 YG 패밀리 무대에 홍일점으로 등장해 폭풍 같은 영어 랩을 하며 엔딩을 장식했던.

2NE1으로 데뷔하기도 전 제 인생의 첫 무대였는데, 정말 재미있었죠. 저도 그때가 아직도 생생하게 기억나요. 무대에 올

랐던 감각, 그때 느낀 감정. 지금 생각해보면 참으로 빛나던 시절이었어요.

과거엔 몰랐고 지금은 아는 것 중엔 어떤 게 있나요?

흠, 말을 잘해야 할 것 같은데, '별게 없구나'라는 생각이 들기도 해요. 그동안 '좀 더 가보면 저 너머에 더 많은 게 있나?'라고 수없이 궁금해했지만 답을 찾지 못했어요. 어쩌면 아직도 저는 모르나봐요. 그간의 경험에서 배운 건 되게 많은데, 여전히 모르겠는 것투성이죠. 전 아직도 모르겠는 게 많고, 궁금하고, 그래서 계속 이 일을 하고 싶어요.

데뷔 무렵 씨엘에게 한마디 한다면 어떤 말을 해주고 싶어요?

그 시절의 저 자신을 방해하지 않겠습니다. 실패하더라도 겪어봐야 하는 것도 있는 법이죠. 그리고 그 시기의 저는 누가 얘기해준다고 들리지도 않을 거예요. 그러니, 전 아무 말도 안 할 거예요!

씨엘에게 음악이란?

테라피. 마음에 와닿는 가사를 들으면 마치 그 노래 속 화자와 대화하는 기분이 들어요. 다른 누군가와 이야기하는 것보다 더 치유가 되죠. 한편 가사 없는 음악을 들을 때 느껴지는 한없는 위로와 치유도 있고요. 그래서 저는 처음부터 음악을 좋아했어요.

그렇다면 무대란?

명상하는 곳. 가장 외롭기도 하고, 가장 저 자신이기도 한 순간. 그때 저는 혼자만 있는 기분이 들어요. 무대 위에 있을 때가 가장 평화롭고 평안한 순간이죠.

아름다운 답변이네요. 《ALPHA》에 수록된 트랙의 뮤직비디오를 감상했을 때 패션, 연출, 미장센 등 시각적인 쾌감이 굉장했어요.
 전 그게 너무 재미있어서 이 일을 계속할 수 있는 것 같아요. 아이디어는 음악에서 시작할 수도 있고, 어떤 의상에서 시작할 수도 있고, 영감을 주는 물건에서 시작할 수도 있죠. 그렇게 시작한 아이디어를 하나의 작품으로 만들어 세상 밖으로 탄생시키는 것. 그만한 재미가 없는 것 같아요. 많은 걸 경험하고 느끼고 표현해서 세상에 내놓는 재미. 그게 제일 재밌어요.

창작 외에 즐거움을 느끼는 것은?
 수영하는 거 좋아해요. 흠, 말하고 보니 혼자 있는 걸 좋아하는 것 같네요.

자신이 아웃사이더 같다는 기분을 느껴본 적 있나요?
 저는 항상 그런 기분을 느껴요.

누구나 파티에 초대받지 못한 듯한 기분을 종종 느끼죠.
 파티는 안 초대해주셔도 됩니다.(웃음) 저는 파티에 가도 숨는 스타일이거든요. 사실 모든 사람은 다 달라요. 그렇기에 각자가 내가 남들과 다르다는 기분을 느끼겠죠. 저는 늘 그런 결핍의 감각, 남들과는 다르다는 감각에서 호기심이 생겼고, 새로운 게 알고 싶어지곤 했어요. 거기에서 제 음악도 출발했고요.

씨엘은 무엇이 두렵나요?
 제가 용기를 가지고 임하는 모든 것. 두렵기 때문에 용기를 내는 것이니까요. 두려움과 용기는 공존하는 거예요. 사람들 앞에 서는 것부터, 모든 건 두려움에서 시작되죠. 이를테면 저는 사람들 앞에 서서 말하는 걸 꽤 두려워해요.

군중 앞에 서는 게 숨쉬듯 당연한 일일 것 같은 디바에게서 그런 말을 듣네요.

저는 사람들 앞에서 말할 때 용기를 많이 내야 되는 사람이에요. 무대는 정말 매일 할 수 있거든요? 그런데 제가 생각이 많아서인지 하고 싶은 얘기가 많아서인지 모르겠지만, 말은 제가 원하는 만큼 의도한 대로 전달이 안 된다고 느낄 때가 있어요. 왜, 교수님 중에서도 그런 분들 있잖아요. 논문은 잘 쓰는데 강의는 안 되시는 분들. 제가 그래요.(웃음) 일기와 가사를 맨날 써도 인터뷰로는 전달이 잘 안 됩니다. 그래도 오늘은 꽤 편하게 말했어요.

겁이 많지만, 그만큼 용기도 많은 사람이라는 말로 들려요.

용기 있는 겁쟁이로군요, 저는.(웃음)

씨엘, 그리고 이채린은 무엇을 믿나요?

저는 제 마음의 소리를 믿습니다. 마음은 생각과 다를 때가 많아요. 제 생각은 가끔 거짓말을 곧잘 하거든요. 하지만 제 마음은 속일 수 없는 거더라고요.

강지영은 백발이 되어도 토크쇼를 하고 싶다

강지영은 전형성을 탈피해왔고, 그 반골 기질은 그만의 커리어가 됐다. 이제 그는 할머니가 되어서도, 래리 킹처럼 백발에 멜빵바지를 입고 자신만의 토크쇼를 진행할 꿈을 꾼다.

INTRO

강지영 아나운서는 뭔가 달랐다. 그녀는 시사 방송 〈정치부 회의〉에서 안경을 끼고 나와 현장 브리핑을 하곤 했는데, 그 모습이 무척 전문적으로 다가오는 가운데 한편으론 왜 이리 낯선지 곰곰이 되짚어봤다. 그건, 그 당시엔 여성 아나운서들 가운데 안경을 끼고 방송한 사례가 극히 드물었기 때문이었다. 나는 그동안 안경을 낀 남성 아나운서들만을 봐왔던 것이다. 그 사실이 새삼스러워 검색해봤더니, 나만 그런 건 아니었던지 강지영 옆에 '안경'이라는 연관 검색어가 있었다.

그녀에게 정이 들기 시작한 건 〈정치부 회의〉의 '한끼정치' 코너를 보면서부터다. 유승민 전 바른미래당 의원과 함께 안동 국시를 훌훌 말아 먹으며 정치 얘기를 나누다, 젊은 그녀가 유승민 전 의원을 장난스럽게 코너에 몰아붙이는 모습이 퍽 인상에 남았다. 젊은 여성 인터뷰어가 비위를 맞추거나 '모시는' 느낌 없이 중년의 남성 정치인을 상대로 그런 모습을 연출하는 게 쉽지만은 않으리라는 사실을 알기에 대책 없는 호감이 생겼다. 〈정치부 회의〉에서 그녀의 활약은 계속됐다. 심상정 전 정의당 공동선거대책위원장과 공원에 돗자리를 깔고 앉아 치킨을 뜯으며 허심탄회하게 선거 이야기를 나누는 모습도, 반성 없는 전두환에 분노하는 광주의 목소리를 전하는 현장 브리핑도, 특검 사무실을 취재하다가 최순실의 출석을

{ 강지영 }

목격하고 다급하게 전했던 생생한 라이브 리포팅도, 그녀의 모든 발자취와 행보에 흥미가 동했다. 안경을 쓰는 데 그치지 않고 셔츠에 청바지를 입고 방송을 하는 모습까지도, 그녀의 그 어떤 것도 우리가 익히 봐왔던 전형적인 여성 아나운서의 모습이 아니었기 때문에 말이다.

섭외 요청에 빠르고 간결한 회신으로 응한 강지영 아나운서와의 만남은 속전속결로 진행됐다. 그녀는 예상보다 조금 더 삐딱하고 자유분방했으며 훨씬 더 프로페셔널한 사람이었는데, 이날의 인터뷰를 요약할 수 있는 키워드는 바로 '반골 정신'이었다. 미국 회계사 자격증 시험을 패스하고도 한국에 와서 아나운서 학원을 다닌 경험도 없이 냅다 출연했던 아나운서 서바이벌 방송 〈신입사원〉부터 기자처럼 발로 뛰었던 정치·시사 방송들, 그리고 레거시 미디어에서 가장 화려하고도 무거운 커리어라 불리는 메인 뉴스 앵커까지 했던 이로서 꽤나 파격적인 행보였던 뉴미디어 〈스튜디오헤이〉의 유튜브 콘텐츠 〈고나리자〉, 그에 더해 퇴사 선언 후 첫 행보였던 넷플릭스 서바이벌 예능 〈데블스 플랜〉 출연까지. 강지영의 커리어 역사는 그녀 부모님의 기대에, 선배 및 동료들의 시선에, 대중의 프레임에, 여성 아나운서라는 전형성에 맞서며 걸어온 길이었다. 레거시 미디어의 위기와 새로운 미디어 환경에서의 생존 전략, 여성 아나운서들에게 씌워진 프레임과 한계, 그 이상을 넘고 싶다는 야심까지 밀도 높은 인터뷰를 마치자, 나는 그녀에게 앞으로 더 큰 기대를 걸어보고 싶다는 마음이 생겼다. 중년 여성 앵커의 활약을 더 보고 싶다는 나의 말에 그녀는 기다렸다는 듯 답했다.

"저, 나이가 들면 염색하지 않고 백발로 방송하고 싶어요. 〈래리 킹 라이브〉의 래리 킹처럼 백발에 멜빵바지를 입고 쇼를 진행하면 진짜 멋질 것 같지 않아요?" 백발이 된 강지영이 혼자 토크쇼를 이끄는 모습, 상상만으로도 카타르시스가 몰아치지 않는가. 아직 갈 길은 멀다. 그 모습을 볼 때까지 무탈하게 살아 있으라. 그녀와 나를 포함해 그 모습을 보기를 고대하고 있을 우리 모두에게 건네고 싶은 말이다.

'안경을 쓴 아나운서'라는 키워드로 질문을 시작하고 싶습니다. 과거 〈정치부 회의〉에서 안경을 쓴 강지영 아나운서를 보고 충격을 받았어요. 그동안 나는 왜 안경 쓴 여성 아나운서를 보지 못했을까, 생각했죠. 기분 좋은 충격이었어요.

> 저는 더 충격이었어요. 그건 제가 '한국 여성 아나운서들은 안경을 쓰지 않는다'는 프레임을 깨고자 시도한 게 아니었거든요. 유학 생활을 해서 한국 방송을 많이 보지 않았기 때문에 이게 새로운 건지, 해도 되는 건지 감이 없었어요. 그런데 그에 대한 반응이 뜨거운 걸 보고 오히려 제가 더 놀랐죠.

의도했든 그렇지 않든, 멋진 파격이었어요. 평소에도 방송을 할 때 몸에 달라붙는 원피스 대신 셔츠와 바지 슈트, 청바지를 자주 입었죠.

> 저는 아나운서라는 업의 전형성을 깨고 싶었어요. 처음부터 그런 건 아니었죠. 초년생의 저는 스스로 전형적이지 않은 아나운서라는 사실에 스트레스를 받기도 했어요. 그러다 어느 순간부터 '나는 다르다는 걸 인정하자, 그냥 나의 길을 가자'고 마음먹었죠. 그리고 본질을 생각했어요. '뉴스 앵커의 본질은 뭐냐. 뉴스를 잘 전달하는 사람이다. 스포츠 아나운서는 뭐냐. 스포츠 뉴스를 잘 전달하는 사람이다.' 그래서 스포츠 뉴스를 전할 때는 되도록 원피스보다는 청바지를 입었어요. 그게 스포츠 뉴스에 어울리는 차림이기 때문이죠. 저는 진짜 프로가 되고 싶어요. 그게 저의 가장 큰 목표이고요. 제가 하는 일은 잘 '프레젠트'하는 것도 중요하지만, 저 자신이 어떻게 보이는지도 중요한 직업이에요. 그렇기에 프로가 되려면 어떻게 행동해야 할지, 어떻게 보여야 할지, 어떻게 살아야 할지를 계속 고민하죠.

어떤 것이 진정한 '프로'일까요?

김구 선생님이 그런 말씀을 하셨어요. "돈에 맞춰 일하면 직업이고 돈을 넘어 일하면 소명이다." 아나운서 출연료가 2만 원이라고 우스갯소리로도 많이들 말하는데, 저는 출연료에 맞춰 일하지 않아요. 그보다 훨씬 많은 에너지를 쏟으며 일하죠. 제가 돈을 얼마 받는지보다 '이 일이 제대로 끝났는가? 시청자에게 어떻게 보이는가? 내가 더 챙길 건 없었는가?'가 훨씬 중요하거든요. 제작 및 편집 과정에서도 저는 굉장히 많이 의견을 주고받아요. 결과적으로 내 얼굴이 나가는 건데 시청자가 봤을 때 조금도 부족해 보이고 싶지 않거든요. 같이 일하는 선배와 동료들이 "넌 14년 차인데 지치지도 않냐?"라고 하지만, 저는 스스로 놔버리는 순간 퀄리티가 떨어진다고 생각해요. 자기 것을 온전히 책임지는 것이 프로라고 생각합니다.

〈JTBC 뉴스룸〉(이하 〈뉴스룸〉) **주말 앵커로 일한 경험은 어땠나요?**

제가 정말 원했던 일이 처음부터 끝까지 혼자 프로그램을 끌어가는 것이었어요. 꿈을 이뤘죠. 매일매일이 쉽지 않으면서도, 아주 즐겁게 진행했습니다.

JTBC 유튜브 채널 〈스튜디오헤이〉의 창립 멤버로 〈고나리자〉 등의 콘텐츠에서 활약 중이죠. 메인 뉴스 앵커가 유튜브에 등장해 재미있는 콘텐츠를 보여준다는 사실이 흥미로웠어요.

저는 처음부터 쌓아온 커리어 자체가 전형적이지 않았어요. 기자처럼 발로 뛰며 정치부 취재를 하기도, 청바지를 입고 그라운드에서 스포츠 뉴스를 전하기도 했죠. 전 그저 재미있어 보이면 합니다. 유튜브 〈스튜디오헤이〉 출연을 제안받고서도 "재미있겠네요. 해볼게요"라고 단번에 오케이했죠. 처음엔 진행자 역할에만 국한됐는데, 제가 워낙 대본이나 기획안을 꼼꼼히 보거든요. 피디님과 피드백을 주고받다가, 같이 아이디이선하고 디벨롭해서 만든 게 〈고나리자〉예요. 이젠 미디어 사이의 경계가 허물어지고 있고, 직업에도 영역이 없어지는 시대라고 생각해요. 아나운서는 단순히 주어진 대본을 읽는 앵무새라고 보는 시각이 있는데, 그건 원래도 맞지 않았지만 지금은 더욱 맞지 않는 이야기입니다.

〈정치부 회의〉, 〈썰전 라이브〉 등에서 활약하며 정치·시사 쪽으로 커리어를 쌓아왔죠. 이때 현장 반장으로 현장 브리핑 코너를 진행하면서 기자처럼 취재하기도 했고요.

〈정치부 회의〉 제작진이 "현장 한번 나가볼래? 잘하면 고정이 될 수도 있고"라고 기회를 줬어요. '못 할 게 뭐 있어? 내가 한번 해보겠다!' 하는 마음으로 나가서 했는데, 정말 많이 배웠어요. 제 커리어의 전환점이라 생각하고 열심히 달려들었죠. 제겐 상대에게 마냥 굽히지만은 않는 성향이 있는데, 정치인을 인터뷰할 때 그런 캐릭터가 잘 맞았던 것 같아요. 마침 대국민이 정치에 정말 관심이 많은 시기이기도 해서 저도 더 불이 붙었죠.

정치부 취재를 하면서 가장 인상에 남는 순간이 있나요?

최순실 특검 당시 현장이요. 사실 특검들 인터뷰를 따려고 취재를 나간 건데 마침 그날 딱! 최순실이 특검 사무실에 출두한 거예요. 아마 제가 JTBC에서는 유일하게 그 상황을 라이브로 전했을 거예요. "지금 제 뒤로 최순실이 들어가고 있습니다"라고 리포팅했던 게 생생히 기억나요. 그때 뒤에 계셨던 청소원 아주머니께서 "염병하네"라고 세 번 일갈한 게 화제가 되기도 했죠.(웃음) 현장 경험을 통해 열심히 취재하는 기자들에 대한 존경심이 생겼고, 특히 밀착 취재나 심층 취재를 다룰 때는 '이 사람들이 어떤 마음으로 이걸 썼을까' 하고 앵커 멘트를 다시 봐요. 앵커 일에 많은 도움이 됐습니다.

MBC 아나운서 채용 서바이벌 〈신입사원〉 출연 후, JTBC 1기로 입사한 다음엔 꽤나 고난의 초년기를 보냈죠.

저는 당시 미국에서 학교를 다니다 귀국했던지라, 아나운서 학원이 있는지도 모른 채 방송에 나가고 입사한 것이거든요. 정말 처음부터 일을 시작한 셈이에요. 게다가 그 당시 업계엔 '여성 아나운서'다운 전형적인 톤과 프레임이 강하게 있었거든요. 그런데 저는 그게 싫은 거예요. 기본기도 없는데 전형적인 모습은 답습하고 싶지 않아 응용만 하려고 하니, 스텝은 꼬이고 힘든 일의 연속이었죠.

홍명보 감독 데뷔전에 인터뷰로 나서 실수한 모습이 화제가 되기도 했어요. 진로를 고민해보기도 했을 것 같아요. 그때 당신에겐 대학 한 학기가 남아 있었고, 미국 회계사 자격증이 있었으니까.

맞아요. 제가 휴직하고 미국에 돌아간다고 했을 때, 몇몇 선배들은 다시 안 돌아올 줄 알았대요. 부모님도 말씀은 안 하셨지만 내심 제가 그냥 미국에서 회계사를 하길 바라셨고요. 하지만 전 칼을 꺼냈으면 무라도 잘라야지, 도망치고 싶지 않았죠. '힘들다고 찡얼거리기나 했지, 정말 죽어라 한 적이 있나?' 그런 생각이 들면서 '1년만 죽어라 더 해보고 그래도 안 되면 그때 때려치우겠다'고 마음먹고 한국으로 왔어요. 그 후로 정말 죽어라 했더니 길이 보이더군요.

길이 제대로 열렸죠. 언젠가 바버라 월터스처럼 한국에서 인터뷰를 제일 잘하는 아나운서가 되고 싶다고 말한 적이 있어요. 〈뉴스룸-강지영의 인터뷰〉, 〈킹받는 뉴스쇼〉, 〈Talk쏘는 정치〉에서 당신의 인터뷰를 보는 걸 좋아했어요. 누가 와도 밀릴 것 같지 않거든요.

저라고 정치인을 처음 만나서 인터뷰하는 게 쉬웠겠습니까. 불과 몇 년 전엔 홍명보 감독을 만나 그렇게 혀가 꼬였던 저인데요.(웃음) 아무리 타고난 제 성정이 세다 해도, 나이가 있으신 정치인분들은 정말 기가 장난이 아니에요. 전 그냥 애송이죠. 가뜩이나 어린애가 그런 어르신들을 인터뷰하면 얼마나 기에 눌리겠어요. 그런데도 제가 밀리지 않을 수 있었던 이유는 현장에서부터 다진 기술 덕분인 것 같아요. 길에서 시민들 인터뷰를 따려고 하면 진짜 안 응해주시거든요. 계속 거절당해요. 민망하기도 창피하기도 하죠. 그럼에도 그냥 계속 들이대는 거예요. 그러면서 먼저 다가가는 게 무섭지 않게 되더라고요. 그런 경험들이 절 깨부수고 단련시켰어요.

사실 인터뷰어로서는 칭찬 일색인 말들만 던지며 인터뷰이의 마음을 여는 게 가장 쉬운 방법이잖아요. 그런데 당신은 칭찬만 퍼붓기보단, 대단한 어르신들 앞에서 아무렇지 않게 뾰족한 질문도 곧잘 하더라고요.

제가 눈치를 안 보는 것 같지만, 사실 엄청 봐요. 인상착의나 표정 같은 걸 되게 빨리 보죠. 초반 10분 정도는 안부를 나누면서 상대를 파악하고, 이건 이렇게 던져도 무례하게 받아들이시진 않겠다 같은 판단을 하고 말하는 거예요. 그리고 같은 말을 해도 아 다르고 어 다르기 때문에, 어떻게 던져야 이 사람이 그래도 대답을 해줄 수 있을까 고민하면서 기민하게 움직이는 거죠.

가장 인상 깊었던 인터뷰이는 누군가요?

　　김성근 감독님. 전 야구를 잘 모르는데 감독님을 인터뷰하게 돼 공부를 많이 했어요. 원래 말수가 없으시다 하던데, 말의 밀도가 다르고 말과 행동이 같은 분이었어요. 인터뷰가 끝나자 제게 "우리나라 4번 타자 같은 앵커네요. 즐거웠습니다"라고 하시고 자리를 뜨셨는데 너무 감사하고 멋있었어요. 그 뒷모습이 마치 야구만화 속 한 장면 같았달까요.

어떤 게 좋은 질문이라고 생각해요?

　　인터뷰이에게서 한 번도 보지 못한 표정과 반응을 이끌어낼 수 있는 질문. 천편일률적인 질문을 받으면 늘 하던 대로 기계적인 답변을 하게 되잖아요? 그러니 저는 인터뷰이가 한 번도 들어본 적 없는 질문을 던지고 싶어요. 그것이 인터뷰이에게도, 시청자들에게도 의미 있는 일일 것이고요.

인터뷰어로서 강지영 아나운서를 인터뷰한다면 던지고 싶은 질문은 뭔가요?

　　앞으로 뭐 하고 싶어? 요즘 제가 스스로에게 가장 많이 던지는 질문이에요. 제가 마흔 살에는 뭘 하고 있을지 궁금해요. 지금은 앵커로서 프로그램을 혼자 이끄는 꿈을 이뤘고, 인터뷰로 멋진 분들을 만나고 있으니, 이 다음은 뭘까?

직접 운영하는 유튜브 채널 〈강지영의 더 멋진신세계〉에서 "편안함에 안주하지 않고 계속해서 불편해야겠다"는 이야기를 했어요. 계속해서 불편해지겠다는 건 어떤 선언인가요?

　　처음엔 긴장하면서 잘하려고 노심초사하던 일도 익숙해져서 노하우가 생기면 편해지고, 그러다보면 관성에 젖게 되더라고요. 저는 고인 물은 썩는다고 생각하거든요? 고인 물이 되고 싶지 않으니 계속 새로운 걸 할 예정이에요. 저는 '컴포트 존'을 계속해서 벗어날 거고, 불편하지만 새로운 것에 매번 도전할 거예요. 인생은 길고 할 것도 많잖아요.

최근 입사한 지 14년 만에 용감하게 퇴사를 알렸죠.

말했던 그대로예요. 컴포트 존에 안주하지 않고, 새로운 도전을 하고 싶었어요. 두려움 반 설렘 반입니다.

강지영 아나운서의 다음 야심은?

제 이름을 건 토크쇼를 해보고 싶어요. 좀 더 다양한 환경에서, 재미있어 보이는 것들도 맘껏 시도해볼 작정입니다. 최근 조금 변화가 생기기도 했는데요. 방송인으로서 이름을 남기고 싶다는 욕망이 있는 한편, 제 삶에 여유를 좀 더 갖고 제 페이스대로 살아가고 싶다는 생각이 커진 것 같아요.

기대할게요. 중년 여성 아나운서들이 더 많아졌으면 좋겠어요. 아직도 미디어에선 젊은 여성 아나운서와 중년 남성 아나운서의 조합이 많잖아요.

흠, 듣자 하니 제가 그런 모습을 보여드리고 싶다는 욕심이 드는데요? 저, 나이가 들면 염색하지 않고 백발로 방송하고 싶어요. 〈래리 킹 라이브〉의 래리 킹처럼 백발에 멜빵바지를 입고 쇼를 진행하면 진짜 멋질 것 같지 않아요? 하하. 사실 여자 아나운서는 결혼하면 일을 그만두는 경우가 많아요. 가정을 꾸리는 것도 큰 축복이고 존중받을 일이지만, 개인적으로는 아쉬운 현실이죠. 그리고 여성 아나운서들은 젊어서는 스포트라이트를 받다가 나이들면 주목받지 못하는 경우도 많아요. 시스템의 문제이기도 하고, 시청자의 니즈에 따른 것이기도 하고, 어려운 문제지만 그 현실을 극복해보고 싶습니다.

어릴 적 어떤 아이였는지 궁금해요.

씩씩하고 중성적인 애였어요. 학창 시절 내내 반장이었고, 운동과 만화를 좋아했죠. 여자중학교에 다니면서는 여자애들이 유독 저를 좋아해주더라고요.(웃음) 내숭 안 떨고 웃기면 큰 소리로 웃고. 지금도 방송에서 여과 없이 드러내는 모습이죠. 제게 "넌 왜 이렇게 크게 웃냐?"고 묻는 분이 종종 있는데, 저는 함께 웃으면서 사람 사이의 끈끈한 유대감이 생긴다고 생각해요.

미국에서 고등학교와 대학교를 다니던 시절은 어땠어요?

원어민이 아니라 적응하기 힘들었죠. 근데 뭐 어떡해요. 살아남아야죠. 저는 남의 말에 신경을 쓰다가도 결국엔 제가 하고 싶은 대로 하거든요? 누가 "너 못해!"라고 하면 상심하고 속상해하기보다는 '너는 그렇게 잘하냐? 잘하면 될 거 아니야!'라고 생각했죠. 하하. 남들의 말에 크게 휘둘리지 않아요.

집요하죠? 될 때까지 하는 스타일.

맞아요. 승부욕도 강하고. 주변에서 "너는 아나운서가 정말 천직인 것 같아"라고 하면 "난 왠지 뭘 해도 잘했을 것 같지 않아?"라고 해요. 하하. 뭐든 저 자신을 쏟아부어서 하거든요. 최선을 다했는지 아닌지는 자기 자신만 안다고 생각하고, 저 자신에게 부끄럽고 싶지 않아요. 그래서 스스로에게 늘 '이게 최선이야?'라고 묻죠. 한번 어물쩍 넘어가면 그게 단발적인 사건으로 끝나지 않고 '그때도 그렇게 했는데 뭐'라면서 앞으로 하는 모든 일에 부정적인 연쇄 작용을 끼칠 테니까요. 그러니 할 수 있을 때 제대로 해야죠.

저는 계속해서
'컴포트 존'을 벗어날 거고,
불편하지만 새로운 것에
매번 도전할 거예요.

인스타그램 프로필 문구가 인상적이에요. I do things for fun.

음! 그게 제 모토예요. 재미있으면 해요. 무모해 보여도, 페이를 덜 줘도, 재미있어 보이면 합니다.

당신에게 재미있는 건 뭔가요?

제게 재미는 단순히 깔깔거리는 것 이상이에요. 전형성을 벗어난 것, 성취감을 느낄 수 있는 것이 저는 재미있어요. 누군가는 "아니, 뭘 또 그런 걸 해"라고들 하는 일에 특히나 도전 욕구가 생기는데요, 요즘 저희 엄마는 발레를 해보라고 하는데 저는 검도에 관심 있어요. 그 외에 암벽 등반도 하고, 기타도 쳐보고, 일상생활에서 이것저것 시도해봐요.

전형성에 갇히는 걸 정말 싫어하네요.

반골 기질이 있나봐요. 시키는 대로 하는 거 싫어하고, 뭘 하려다가도 누가 시키면 하기 싫어져요. 뭔지 아시죠?(웃음)

겁이 없는 편인가요?

겁 많고, 생각 많고, 고민도 많아요. 그런데 그걸 티 내지 않아요. 일종의 자기최면이랄까? 내가 겁먹고 있다는 걸 스스로 인지하고 입 밖으로 꺼내면 상황은 악화될 뿐이에요. 그럴 땐 눈 딱 감고 실행에 옮겨요. 겁은 많아도 행동은 대담하게 하는 거죠.

어떤 것을 두려워하는데요?

새로운 것들. 모든 새로운 기회는 위험부담이 있잖아요.

둘은 함께 오는 거군요.

맞아요. 즐거움과 두려움은 늘 공존하는 거예요. 겁이 좀 나야 떨리고 설레고 긴장되고 재미있죠!

위기감을 느끼는 언론인 동료로서, 레거시 미디어는 어떻게 변화할까요?

제가 변화를 체감하는 건, 시청자들이 제가 〈뉴스룸〉 앵커였다는 사실로 저를 아는 게 아니라 "강지영이 앵커를 했었네?"라고 접근하더라고요. 피드백도 〈고나리자〉에 대한 것이 많아졌어요. 역행할 수 없는 현실이죠. 새로운 환경에서 새로운 뉴스를 생산하는 수밖에요.

아나운서는 AI로 대체될 수 있다고 생각하나요?

지금도 간단한 단신 스트레이트는 AI가 쓸 수 있고, 속도로만 치자면 어떤 매체보다 X(구 트위터) 같은 SNS가 제일 빠르기도 해요. 하지만 필자의 의견이 담긴 사설, 칼럼은 살아남을 것 같아요. 신뢰할 수 있는 사람의 목소리를 듣는 거니까. 앵커도 비슷하다고 생각해요. 지금은 채널이 하도 많아서 아나운서들끼리도 '앵커 난무 시대'라고 얘기하는데 결국은 소수의 검증된, 신뢰받는 앵커만 남지 않을까요? 사람들이 더 이상 이전만큼 뉴스를 보지 않고, 믿으려 하지도 않는 이 시대에 저는 사람들이 믿어줄 수 있는 목소리를 가진 앵커이고 싶어요.

사람들이 강지영 아나운서에 대해 하는 오해가 있나요?

솔직하게 직언과 직설을 하는 성격이다보니 차갑다 또는 세다는 인상이 있는데, 사실은 인간미 있습니다.(웃음)

강지영 아나운서는 불필요한 '쿠션어'를 사용하지 않고 정중하되 정확하게 언어를 사용한다는 인상을 줄곧 받았습니다. 그런데 우리 사회에서는 젊은 여성이 어떤 이모티콘이나 '~' 기호, 일말의 애교도 없이 건조하게 얘기하면 '이 사람 나한테 화났나?'라고 생각하곤 하잖아요.

그래서 전 일관성 있게 직언합니다. 신입 때부터 그랬어요. '그냥 원래 이런 애구나, 근데 알고 보면 나쁘지 않네?'라는 생각이 들도록 하는 게 중요해요. 물론 계속 오해하는 사람들도 있겠지만, 뭐 누구에게나 오해할 권리도 있는 거니까.

강지영은 강한가요?

아니요. 전 제가 나약하다고 생각해요. 하지만 남들에게는 그런 모습을 드러내지 않아요. 사회에서 나약한 모습을 드러내면 약점만 되거든요. 하지만 친한 사람은 알죠. 제가 외강내유라는걸.

그런 척하면 그런 사람이 돼 있다는 말도 있잖아요.

제가 20대 때 좌우명으로 삼았던 말이네요! Fake it until you make it. 그래도 지금은 많이 성장한 것 같아요. 14년 차 '짬밥'이 어디 가지 않죠.(웃음)

30대 후반부터가 커리어에서 꽃을 피울 시기 아니겠어요?

맞아요. 전 저의 40대가 너무 기대돼요. 그동안 이만큼 성장한 거 보면, 마흔에는 더 괜찮은 사람이 돼 있지 않을까요? 하하. 그릇도 넓어지고 경험도 더 풍부해지고, 할 수 있는 게 얼마나 많겠어요. 저, 요즘엔 AI 공부를 해보고 싶어요.

당신을 보며 꿈을 키울 소녀들에게 해주고 싶은 말이 있나요?

어른이 실종된 사회예요. 사회생활을 하면서 '이게 어른이야? 어른이 이런 모습이었어?'라고 생각하게 되는 일이 많을 거예요. 저는 진짜 어른이란 자기가 한 말에 책임을 지는 사람이라고 생각해요. 여러분은 멋진 어른이 될 수 있기를 바랍니다.

강지영 아나운서는 무엇을 믿나요?

제가 좋아하는 문구가 있어요. If you put your mind to it, you can do everything. 정말로 하고자 한다면 이룰 수 있다. 그 마음이 진짜라면 못 할 게 없다는 거예요. 저는 그걸 믿어요.

김민경은 힘이 세다

김민경은 힘이 세다. 근력만을 이야기하는 건
아니다. 소중한 이들과 함께할 때 누구보다
장사가 되는 김민경의 훈풍 같은 힘에 대하여.

INTRO

힘센 여자, 김민경은 희극인이자 사격선수로 '민경 장군', '근수저', '기억을 잃은 특수요원'이라는 별명을 가진 독특한 커리어의 소유자다. 모든 건 태어나 한 번도 운동을 배워본 적 없던 그녀가 스스로의 놀라운 힘을 발견하면서부터다. 영웅 설화의 도입부 같은 이 이야기는 김민경이 방송 〈시켜서 한다! 오늘부터 운동뚱〉(이하 〈운동뚱〉)의 제작발표회에서 본인 키보다 큰 거대한 책상을 한 손으로 들어 보이며 시작됐다. 이후 그녀는 처음 도전해본 사격에서 초보자라 믿기 어려운 뛰어난 명중률과 집탄율을 기록하며, 킥복싱에서 스파링 상대였던 최연소 국내 챔피언을 때려눕히며, 〈몸쓸것들:S급 피지컬의 챌린지 100〉(이하 〈몸쓸것들〉)에서 27톤 트럭을 맨몸으로 끌며 사람들을 놀라게 했다. 여기에 더해 〈골 때리는 여자들〉(이하 〈골때녀〉)에서는 축구를, 〈마녀들〉에서는 야구를 시원스레 해내자, 대중들은 그녀가 기억을 잃은 특수요원이 아닌가 하는 타당하고 합리적인 의심을 제기했다. 실제로 그녀의 경력은 단지 엔터테인먼트의 차원에서 끝나지 않았다. 국가대표 선발심사를 거쳐 태극마크를 달고 IPSC 사격대회에 출전하기에 이른 것이다.

강인한 것은 신체능력만이 아니다. 김민경은 매년 개그맨 공채에서 떨어지면서도 마트에서 일하고, 통조림용 귤을 까고, 인쇄소에서 문제집을 분철하면서 8년간 꿈을 포기하지 않았다. 끈기 있게 도전한 그녀는 마침내 8수 끝에 KBS 공채 개그맨으로 합격한다. 포기하지 않고 자신만의 속도로 걸어온 김민경은 이윽고 40세를 넘어 전성기를 맞이했고, 만인의 슈퍼우먼으로 거듭난 것이다. 한국 개그계의 계보를 훑자면 고체중을 콘셉트로 하여 개그의 소재로 삼은 여성 희극인들은 과거부터 지금까지 늘 있어왔다. 그러나 이처럼 자신의 고체중 신체를 '강함'이자 '능력'으로, 그리고 끝없이 도전하는 불굴의 '의지'로 대중에게 소구한 캐릭터가 있었던가? 여성으로서 큰 체격과 고체중이 자학 개그의 소재가 아니라, 스펙이자 능력임을 보여준 희극인. 그 품위를 나는 존경한다.

김민경의 미덕은 단지 '강함'에서 그치지 않는다. 어느 방송이든 그녀는 늘 어느 한구석에서 누군가를 돕고 있었다. 〈골때녀〉에서는 지친 팀원들에게 활력을 불어넣고, 〈몸쓸것들〉에서는 고공에 올라간 장은실을 큰 소리로 격려했으며, 〈마녀들〉에서는 막내 윤보미를 살뜰하게 챙기고 서로 의지하는 모습을 자주 보였다. 실제로 만난 김민경은, 방송과 마찬가지로 훈풍처럼 따뜻한 인물이었다. 김민경은 자신을 "주변을 보며 살아가는 사람"이라 설명하며 자신이 강하다면 "누군가와 함께할 때"라고 말했다. 그런 김민경에게 코미디란 '따뜻하고 인간미 있는 것'. "사회적 약자를 깎아내리는 코미디보다 모두가 환하게 웃을 수 있는 코미디를 하고 싶다"는 그녀의 말에 내가 얼마나 활짝 웃었을지 생각해보라.

이 슈퍼우먼은 어린 소녀들에게 특별한 영향을 끼치고 있다. 도서 《민경 장군의 수상한 운동 클럽 1: 축구와 풋살》(이하 《수상한 운동 클럽》) 발매 기념 사인회에 축구를 좋아하는 여자아이들이 정말 많이 사인을 받으러 왔다며 뿌듯해한 그녀는, 운동복을 입은 여자아이들이 떡볶이를 먹을 때 몰래 계산한 일화를 풀어놓으며 "여성이 설 수 있는 곳이 점점 넓어지고 있어서 좋다"고 말했다. "누군가 함께할 때 우리는 강해진다"고 말하는 힘센 여자. 김민경의 활약을 보고 있노라면, 나도 힘이 세지는 듯한 기분이 든다.

방송 〈맛있는 녀석들〉의 스핀오프 방송 〈운동뚱〉으로 사격, 웨이트, 종합격투기, 킥복싱, 주짓수, 야구, 축구, 팔씨름, 허벅지싸움까지 어마어마한 힘과 뛰어난 운동능력을 선보였습니다. '기억을 잃은 특수요원'이라는 별명도 붙었죠!

  정말 마음에 드는 별명입니다. 힘쓰는 거 하나는 자신 있거든요. 하하하.

이 방송을 하기 전까지는 운동을 전혀 안 했다는 게 믿기질 않아요.

  필요성을 못 느꼈어요. 왜냐하면 제가 너무 건강해서요.(웃음) 덩치가 있으니 걱정해주시는 분들도 있는데, 전 고혈압도 당뇨도 없고 매년 건강검진 결과도 잘 나왔어요. 그런데 운동을 하니까 확실히 제 기초 체력이 다른 사람들보다 더 좋다는 걸 느끼면서, 더욱 건강해지고 있는 것 같아요.

어떤 운동이든 잘해내는 김민경에겐 온갖 챌린지가 주어졌죠. 방송 〈몸쓸것들〉에서는 맨몸으로 27톤 트럭을 끌기도 했어요.

  현장에서 "말이 안 돼요, 피디님. 어떻게 사람이 이걸 끌 수 있어요?"라고 했는데 남성 출연자분들이 그걸 끄는 거예요. 그런데 레슬링 선수인 ㈜은실이는 그걸 못 끌었죠. 거기서 승부욕이 생겼어요. 여기서 내가 못 끌면 "여자니까 괜찮아"라는 말을 듣겠구나. 그래서 죽을힘을 짜내 차를 끌었죠. "어, 바퀴가 움직여!"라는 말을 듣자마자 '이거 끌 수 있겠는데?' 싶었어요. 절대 끌리지 않을 것 같던 27톤 차가 굴러갔죠. 내가 또 하나를 해냈구나 싶어 행복했어요.

사격 국가대표로 출전한 것도 대단한 일이었죠.

  정말 주변 사람들 덕을 많이 봤어요. 저 혼자였다면 절대로 그

도전을 하지 않았을 텐데, 피디님이 제게 권유하면서 절 슬쩍 긁더라고요. "국가대표 아무나 할 수 없어, 누나. 못 할 수도 있어." 그렇게 자극하면 제가 한다는 걸 아니까 그런 거죠.(웃음) 그래서 "아니, 나 할 수 있어" 하고 자격증을 땄죠. 피디가 "땄으니까 세계대회 한번 나가볼까?" 하기에 "그건 너무 부담스러워" 했더니 "뭐, 니기서 실격당할 수도 있어요"라고 히는 거예요. 그래서 "에이, 내가 실격은 안 당하지!" 하고 출전했죠. 하하하. 제가 언제 이런 경험을 해보겠어요? 제작진에게 감사해요. 전 혼자서는 못 하지만, 누가 함께하자고 하면 잘해낼 수 있어요.

힘과 운동신경을 타고났나요?

일단 덩치를 타고났죠. 삶은 달걀을 진짜 좋아해서 어릴 때부터 많이 먹었는데 그때 쌓인 단백질이 다 근육이 된 것 같아요.(웃음) 어릴 때 엄마가 슈퍼를 운영하셨는데, 저는 늘 음료수 박스를 번쩍 들고 배달을 다니곤 했어요. 하지만 체력장 결과가 잘 나오진 않았어요. 저는 뭐든 느렸거든요.

스스로를 강하다고 생각하나요?

누군가와 함께할 때는 강해요. 〈골때녀〉에서 같은 팀인 (오)나미나 (김)승혜 같은 친구들이 멘탈이 무너질 때, 제가 잡아주는 역할을 하죠. 저는 스스로보다 주변을 보면서 살아가는 사람 같아요. 강해지고 싶다는 생각도 '그래, 이들과 함께해야지. 이들과 함께하기 위해선 내가 강해져야지'라는 마음에서 비롯되거든요. 그게 20년 넘게 제가 일을 지속해온 힘인 것 같아요.

어떤 게 강한 것이라고 생각하는데요?

버티는 것. 저는 느리지만 끈기가 있어요. 지구력이 좋죠. 개그맨 공채에 계속 떨어질 때, 전유성 선배님이 "너 이 일을 진짜 하고 싶니?"라고 하시기에 그렇다고 했더니 "그럼 끈을 놓지 말고 붙잡고 있어"라고 하시는 거예요. 저는 빛나는 재능도 재치도 없지만 그것만큼은 잘할 수 있겠다 싶었죠. '그래, 포기하지 않으면 되는 거야.' 그래서 정말 포기하지 않고 일이 없을 때도 열심히 아르바이트하면서 붙잡고 있었어요. 생계를 위해 마트 시식 코너 알바도 했고, 통조림용 귤 까는 알바도 했고, 문제집을 만드는 알바도 했는데, 개그우먼의 꿈을 놓은 적이 없었죠. 8년간 그렇게 버텼어요.

그렇게 긴 시간을 무명으로 보내고 28세에 〈개그콘서트〉(이하 〈개콘〉)로 데뷔했어요.

보통 여자들은 그 나이에 〈개콘〉 공채가 되는 사람이 없었어요. 그래서 모두가 안 될 거라고 했죠. 하지만 기회라는 건 늦더라도 찾아오더라고요.

어릴 때 꿈은 뭐였어요?

대구에 살던 어린 시절, 제 꿈은 그냥 서울 가서 사는 거였어요. 사춘기 때는 모든 게 다 불만이었죠. 언니 두 명에 남동생 한 명인 가정에서 자랐는데, '나는 언제까지 이렇게 다 양보해야 하고 참아야 할까?'라는 생각을 많이 했어요. 자유롭게 살고 싶었죠. 내가 살지 못한 삶을 살아보고 싶어서 배우를 꿈꾸기도 했어요. 그러다 전유성 선배님이 '코미디시장'이라는 극단을 만들었는데, 이게 오디션을 보는 게 아니라 선착순 입단이래요. 바로 가야겠다 싶었어요. 하지만 엄마의 반대가 정말

심했죠. 불효자가 되고 싶지는 않아서 고민도 많이 했어요. 그때 언니가 "성공해서 효도하면 돼"라며 기차푯값을 줬죠. 그렇게 서울에 상경했고 대학 동기 언니들의 자취방에 얹혀살면서 버텼어요.

그렇게 무대에 올라 남을 웃겨보니 이떻던가요?

처음엔 잔심부름만 하다가 어느 순간부터 작은 역할이 주어졌어요. 관객들이 저를 보고 웃는데, 그게 너무너무 행복한 거예요! '어, 내가 저분들을 웃겼나봐!' 그때 느꼈던 행복감이 아직도 생생해요. 낯가림도 심하고 부끄러움도 많던 저였는데, 누군가 저로 인해 웃는 걸 보면서 자신감을 얻었죠.

28세에 데뷔해 40세를 넘어 전성기를 맞았어요. 조금 느리더라도 확실히 해내고 있네요.

저는 늘 그렇게 얘기해요. 제가 공채가 더 빨리 됐다면 지금의 좋은 동기들을 얻을 수 없었고, 더 빨리 대박이 났다면 〈운동뚱〉을 하기 전에 만난 귀한 인연들을 만나지 못했겠죠. 이렇게 급하지 않게 천천히 온 게 전 좋아요. 다시 태어나도 똑같이 이렇게 할 거예요. 내게 온 기회를 잡을 수만 있다면, 빠르든 늦든 시기는 중요하지 않아요.

개그우먼 김민경에게 코미디란 어떤 것인가요?

웃기는 것만 코미디가 아녜요. 그 안엔 비극도 있고 희로애락이 담겨 있죠. 그중에서 제가 좋아하는 건 옛날 〈개콘〉의 '뮤지컬'이나 '대화가 필요해' 같은 따뜻하고 인간미 있는 코미디예요. 자극적인 것들 사이에서 저는 소소하고 잔잔한 즐거움을 주고 싶어요.

누군가가 무엇에 웃는지 보면 그 사람의 인격을 알 수 있다고 생각해요. 요즘엔 개그와 코미디도 사회적 약자를 웃음거리로 만들거나 비하하지 않는 방향으로 가고 있죠.

> 동감해요. 전유성 선배님에게 개그를 처음 배울 때 그런 말씀을 들었어요. "웃음은 약자를 비하해선 안 된다"고. 이를테면 학교를 배경으로 코미디를 만든다고 쳐요. 누구를 웃기는 대상으로 삼아 풍자하는 게 좋을까요? 거기선 학생들을 건드릴 게 아니라, 교장선생님이 훈화 말씀을 하다가 삐끗하신 걸 웃음 포인트로 잡는 게 맞겠죠. 저는 누군가를 깎아내리는 코미디보다 모두가 환하게 웃을 수 있는 따듯한 코미디를 하고 싶어요.

결국, 김민경에게 코미디란 따듯한 것이군요.

> 맞아요. 저는 엄마랑 같이 누워서 옛날이야기를 하다가 깔깔 웃을 때, 친구들이랑 소개팅하다가 실수한 이야기를 하면서 박장대소할 때, 동네 시장에 가서 사람들 사는 모습을 보면서 은은하게 미소가 지어지는 상황들을 접할 때, 그런 일상적이고 주변적인 것들에서 웃음을 찾고 싶어요. 사회적 약자들을 흉내내거나 깎아내리는 개그, 자기만 잘난 줄 아는 개그는 재미없다고 생각해요.

최근 유튜브 채널에 365일 24시간 폭력 피해자 지원 여성긴급전화 1366, 해바라기센터의 광고 영상을 촬영해 업로드했던데요. 멋지다고 생각했어요.

> 사실 저도 그런 센터가 있는 줄 몰랐거든요. 직접 센터에 찾아가 전문가분들을 만나 뵙고 이야기를 들으면서 많은 걸 알게 됐어요. 어렵고 긴급한 상황에 처한 여성분들에게 실질적인 도움을 드릴 수 있도록 체계적으로 준비돼 있더라고요. 정말

필요한 시설이에요. 비밀 보장도 완벽하게 됩니다. 이 영상을 올리고 나서 많은 여성분들이 좋은 일에 동참해줘서 감사하다고 연락을 주셨어요. 제가 저의 영향력을 바르게 썼다는 생각에 되게 뿌듯했고, 앞으로도 도움이 되고 싶어요.

요즘 김민경은 뭘 재미있어 하나요?

일 그리고 축구! 공 찰 때 너무너무 행복해요. 〈골때녀〉를 촬영하면서 축구에 푹 빠졌거든요. 일주일에 세 번 모여서 연습해요. 개그우먼 선배부터 후배들까지 모여 땀흘리면서 스트레스를 날려버리죠. 단체 운동이다보니 공 차는 사람들끼리 끈끈해질 수 있는 것도 장점이고요. 축구를 하고서부터 생기 있어 보인다는 말을 많이 들어요.

예전에 〈골때녀〉의 '구척장신'팀을 인터뷰한 적이 있는데, 다들 공 차는 즐거움을 처음 맛보고 들떠 있더라고요. 여자들은 어릴 때부터 축구를 해볼 일이 드물잖아요. 남자애들이 점심시간마다 운동장에서 뛸 때, 여자애들은 그저 수다를 떠는 게 당연한 문화였으니까.

그랬죠. 저는 사춘기 때 괜히 가슴이 신경쓰여 남들 앞에서 뛰지도 못했거든요. 그런데 직접 뛰어보니 그런 건 전혀 신경쓰지 않아도 된다는 걸 알게 됐어요. 〈골때녀〉 방영 이후로 10대 소녀들, 어머니들, 여성 직장인들 등 여성 축구팀이 정말 많이 생겼대요. 제가 오늘 학습 만화책인《수상한 운동 클럽》발매 기념 사인회를 했는데, 여자아이들이 정말 많이 와서 사인을 받았어요. "너는 무슨 운동 좋아해?"라고 물으니 "저 축구요! TV로 언니 축구하는 거 봤어요. 저도 축구해요"라고 신나서 얘기하더라고요. 뿌듯했죠. 최근엔 친구와 신당동 떡볶이집에 갔는데, 여자아이들이 운동복을 입고 우르르 들어오는 거예

저는 누군가를
깎아내리는 코미디보다
모두가 환하게 웃을 수 있는
따뜻한 코미디를
하고 싶어요.

요. 물어보니 축구를 한대요. 응원해주고 싶은 마음에 몰래 계산하고 나왔죠.(웃음) 제가 이전에 나이키 모델을 할 때 슬로건이 '모두의 운동장'이었는데, 전 그 말이 무척 마음에 들었어요. 운동장은 누구든 다 함께, 축구든 농구든 할 수 있는 곳이란 의미였죠. 여성이 설 수 있는 곳이 점점 넓어지고 있어서 너무너무 좋아요.

어떤 게 용기 있다고 생각해요?

자기 자신을 높이 사는 것. 그렇기에 도전을 망설이지 않는 것.

김민경은 용감한가요?

저는 용감하지 못한 사람이었어요. 내성적이고 자존감도 낮고 소극적이고… 주변인들이 "네가 어떻게 연예인이 됐지?"라고 말할 정도로요. 안전한 걸 추구해서 늘 먹던 것만 먹고 익숙한 것만 했죠. 그런데 일을 하면서 바뀌었어요. 〈맛있는 녀석들〉을 하면서 처음 보는 음식들을 먹게 됐는데, 세상에 너무나 맛있는 게 많은 거예요. 도전하지 않았더라면 이 맛을 모르고 평생을 살았겠죠. 〈운동뚱〉을 하면서는 마흔 살이 되도록 안 하던 수많은 운동을 해보고 재미를 알게 됐고요. "너 이 운동 정말 잘하잖아" 같은 긍정적인 얘기를 들으면서 자존감도 높아졌어요. 그리고 깨달았어요. 용감한 사람이 발전할 수 있다는 것을요.

개그우먼이라 받는 편견도 있나요?

밝고 억세고 강할 것이다. 하지만 우리 역시 상처도 받는 똑같은 사람이에요. 개인적으로 오해를 받는 점이라면 김민경은 대장부처럼 리더십도 있고 화끈할 거라고 많이들 생각하시는

데, 저는 손 떨려서 주식도 못 하는 사람입니다.(웃음)

사람들은 김민경을 어떤 사람이라고 말해요?

주변에서는 좋은 사람이라고 해요. 저는 가까운 이들에게 무슨 일이 생기면 바로 발 벗고 달려가는 사람이거든요. 의리를 중시하죠. 대중분들께선 어떻게 생각하시려나…. 최근에 어떤 식당에서 팬분을 만났는데, "민경 씨는 방송할 때 진정성이 보여서 좋다"고 하시더라고요. 더 진심으로 임해야겠다는 동기부여가 됐죠.

스스로 생각하는 김민경은 어떤 사람인가요?

많이 부족하지만 많이 사랑받는 사람.

김민경은 무엇을 아름답다고 생각해요?

저는… 마음이요. 그것이 인간을 인간답게 한다고 생각해요. 인간은 혼자 살 수 있는 존재가 아니고, 함께 살아가야 하는 존재이기 때문에 인간적이어야 한다고 생각하고요. 제가 좌절할 때마다 저를 일으켜 세워주려고, 다시 나아가게 해주려고 내민 손길이 많았어요. 제가 또 공채에 떨어졌을 때, ⒥경미 언니가 돈을 빌려주면서 여행이라도 다녀와서 기분을 풀라고 해준 적도 있죠. 그렇기에 저도 주변 사람들에게 그런 존재가 되려고 해요.

곁엔 누가 있나요?

동기인 오나미, 박소영, 허민, 조승희, 그리고 정경미, 김경아, 성현주, 권진영, 송은이, 김숙 선배…. 개그우먼들끼리는 되게 끈끈해요. 서로 많이 배우고, 저도 선배들이 베풀어준 것처럼 후배들에게 해요. 사람들은 자존감이라는 건 스스로 높이는 것이고 스스로 지키는 것이라고 하지만, 제 자존감은 단점보다는 장점을 봐주는 주변 사람들 덕택에 높아졌거든요. 저는 누군가의 자존감을 높여줄 수 있는 사람이 되는 건 아주 멋진 일이라고 생각해요.

미래의 김민경에게 바라는 것이 있어요?

내가 마흔에 뭘 하고 있을까? 과거엔 이것 또한 두려움이었어요. 서른 살의 저는 마흔 살의 제가 결혼해서 애 낳고 살고 있을 거라고 생각했어요. 그런데 지금 저는 또 다른 삶을 살고 있더라고요. 지금은 내가 50대가 됐을 때 어떤 모습일까 생각해도 두렵지 않아요. 분명 열심히 살고 있을 것이거든요.

롤모델이 있나요?

모든 개그우먼들, 그리고 모든 운동선수들.

늘 도전하는 김민경에게 새로운 목표는?

아주 어린 시절의 꿈처럼 연기를 해보고 싶어요. 정극 연기요. 우리 주변에 정말 있을 법한 그런 인물의 삶을 그려내보고 싶습니다. 그리고 라디오 진행자도 해보고 싶어요. 사람들의 사연을 읽고 공감하고 소통하는 일은 참 값질 것 같거든요.

김민경을 보면서 꿈을 꾸는 소녀들에게 전하고 싶은 말은요?

저의 장점은 끈기예요. 꿈을 꾸고 있다면, 끈을 붙잡고 있어요. 간절하게 바라면 기회는 옵니다. 그리고 긍정적인 말을 많이 하는 친구를 가까이 두세요. 저는 "너 이거 잘하잖아", "이건 너밖에 못 해"라고 말해주는 친구들이 있었기 때문에 일어설 수 있었어요. 제가 댓글 때문에 힘들어했을 때, 김준현 선배가 해준 말이 있어요. "너는 왜 너한테 안 좋은 얘기를 하는 사람만 봐? 너를 좋아하는 사람들은 못 보고." 그 얘길 듣고 큰 용기를 얻었어요. 긍정적인 에너지를 주는 친구를 곁에 두세요. 그리고 나 자신도 그런 말을 해줄 수 있는 친구가 돼주자고요!

최은영의 여자들은 무해하지 않다

한국 문단에 여성 서사 열풍을 선도한
최은영 작가는 여성 사이의 복잡다단한 감정과
관계를 펼쳐낸다. '아주 희미한 빛으로도'
여기까지 온 그녀가 보여준 입체적인
여성의 얼굴들.

INTRO

"어떤 연애는 우정 같고, 어떤 우정은 연애 같다." 등단작인 중편소설 〈쇼코의 미소〉에서의 한 문장처럼, 최은영 작가는 국경과 세대를 넘은 여성들의 복잡미묘한 우정과 사랑에 대해, 달콤씁쓸한 선망과 애증에 대해 쓴다. 관계라는 것은 생강 사탕처럼 맵고 달고 쓴 것. 최은영 작가는 그것을 녹여 삼키는 이들의 내면에 이는 파문을, 그 파문이 그려나가는 무늬를 섬세하고도 고요하게 추적한다.

　최은영 작가의 두 번째 소설집 《내게 무해한 사람》이라는 제목을 두고 언뜻 오해할 수 있지만, 작가는 여성들 간의 관계를 무해한 것만으로 그리지 않는다. 단편 〈고백〉에서 '미주'는 '진희'를 자신에게 '무해한 사람'이라고 확언하지만, '진희'가 오래도록 고민해온 커밍아웃을 하자 '미주'는 레즈비언인 '진희'에게 경멸의 눈빛을 보내고 만다. 그러니까 '무해'라는 것은 완벽한 오해에서 비롯된 파국이자 비극이다. 최은영 작가는 여성 간의 관계가 때론 얼마나 다정하고 때론 얼마나 비수 같은지, 한없이 가까워지고도 어떻게 일순간 단절되는지, 서로를 얼마나 오독하는지, 아마 당신도 맛본 적 있을 그 달고 쓴맛을 생생하게 그려낸다.

　동시에 최은영 작가는 여성들을 무결한 피해자만으로 그리지 않는다. 독일에 이주한 한인 가족은 가깝게 지내던 베트남 이웃에게 상처를 주고

《〈신짜오, 신짜오〉》, 전라도 출신의 여성을 무시하던 화자가 영국에 가서 무시당하기도 하고《〈호시절〉》, 젊은 시절 식모살이를 했던 화자가 홍콩에 이주해서 사는 딸이 외국인 메이드에게 대하는 태도를 보고 과거를 회상하기도 한다《〈사라지는, 사라지지 않는〉》. 최은영 작가는 피해자도 가해자가 될 수 있음을, 우리도 우리보다 어려운 처지에 있는 이들에게 상처를 줄 수 있음을, 그러므로 무해하다고만 믿어왔던 우리 역시 언제든 유해해질 수 있음을 깨닫게 한다.

나는 그것이 최은영 작가의 다정함이라고 생각한다. 여성들을 위로받아야 할 대상으로 한정한 채 무균실에 가두고 달콤한 말만을 건네지 않는 것. 그녀는 여성도 사회적 약자인 존재들에게 언제든 가해자가 될 수 있다는 사실을 일러주고, 교차성과 복잡성을 품은 우리의 정체성을 살펴보게 한다. 살아 있는 우리 모두는 '유해'하고 상처를 주고받으므로, 좀 더 다정한 인간이 되자고 가만가만 타이르는 듯한 그 섬세한 손길이, 그녀의 다정함이다.

그리고 이것이 내가 최은영 작가를 사랑하는 이유다. 실제로 만난 최은영 작가는 자신이 그려낸 소설의 등장인물들과 닮아 있었다. 조용조용히 고백하듯이 말했고, 섬세하고 유약해 보이는 한편 내면의 강인함을 드러냈으며, 그림자처럼 드리운 옅은 우울감 속에서도 생에 대한 낙관을 잃지 않았다. 세 번째 단편소설집의 제목처럼, '아주 희미한 빛으로도' 여기까지 온 것이다.

여성들이 얼마나 한없이 취약해질 수 있는지, 또한 비수 같은 상처를 안길 수 있는지를 수채화 같은 투명한 필치로 그리는 최은영 작가는 앞으로도 보여줄 것이다. 여자의 얼굴이 얼마나 입체적인지를. 그리고 우리들의 관계가 얼마나 다양하고도 깊고 너른지 말이다.

먼저, 최은영 작가의 글을 읽지 않은 이들에게 바로잡고 싶은 사실이 있어요. 《내게 무해한 사람》이라는 제목을 말 그대로 받아들이는 경우가 있던데, 사실 단편 〈고백〉에서 '미주'가 '진희'를 '무해한 사람'이라고 생각한 건 무지에서 비롯된 오해였죠. 당신에게 무해하다는 건 어떤 의미인가요?

  제목을 보고 오해하시는 분들도 있는 것 같지만, 제 책을 읽으신 분이라면 오해하지 않으실 거예요. 무해한 사람이라는 건 애초에 가능하지 않아요. 인간은 접촉하는 순간 서로를 어느 정도 훼손시키면서 상처를 주고받게 되죠. 그게 관계잖아요. 이 제목에서 제가 강조하고 싶던 건 '내게'라는 부분인데요, 누군가가 내게 해를 끼치는 게 하나도 없다고 느껴진다면 내가 그렇게 느낄 뿐, 그 사람은 나에게 맞추기 위해서 각고의 노력을 기울이는 중일 거예요. 그렇기에 내게 무해하다고 생각하는 건 상대의 입장을 이해하려고 하지 않는 것이다, 무해하다는 건 불가능하다는 생각으로 지은 제목이었죠.

최은영의 소설에 대한 또 다른 오해는, 당신의 글이 다정하지만은 않다는 거예요. 오히려 때론 비수같이 모든 걸 단절하죠. 당신이 생각하는 다정함이란 뭔가요?

  다정도 강함에서 나온다는 말이 있잖아요. 하지만 제가 봤던 다정한 사람들은 오히려 섬세하고 상처받기 쉬운 사람들이었어요. 자신이 그러하니, 역지사지로 다른 사람들 또한 불편하게 하지 않으려고 애쓰는 사람들이요.

그리고 당신의 인물들 사이엔 늘 일정 이상의 간격이 있죠.

  산다는 건 계속해서 누군가와 헤어지는 일 같아요. 저 역시 살아오면서 늘 이별을 겪었는데요. 원했든 원치 않았든, 그런 순간들은 늘 저를 힘들게 했어요. 관계가 끝난 후 그 관계에 대해서 되새겨보는 시간이 제게 글을 쓰게 하는 동력이었고요. 도시의 익명성과 숱한 이별 속에서, 저는 과거 소도시에서 나고 자라 쭉 그곳에서 사는 사람들의 삶이 부럽기도 했어요. 한동네에서 살면서 빵집 가면 늘 아는 빵집 아저씨가 있고, 이발소 가면 늘 아는 이발소 아저씨가 있고, 생활의 공간에서 아는 사람들과 인사를 나누는 그런 삶이요. 하지만 현대사회는 완전히 익명의 사회잖아요. 공간조차도 일시적이어서 좋아하는 밥집이든 카페든 몇 년 가지 못하고 이사하거나 폐업하는 경우가 많죠. 현대사회의 일시성과 익명성은 쓸쓸하다는 생각에서 관계들을 그렇게 묘사해왔던 것 같아요.

그러나 작가님의 소설엔 그 간격을 관통하는 연대 또한 있지요. 여성 연대 소설의 포문을 연 작가이기도 해요. 페미니즘 리부트가 막 시작되던 2016년 7월, 단편집 《쇼코의 미소》로 많은 이들을 사로잡았어요.

여성주의자가 된 과정부터 말씀드리자면, 저는 대학 1학년 때부터 3학년 때까지 고려대학교 여성주의 교지 〈석순〉에서 일했어요. 1980년대만 해도 저의 모교는 '남초' 학교였고, 믿을 수 없을 정도로 남성 중심적인 문화가 팽배했다고 해요. 거기에 문제의식을 느낀 여자 선배들이 뜻을 모아 여성주의 교지를 만든 거예요. 그래서 이름이 '석순'이죠. 죽순이 돌을 뚫고 올라왔다고. 입학해서 〈석순〉을 읽었는데 너무 재미있더라고요. 〈석순〉에 들어가서 느낀 건 '글쓰기에서는 관점이 정말 중요하다', '관점이 모든 것이다'라는 깨달음이었어요. 그렇게 여성주의자가 됐죠. 당시 여성주의 웹사이트 '언니네'에 '자기만의 방'이라는 칼럼 코너가 있었어요. 다양한 여성들이 올린 글을 읽으며, 글이라는 것은 누군가의 경험을 통과해 심장을 뚫고 나오는 것이라고 느꼈죠. 저 역시 1984년에 한국에서 태어난 여성으로 겪은 경험들이 제 글에 녹아 있기에,《쇼코의 미소》로 작가로서의 생활을 시작할 수 있었던 것 같습니다.

최근 문단은 온통 젊은 여성들입니다. 젊은작가상을 여성들만 받는 일도 이젠 대수롭지 않게 느껴질 정도로요. 작품 속 화자와 등장인물들도 대부분 여성이에요. 불과 10년 전, 20년 전을 생각하면 상상조차 할 수 없던 일이죠.

사실 통계로 보면, 동시대 남성들은 여성들만큼 책을 잘 읽지 않아요. 그게 첫 번째 이유예요. 책을 읽어야 글을 쓸 수 있죠. 소설가들은 오로지 실력으로만 독자들에게 판단받잖아요. 여성 작가가 실력으로만 평가받을 수 있는 환경이 드디어 주어진 거예요. 그간 여성들이 실력으로만 평가받을 수 있었던 건 공무원 시험이라든가 임용고시 정도였거든요. 사기업, 공기업, 심지어 학계에서도 여성들은 정정당당하게 백 퍼센트 실력으로 평가받을 수 없는 환경이었죠. 그런 환경에서 여성이 남성만큼 성취하기 위해서는 그들보다 두 배, 세 배는 더 잘해야 하는 게 현실이었는데요. 문학계에서는 오로지 실력으로만 평가받고, 이젠 독자층도 여성이 훨씬 더 많아졌기 때문에, 젊은 여성 작가도, 여성이 주요하게 등장하고 입체적으로 다뤄지는 소설도 더 많이 볼 수 있게 됐다고 생각합니다.

좋아하는 동료나 선후배 작가들이 누군지 궁금해요.

저는 기본적으로 작가들에 대한 사랑의 마음이 있습니다. 작가가 되기 전엔 몰랐는데, 일을 하다보니 글을 쓴다는 게 얼마나 힘들고 괴로운 일인지, 동시에 어쩔 수 없이 고립될 수밖에 없다는 것 또한 알게 됐거든요. 깊은 마음으로 동료의식을 품고 있고, 가깝든 모르는 사이든 항상 응원을 보내고 있습니다.

계속해서 글을 쓰는 모든 작가들이 제게 힘이 되고 있어요.

당신의 소설을 보면 여성을, 그리고 여성 간의 관계성을 진심으로 사랑하는 작가인 게 느껴집니다. 모녀, 친구, 연인, 이모와 조카 등등 다양한 관계에서 우정, 자매애, 사랑, 애증, 증오, 그 모든 감정을 섬세하게 묘사해내죠.

저는 독자였을 때에도 여자들 간의 관계, 여성의 성장을 그린 이야기가 제일 재미있었거든요. 그래서 작가가 된 후에도 자연스럽게 그런 이야기를 쓰게 됐죠. 그리고 이전 세대엔 여성들 사이의 다양한 관계가 그렇게 많이 그려지지 않았다고 생각해요. 우리가 어릴 때 항상 들었던 말은 "여자들의 우정은 얄팍하다", "여자들은 진짜 우정을 모른다", "여자의 적은 여자" 같은 말들이었잖아요? 저는 그런 말들이 사실이 아니라는 걸 보여주고 싶었어요. 또한 만약 겉으로 드러나는 현상이 그렇다 해도, 그 이유는 여성들이 나약해서도 멍청해서도 나빠서도 아니고, 여자들을 계속해서 약자의 위치로 있게 만드는 구조에 있다고 생각해요. 그런 점을 포착해 소설로 쓰고 싶었고요.

작가님이 싫어하는 게 무엇인지도 너무 잘 알겠어요. 가부장제, 폭력, 억압, 차별의 민낯을 가차없이 묘사하죠. 언제부터 그런 것들을 인식하게 됐나요?

전 어릴 때 또래에 비해 현저히 작고 마르고 왜소했어요. 그리고 학교를 빨리 갔거든요. 어린이에게는 신체적으로 왜소하다는 게 상당히 불안하고 무섭고 위협감이 느껴지는 일이더라고요. 한편 제가 자란 가정환경도 예전 시대의 가부장적 분위기였어요. 저희 아버지, 어머니는 좋은 분들이셨고 그 당시에는 흔했던 물리적 폭력도 쓰지 않으셨지만, 그 시대 어른들이 갖고 있던 정상성이란 개념 자체가 어린이들에게 폭력적이었다고 생각해요. 어른이 된 지금도 전 여전히 제 안에 약한 아이가 있다고 느껴요. 그래서 보호 장치가 없는, 폭력에 노출된 존재들을 보면 제 어린 시절과 연동되면서 마음이 고통스러워져요. 가슴이 아프고 화가 나기 때문에 항상 그런 부분에 예민하게 반응하죠. 글쓰기를 통해 그런 부분을 표현하고 해소하려 해요.

작가님은 소수자, 약자, 혹은 평범한 사람이더라도 그에게 있는 가장 약한 마음에 대해 말합니다. 그 이유를 알게 된 듯하네요.

제가 한국에서 태어나 자라면서 적응하지 못했던 까닭은 한국 사회 특유의 권위주의와 제가 어릴 적 느낀 군사주의적 시스템 때문이었던 것 같아요. 군부독재의 잔재로 힘을 추앙하고, 서열을 만들고, 약한 자는 소외시키고…. 어릴 때라 머리로 개념화시키진 못했지만 피부로부터 느껴지는 억압이 있었어요. 그 고통을 지니고 자라난 어른으로서, 저는 누구에게나 소수자성이 있다고 느끼고 약자의 얼굴이 있다고 생각합니다. 또한 소수자성이 있을 때, 다수자들이 갖지 못한 시각을 가질 수 있기 때문에 인간을 더 깊고 섬세하게 바라볼 수 있다고 생각해요. 예를 들면 미국인들은 영어만 할 줄 알면 되잖아요. 하지만 영어가 모어가 아닌 사람들은 그들과 소통하기 위해 모어가 아닌 언어를 배워야 하고 그를 통해 여러 시각을 획득하죠. 스스로를 보호하고 생존하기 위해 더 많이 보고 더 많은 언어를 가지고 있어야 하는 거예요. 저는 그것이 제 문학의 지향점이라고 생각합니다. 사람을 더 깊게 보는 것. 그리고 다른 방식으로 보는 것. 소수자 입장에서 느끼고 생각하지 않는 방식으로는, 인간을 피상적으로밖에 그려낼 수 없다고 생각하고요.

저는 누구에게나
소수자성이 있다고 느끼고
약자의 얼굴이 있다고
생각합니다. 또한 소수자성이
있을 때, 다수자들이 갖지 못한
시각을 가질 수 있기 때문에
인간을 더 깊고 섬세하게
바라볼 수 있다고 생각해요.

세상과 불화하는 감각에 대해 좀 더 구체적으로 말씀해줄 수 있나요?

가부장적인 시대적 분위기, 폭력적인 공교육 경험, 마지막까지 적응할 수 없었던 대학원에서의 경험을 말씀드릴 수 있겠네요. 학계에는 분명히 보이지 않는 유리천장이 있었어요.

'여초'인 국문학 대학원에도 그런 유리천장이 있었다는 게 놀라워요.

제가 석사 1학기에 처음 들어갔던 수업에서 남자 강사가 했던 말이 아직도 기억나요. "요즘엔 왜 이렇게 대학원에 여학생이 많은지 아냐, 남자들은 취직해서 돈 벌어야 하는데 여자들은 안 그래도 되니까." 야만의 시대였죠. 작가가 되어 전국의 수많은 대학교 국문과와 문예창작과 강연을 다녔는데, 제가 느낀 건 학생의 90퍼센트는 여성인데 교수의 90퍼센트는 남성이라는 거였어요. 이게 말이 되나요?(웃음) 변화가 일어나고 있다고는 하지만, 아직 학계까지 미치진 못했더라고요. 대학까지는 여자들이 빛나요. 그런데 희한하게 사회 요직을 보면 그 많던 능력 있는 여성들은 자취를 감추고 남성이 다수를 차지하는 상황을 보게 됩니다.

마음으로부터 공감해요. 한편, 작가님이 그리는 연대는 국가와 인종을 넘어섭니다. 한국 여성과 일본 여성이 10대 때부터 묘한 우정을 이어가는 〈쇼코의 미소〉, 독일에서 둘도 없는 이웃이었던 한국 가족과 베트남 가족이 멀어지는 〈신짜오, 신짜오〉, 아일랜드에서 만난 한국 여성 '하민'과 브라질 남성 '랄도'가 서로의 아픔을 끌어안는 〈아치디에서〉 등.

전 여행을 많이 다녔어요. 몰타에서 9개월, 쿠바에서 3개월 산 적도 있죠. 2개월간 프랑스에 있는 수도원에 자원봉사자로서 살았을 때는 아프리카, 유럽, 아시아, 남미, 호주 등 다양한 국가에서 온 봉사자들과 함께 지냈어요. 거기서 느낀 특별한 공감의 경험을 〈한지와 영주〉에 썼죠. 타국의 사람들과는 어쩔 수 없는 차이를 느끼는 한편, 의외의 공통점을 발견할 때도 많았어요. 제가 영어로는 아이처럼 이야기할 수밖에 없으니까, 오히려 한국인에겐 차마 이야기 못 할 것도 단순하고 순수하게 말하게 되더라고요. 결국 제 삶의 원동력은 '더 나은 글을 쓰고 싶다'와 '낯선 곳에 가고 싶다' 두 가지인데요. 저는 낯선 곳에 가면 기분이 좋아져요. 타지에 가면 아침에 눈도 잘 떠지고 되게 편안해요.

나아가 작가님은 '우리'를 피해자로만 인식하지 않아요. 때론 베트남전쟁의 가해자(〈신짜오, 신짜오〉)로, 제3세계 여성을 착취하는 자본가(〈사라지는, 사라지지 않는〉)로 그리죠. 우리의 피해 사실과 가해 사실을 역지사지하며 공감대를 형성해요.

저는 나르시시즘은 답이 없다고 생각해요. 나르시시스트들은 언제나 남 탓을 하고 조금도 성장하지 못하죠. 저는 작가들이 그런 유혹에 빠질 수 있다고 생각해요. 나는 소수자고, 나는 항상 옳고, 그런 식으로 생각하면 나는 항상 피해자에만 머물고 절대 가해자가 될 리 없다고 생각하기 쉬워요. 하지만 세상이 어떻게 그렇게만 돌아가겠어요? 내가 피해자라도 누군가에겐 언제든 가해자가 될 수 있어요. 그런데 나는 절대 가해자가 될 리 없다고 믿으면서 자기보다 약한 사람들에게 너무나 무자비하게 대하는 사람들이 많아요. 모든 건 상대적인 것이고 영원한 약자란 없는데도요.

정체성은 교차하는 것이고 입체적인 것이니까요.

그렇죠. 그런 유혹에 빠질 위험은 누구에게나 있으니, 경계하자는 생각을 늘 합니다. 저는 성별, 지역, 학력 같은 것으로 사람을 일반화하는 걸 힘겨워해요. 그런데 요즘엔 그런 사고방식이 보편적인 것 같아요. 사람에게 하나의 레벨을 붙여 일반화해버리면 너무 쉬운데 복잡한 존재라는 걸 인정하면 어려워지니까요. 자기 자신은 복잡한 존재라고 인정받고 싶어 하면서, 타자들은 단순화해서 생각하는 거예요. 하지만 인간은 자신이든 타자이든 복잡한 존재죠.

최은영의 인물들은 왜 참고, 주저하고, 드러내지 않고, 상처를 줄까 두려워하고, 자꾸 물러서나요?

제 인물들은 다 제게서 나온 자식들이라고 여겨요. 저는 많이 참는 버릇을 가지고 있어요. 좋은 의미로든 나쁜 의미로든 인내심이 강하죠. 그런데 이 정도의 인내심을 작동시키기 위해선 에너지를 정말 많이 써야 하거든요. 그래서 항상 고갈된 상태의 인물들이 나오게 됐던 것 같아요. 결국 그 인내심이 자신뿐 아니라 관계도 훼손시키고요. 이걸 인식하게 된 건 얼마 되지 않았어요. 어릴 때부터 누구나 사회에 적응하고 생존하기 위해서 만들어온 행동 패턴이 있는데, 제게는 그것이 갈등을 회피하고 참는 것이었던 것 같아요. 그렇게 쌓아두면 결국 병이 되잖아요. 30대까지 그렇게 살았고, 상담을 장기간 받으면서 그것이 제 패턴이고 제게 해로운 방식이었다는 걸 알게 됐음에도 불구하고 잘 고쳐지지 않더라고요. 지금도 고치려고 노력 중입니다.

권력과 체제에 순응하지 않고 저항하는 반골 의식을 가진 사람이 많이 참으면, 그건 정말로 힘들었을 것 같은데요.

정확하게 말씀하셨어요. 문제의식이 없는 사람이라면 모를까, 머리로는 아는데 몸은 따로 살고 있는 괴리감과 모순 속에서 피가 마르는 거죠. 그거 아세요? 전 세계에서 자살하는 여성 중 높은 퍼센티지를 차지하는 건 인도 여성, 정확히는 대도시에서 고등교육을 받은 인도 여성들이래요. 높은 수준의 교육을 받은 여성들이 전근대적인 계급제와 가부장제 속에서 살아야 하는 것이 너무나 고통스러운 거죠. 차라리 이게 잘못된 건지도 모르고 물속의 물고기처럼 살면 살아질 테죠. 그런데 가위눌린 사람처럼, 머리로는 문제의식이 있는데 몸은 움직이지 못하는 고통은 정말로 큰 거예요.

이제 작가님은 외부와의 갈등뿐 아니라 스스로와의 불화 또한 회복해나가고 있네요.

과거의 저는 인간관계에서 저를 착취하는 사람들을 끊어내지 못하고 가까이 둬왔어요. 괴로운 점은, 그들의 행동이 아니라 그것을 수용했던 나 자신인 거죠. 내가 나를 나쁘게 대하니 타인들도 그렇게 했던 거예요. 저는 저를 용서하기 힘들었어요. 상담을 받으면서부터 제가 어린 시절 경험들과 복합적인 문제들로 인해 그런 선택을 할 수밖에 없었음을 이해하고, 저 스스로와 화해를 어느 정도 한 상태입니다.

스스로를 안 좋게 취급하면 그걸 귀신같이 알아보고 착취하는 사람들이 있더라고요.

바로 그거예요. 사람을 도구로 보는 사람들은 그걸 알아보죠. 저는 저 자신을 너무 미워했고, 미움을 넘어 수치스러워했기 때문에 저 자신이 스스로를 그렇게 대우했던 것이 상처였던 것 같아요.

당시에는 왜 그렇게 스스로가 미웠던 것 같나요?

'나의 존재가 부적절하다. 그렇기 때문에 수치스럽다.' 어릴 때부터 이런 감정이 디폴트 상태였어요. 하지만 지금은 더 이상 그런 식의 부끄러움을 느끼진 않아요.

그러나 최은영의 인물들은 '아주 희미한 빛으로도' 앞으로 나아갑니다. 어디에서 희망을 보나요?

게일 콜드웰이라는 작가가 이렇게 썼어요. "희망이 내 주특기는 아니지만, 희망의 물리적 형태가 추진력이라면 나는 그걸 지녔다"고요. 제게도 희망이라는 것은 없어요. 다만 추진력이 있습니다. 힘들고 괴로워도, 내일의 나를 위해 조금 더 나아가자. 제겐 어릴 때부터 나아지고 싶고 잘 살아보고 싶고 애를 써서 더 나은 미래로 가고 싶은 내적 동기가 늘 있었어요. 지금보다도 약했던 내가 어떻게든 여기까지 와줘서, 지금의 내가 있을 수 있는 거잖아요. 그래, 나는 희망은 없었지만 추진력은 있었지. 이 노력에 대해 배신은 하지 말자. 그리고 계속 나아가자. 그게 제 힘이에요.

작가님은 약한 사람이 아니네요. 오히려 강해요.

제가 K-장녀여서.(웃음) 독립적으로 자라야 하는 환경이었어요. 어린이들은 어른에게 의지하는 것이 건강한 과정일 텐데, 저 같은 경우는 의존하면 혼이 나고 혼자 잘해내야 한다는 목표가 주어졌기 때문에 책임감을 갖고 자랐죠. 그래서 가까운 지인들은 제게 너무 강한 사람이라고들 해요. 하지만 그게 정말 강함인지에 대해서는 고민하게 돼요.

그러나 글쓰기가 당신을 더 나아지게, 나아가게 할 테죠.

맞아요. 글을 쓰고 나면, 고통의 강도가 훅 떨어져요. 불교에서 '삼매'라는 말이 있잖아요. 순수하게 집중해서 나라는 존재가 없어질 때, 고통스러운 자의식도 사라져요.

지금의 추진력을 바탕으로 어디까지 나아가고 싶나요?

저는 인내심이 강한 사람이지만, 더 이상 참지 못하겠다 싶을 때는 초인적인 용기가 솟아나요. 못했던 것들을 단번에 해내면서요. 첫 단편소설집 《쇼코의 미소》 '작가의 말'에 썼듯, "나 자신이 되고 싶다"는 게 제 최종 목표입니다. 타인의 시선에서, 내가 내게 맞춰놓은 기준에서 자유로워지고, 삶을 산다는 게 내게 잘 맞는 신발을 신은 것 같은 느낌이 들 때까지. 그 상태까지 가고 싶어요.

최은영은 최은영의 여자들을 닮았나요?

그렇죠. 그녀들은 조금씩 비슷한 면이 있어요. 좀 우울하고 애정결핍이 다소 있죠.(웃음) 처음엔 제가 쓴 인물들이 저와 닮았다고 인식을 못 했거든요. 그런데 《쇼코의 미소》가 나온 뒤 사람들이 인물들을 해석하는 걸 보면 다 제 얘기 같은 거예요. 사실 전 '소유'가 저와 닮았다고 생각하며 썼는데, 시간이 지나고 보니 '쇼코'도 저예요. 그 애의 깊은 우울감, 자기를 묶고 있는 곳에서 빠져나가지 못하는 모습이 저와 닮았더라고요. 쓸 때는 몰랐어요.

〈쇼코의 미소〉에서 알 수 있는 것처럼, '소유'와 '쇼코'의 나이대의 여자들, 그러니까 사춘기 무렵부터 20대 초반까지의 여자들은 연애 같은 우정을 나누며 미묘한 관계를 형성하곤 하잖아요. 작가님은 그 시기 여자들의 관계에 대한 이해가 탁월하다고 생각합니다. 그 무렵 최은영 곁엔 어떤 여자들이 있었나요?

> 그 시기에 저는 예민하고 불안정한 애였죠. 누군가의 사소한 말 한마디에도 내가 완전히 파괴될 것 같은 느낌 있잖아요. 그 나이 때는 나 자신이 누군지도 모르고, 내가 하는 말이 뭔지도 모르고, 너무 연약해서 많은 상처를 주고받았어요. 그런 친구 관계 속에서 질투도, 서운함도, 실망감도 많이 느꼈어요.

〈애쓰지 않아도〉의 '유나' 같은 친구 말이죠. 많이 공감했어요. 그런 친구가 꼭 있잖아요.

> 선망의 대상이기도 하면서, 너무 가깝고, 짜증나기도 하고…. 사실상 사랑이죠.(웃음)

반면 힘을 주거나 북돋아준 여자들도 있었나요?

> 있었죠. 대학에서 만난 여성주의자 친구들이요. 제게 "정신 차려"라고 단단히 말해준 고마운 친구들이에요.(웃음) 자기가 생각하는 걸 표현할 수 있고, 신념이 있는 친구들을 보면서 많이 배웠어요. 또한 오랜 시간 제 곁에 남아준 친구들이 저에게 힘이 되어줘요. 중학교 때 알게 된 친구도 있고 대학에 들어와서 만난 친구도 있는데, 모두 제게 산소를 불어넣어주는 존재들이에요. 책을 같이 만들어주신 편집자 선생님들도 저에게는 누구보다 감사한 분들이고요.

최은영이 생각하는 최은영은 어떤 사람인가요?

> 일희일비를 잘하는 사람. 쉽게 우울하지만 그럼에도 불구하고 살아간다는 것을 좋아하는 사람. 가끔 저는 '나는 왜 태어났을까?', '나는 언제 가장 행복했지?' 스스로에게 질문하고 그 생각

을 곱씹거든요. 행복의 경험이 빈약함에도 불구하고 '어쩐지 산다는 것이 좋다', 그런 생각을 가지고 살아가는 사람이에요.

혼자 살면서 고양이를 두 마리 키우시죠?

맞아요. 이제 노묘들이지만 영혼은 어린애들이죠. 그래서 언젠가 저를 떠날 것이라 생각하면 슬퍼져요. 그 애들이 제겐 가족이고 전부기도 하고요.

세상은 혼자 살면서 고양이 키우는 여자에 대한 이상한 적대감이 있잖아요.

'왜 나에게 돌봄 노동을 안 하고 고양이한테 하고 있어!'라고 호통치는 거죠.(웃음) 여성과 약자들에 대한 굴절 분노로 고양이를 학대하는 남성들 기사가 자주 나오잖아요. 그런 걸 볼 때 너무 고통스러워요. 절대군주가 되어서 학대범들을 가차없이 징벌하는 상상을 하곤 합니다.

혐오의 시대입니다. 우경화된 2030 남성들의 등장은 함께 살아가는 사회에 큰 위협이죠.

그들이 기득권이 될 미래가 가장 걱정이죠. 이명박 정부 시절 어린이들이 가치관이 형성되기 전부터 '일베' 같은 사이트에 노출되어 왜곡된 정보를 상식처럼 받아들이고 내면화해버렸잖아요. 그렇게 자라 성인이 됐고요. 왜 그들을 보호하는 장치를 마련하지 못했을까요. 그건 미성년자에게 담배나 술보다 해로운, 영혼에 독을 붓는 일이었는데도 말이에요. 깊은 안타까움과 슬픔을 느낍니다. 사람은 누구나 결국 늙고 병들어서 약자가 된 채 죽음을 맞이한다는 사실을 이들은 배우지 못한 거예요. 사회적 안전망이 사라지고, 인간의 존엄성을 잃은 미래가 올까봐 우려됩니다.

앞으로의 여성주의는 어떻게 전진해나갈까요?

여성학자 정희진 선생님이 이런 말씀을 하신 적이 있어요. 여성주의를 이야기하려고 할 때 심장이 뛴다고. 저는 그 말이 이해가 가요. 너무 많은 감정이 올라오니까 심장이 쿵쿵 뛰는 거예요. 각자가 정의하는 여성주의의 의미가 다르지만, 저는 가장 중요한 게 소수자 중심의 관점이라고 생각하거든요. 약한 존재, 혐오받고 차별받는 존재를 그들의 시선에서 바라볼 수 있는 것이 여성주의가 나아가야 할 방향이라고 생각합니다. 저는 그러한 여성주의를 통해 저의 지난날과 저 자신에 대해서 이해했고 마음의 자유를 얻었어요. 여성주의가 계속해서 소수자 중심적인 관점을 지닌 채 전진해나갔으면 좋겠습니다. 누군가를 배제하고 차별하는 방식이 아니라요.

어떤 여성의 모습을 그려내고 싶어요?

여자는 인간이잖아요. 과거엔 작가들이 여성을 몇 개의 범주로 유형화하여 그렸는데, 저는 그런 식으로 단순화하고 싶지 않아요. 단편적인 모습들을 조각조각내서, 너무나 좋은 사람인데도 동시에 용납할 수 없는 악한 면을 가지고 있다든지, 하는 식으로 전형성을 탈피한 입체적인 인간으로 표현하고 싶어요.

작가님은 무엇을 믿나요?

'타인에게서 내가 견딜 수 없는 부분을 발견한다면, 그것은 나의 것이다. 즉 스스로에게서 싫어하는 모습을 투사해서 본 것이다.' 저는 누군가를 향한 감정이 이상하게 불편하다면 그건 제가 억압해온 마음이기 때문에 그것을 꺼내서 들여다보는 작업을 해야 한다고 생각해요. 자신에게 그토록 솔직한 것은 쉽지 않은 일이지만, 그걸 계속 대면해야만 성숙해질 수 있다고 믿어요.

마지막 질문입니다. 요즘 젊은 작가들은 SNS를 통해 자기 PR을 열심히 하잖아요. 작가님은 SNS를 하지 않는 이유가 있나요?

저는 사람을 만날 때 이렇게 마주보고 만나거나, 아니면 작품을 통해서 만나는 게 더 재미있고 의미 있다고 느껴요. 책을 통해 우리가 이미 깊이 만났듯이요.

지금보다도 약했던 내가
어떻게든 여기까지 와줘서,
지금의 내가 있을 수 있는 거잖아요.
그래, 내게 희망은 없었지만
추진력은 있었지. 이 노력에 대해
배신은 하지 말자. 그리고
계속 나아가자.

출처

정서경의 여자들은 고개 숙이지 않는다 • 〈코스모폴리탄〉 2022년 11월호 추가 개정

김윤아는 노래한다, 언제까지나 • 〈코스모폴리탄〉 2024년 5월호 추가 개정

전도연의 전성기는 지금이다 • 〈코스모폴리탄〉 2023년 5월호 추가 개정

김연경은 과거의 자신을 넘어선다 • 〈코스모폴리탄〉 2024년 7월호 추가 개정

이경미는 낫을 들고 섶을 벤다 • 미발표

심은경이 가는 곳은 길이 된다 • 〈코스모폴리탄〉 2022년 10월호 추가 개정

전소연은 숨기지 않는다 • 〈코스모폴리탄〉 2024년 8월호 추가 개정

김은희는 더 나은 세상을 향한다 • 미발표

류성희는 당신의 기억에 패턴을 새긴다 • 〈코스모폴리탄〉 2022년 12월호 추가 개정

정보라는 투쟁한다 • 미발표

모니카는 쓰러져도 다시 일어난다 • 〈코스모폴리탄〉 2024년 2월호 추가 개정

씨엘은 자기 자신에 대한 권위자다 • 〈코스모폴리탄〉 2024년 9월호 추가 개정

강지영은 백발이 되어도 토크쇼를 하고 싶다 • 〈코스모폴리탄〉 2024년 3월호 추가 개정

김민경은 힘이 세다 • 〈코스모폴리탄〉 2024년 12월호 추가 개정

최은영의 여자들은 무해하지 않다 • 미발표

여자가 사랑한 여자들

초판 1쇄 인쇄 2025년 9월 5일
초판 1쇄 발행 2025년 9월 17일

지은이 이예지
펴낸이 최순영

출판1본부장 한수미
컬처 팀장 박혜미
편집 이문경
디자인 정명희

펴낸곳 ㈜위즈덤하우스 **출판등록** 2000년 5월 23일 제13-1071호
주소 서울특별시 마포구 양화로 19 합정오피스빌딩 17층
전화 02) 2179-5600 **홈페이지** www.wisdomhouse.co.kr

ⓒ 이예지, 2025

ISBN 979-11-7171-494-0 03810

- 이 책의 전부 또는 일부 내용을 재사용하려면 반드시 사전에 저작권자와 ㈜위즈덤하우스의 동의를 받아야 합니다.
- 인쇄·제작 및 유통상의 파본 도서는 구입하신 서점에서 바꿔드립니다.
- 책값은 뒤표지에 있습니다.